新编21世纪高等职业
教育精品教材 / 财务会计类

U0454425

Tax Law Practice

税法实务

（第2版）

主　编 ◎ 蔡宜香　李华龙

副主编 ◎ 刘丽

中国人民大学出版社

·北京·

前 言

《税法实务（第 2 版）》教材依据 2021 年以来最新税收法律规定，以《高等职业学校专业教学标准》和《国家职业教育改革实施方案》（简称"职教 2 条"）为引导，紧紧围绕高职高专应用型人才培养目标进行编写，以服务学生和教师为宗旨，以通俗易性、精练实用为出发点，侧重岗位能力的培养，强化动手能力和实际操作能力，体现素质教育的要求。

《税法实务（第 2 版）》教材是在第 1 版的基础上修订再版而成的。本教材主要包括现行各种税种的基本概述、征收的基本法律规定、应纳税额的计算方法，以及征收管理的要求和纳税申报实务。

1. 本课程的性质和地位

"税法实务"课程是大数据与会计专业、大数据与财务管理专业的主干课程之一，是建立在会计学基础、财务会计、财务管理、经济法、审计学等专业理论课程基础之上的独立的专业课程。

2. 本教材编写理念与内容设计

本教材以习近平新时代中国特色社会主义思想为指导，全面推动习近平新时代中国特色社会主义思想进教材、进课堂、进头脑；全面贯彻党的教育方针，落实立德树人根本任务，积极培育和践行社会主义核心价值观，体现中华优秀传统文化、革命文化和社会主义先进文化，弘扬劳动光荣、技能宝贵、创造伟大的时代风尚；突出职业教育的类型特点，统筹推进教师、教材、教法改革，深化产教融合、校企合作，推动校企"双元"合作开发教材；以国家规划教材建设为引领，加强和改进职业教育教材建设，充分发挥教材建设在提高人才培养质量中的基础性作用，努力培养德智体美劳全面发展的高素质劳动者和技术技能人才。

本教材坚持鲜明的行业特点，在教学中不断完善实践应用，坚持适应"1＋X"证书制度的需要，将职业技能等级标准有关内容及要求有机融入教材内容，推进书证融通、课证融通；服务"一带一路"建设，适应职业教育面向社会开放，适应职业教育教学改革的理念，凝聚中国本土经验。

"税法实务"是一门法规性、实践性都很强的课程。本教材将高职院校学生学习的新特点、财经专业教学研究的新成果有效运用到教材建设中，实现教材的"五性"，即统一性、思政性、本土性、时效性、实践性，理论知识学习与实训操作相结合、确保教材的法规体系统一性、实践指导针对性、思政教育隐形化、文字表达通俗易懂，力争成为示范性教材、引领性教材、精品教材。

内容编排：本教材设置了三个部分，共八章。第一部分为税法概论，主要阐述税收法律法规的基本理论、税收法律关系、税收实体法要素、税法的作用与立法原则、税收体系等内容；第二部分为税法的主体部分，具体介绍我国现行开征的主体税种（增值税、消费税、关税、企业所得税、个人所得税和一些主要的其他税）的基本法律规定、应纳税额的计税方法和纳税申报方法；第三部分为税收征管法，主要阐述税收征管的程序性内容，进一步规范报税行为，树立纳税光荣的意识，保护纳税人的合法权益，保证国家税款及时准确的缴纳入库。

3. 本教材编写目标

通过学习本教材，学生可以理解税法的基本知识和税收征收管理的法律制度、各种税收法律法规的主要内容，全面把握我国现行各种税种的计税依据、计税方法以及纳税申报操作，从而具备对实际经济业务中涉及税收问题的分析能力、判断能力和解决能力，以达到培养应用型人才的目标。

4. 本教材编写特色

本教材在教学内容上力求符合学生的认知规律和实际水平，以更新的教学思想为先导，在一系列教学改革项目的带动下，构建结合专业特点、以技能操作为框架的"税法实务"课程体系；充分调动学生学习的主动性，促进学生实践能力的提高，突出学生就业能力的培养。

（1）内容新颖，指导性强。本教材依据我国最新税收法律法规、制度编写（截至2022年3月31日）。

（2）体例完整，重点突出，实施课程思政教育。本教材包括税法基础知识、我国现行税种实务和我国的税收征收管理等内容，重点突出我国现行税制中的主体税种及其法律规定；在框架上突破了原有教材的单纯知识叙述，设计了知识目标、能力目标、导入案例、育人园地、本章小结、课后练习等栏目，增强了教材的趣味性、实用性，符合学生的年龄特点和兴趣需要，易学易教，有助于提高教学效率。

（3）注重实务，操作性强，加强职业道德教育。本教材基于一定的知识准备进行基础性训练，设计具体实训项目、实训步骤与指导，体现高职高专以培养高技术应用型人才为主的教学任务和以就业为导向的办学宗旨；强化学生职业道德教育，坚持爱岗敬业、诚实守信、坚守职业操守、不做假账、不偷税漏税。

（4）运用互联网现代化教育技术，创新一体化新态势教材。本教材围绕"职教2条"教学改革和"互联网＋职业教育"发展的需要，通过植入二维码等方式，提供微课视频、最新法律政策、知识拓展等教学资源，创新一体化新态势教材。

（5）采用最新的纳税申报表。本教材采用 2021 年国家税务总局修订的企业所得税、个人所得税、财产行为税的纳税申报表，具有较强的时效性。

本教材由甘肃财贸职业学院蔡宜香教授担任第一主编，拟订全书大纲和总纂定稿，编写第二章至第六章；兰州石化职业技术大学李华龙副教授担任第二主编，编写第一章、第七章和第八章；甘肃财贸职业学院刘丽副教授整理微课视频。感谢甘肃财贸职业学院刘丽副教授、戚冬丽教授、柴武龙副教授、朱海龙副教授、魏梦莹副教授提供微课视频。

在本教材编写过程中，编者参考借鉴了许多专家学者的研究成果，在此表示感谢。

由于编者的理论水平和学术视野有限，书中难免存在一些错漏，希望各位读者批评指正，以便再版时加以修正。

编者

2022 年 9 月

目　录

第一章
税法概论

【知识目标】

1. 熟识税收的概念、特征、我国目前各行业的税收体系。

2. 能够懂得国家征税的原因、纳税人纳税的原因、税收的职能与作用、税收与税法的关系。

3. 熟悉税法的构成要素、税务机构的设置。

4. 熟悉税收分类的标准。

【能力目标】

1. 能够区别税收收入形式与其他财政收入形式。

2. 能够熟练认知税法各要素，能够对税收征管范围进行划分，为后续内容的学习打下良好的基础。

导入案例

中央一般公共预算

2020 年中央一般公共预算收入 82 771.08 亿元，完成预算的 100％，下降 7.3％。加上从中央预算稳定调节基金调入 5 300 亿元，从中央政府性基金预算、中央国有资本经营预算调入 3 580 亿元，收入总量为 91 651.08 亿元。

2020 年中央一般公共预算主要收入项目具体情况是：国内增值税 28 352.98 亿元，完成预算的 98.8％；国内消费税 12 028.1 亿元，完成预算的 96.1％；进口货物增值税、消费税614 534.63亿元，完成预算的 109.2％；关税 2 564.2 亿元，完成预算的 93.2％；企业所得税 23 257.57 亿元，完成预算的 98.3％；个人所得税 6 940.91 亿元，完成预算的 109.3％；出口货物退增值税、消费税 13 628.98 亿元，完成预算的 112.3％。

2020 年中央一般公共预算本级主要支出项目具体情况是：一般公共服务支出 1 735.21亿元，完成预算的 100.8％，主要是海关防控新冠肺炎疫情经费增加；外交支出 514.06亿元，完成预算的 94.7％；国防支出 12 679.92 亿元，完成预算的 100％；公共安全支出1 835.9亿元，完成预算的 100.2％；教育支出 1 673.65 亿元，完成预算的 98.5％；科学技术支出 3 216.48 亿元，完成预算的 100.6％；粮油物资储备支出 1 224.57亿元，完成预算的 100.7％；债务付息支出 5 538.95 亿元，完成预算的 102.6％。

（资料来源：《国务院关于 2020 年中央和地方预算执行情况与 2021 年中央和地方预算草案的报告》）

第一节

税收概述

一、税收的概念

税收是以国家为主体，为满足社会公共需要，凭借政治权力，强制地、无偿地取得财政收入的一种形式。

对税收概念的理解要点如下：

二维码 1：
税收概述

（一）税收分配的主体是国家和政府

税收由国家或政府征收，由国家立法机关制定征收办法，由政府组织进行征收活动，由政府支配管理税收收入。征收权力只属于国家，其他任何组织、机构均无权征税。

（二）国家征税的目的是满足社会公共需要

公共产品是指用来满足全体成员共同需要的产品。公共产品由于具有效用的不可分割性、消费的非竞争性和受益的非排他性的特征，其只能通过公共权力机构（国家）集中配置。国家提供公共产品，就必须消耗物资，而国家本身并不能直接创造物质财富，只能通过税收的形式聚集大量资金，然后通过各种财政支出来提供公共产品，满足社会公共需要。

（三）国家征税凭借的是政治权力

税收是一种特殊的分配形式，其之所以特殊，就在于它是凭借国家政治权力。具体而言，国家是通过制定法律征税的，一切征税都是站在国家的立场上，体现并按照国家的意志行使；纳税人则按法律纳税，不依法纳税就会招致法律制裁。国家征税不受所有权的限制，对不同所有者普遍适用。再者，国家拥有两种权力：一种是财产权力，这种权力是以对物的占有为前提的；另一种是政治权力，即公共权力，通常表现为国家权力。国家征税凭借的不是财产权力，而是政治权力，国家通过制定法律，强制、无偿地取得税款。总之，税收就是国家在政治权力的保证下，通过体现国家意志的法律，强制地取得财政收入，从而参与社会的分配。

（四）税收属于分配范畴

社会生产是生产、分配、交换、消费的统一体，税收属于分配环节上多种分配形式中的一种特殊形式。征税过程就是把一部分社会产品从社会成员手中强制、无偿地转变为国家所有的分配过程。征税必然引起社会产品在社会成员与国家、不同社会成员之间的转移以及其所占比重的变化，改变社会产品原有的分配结构，所以说税收属于分配范畴。

（五）税收是国家取得财政收入的基本形式和主要支柱

国家取得财政收入有很多形式，包括利润、公债、纸币发行、罚没、专卖、规费、税收等，税收是这些收入形式当中的主要形式。在我国财政收入中，税收所占的比重是最大的，国家财政收入的 90% 左右来自税收，税收是国家财政的主要支柱。

二、税收的特征

税收的特征是由满足社会公共需要，弥补政府提供公共产品成本的目的所决定的。

（一）强制性

税收的强制性是指税收凭借政治权力，以法律的形式强制征收。纳税人必须依法纳税，否则就要受到法律的制裁。

税收的强制性包括三层含义。第一，国家征税凭借的是政治权力，而不是生产资料所有权，它凌驾于所有权之上，对不同的所有者均可行使其征收权。第二，税收分配关系是国家和社会成员都必须遵守的权利义务关系，不遵守这种权利义务关系，必然受到惩罚。第三，税收的这种权利义务关系，是通过税法加以规范的。

（二）无偿性

税收的无偿性是指国家征税以后，税款即归国家所有，不再直接归还原纳税人，也不直接向纳税人支付任何报酬或代价，是一种无偿征收。无偿性是税收的重要特征，它使税收明显区别于需要还本付息的公债等收入形式，并成为调节经济和矫正社会分配不公的有力工具。

税收的无偿性是就具体的纳税人而言的，从全社会来看，税收又具有整体有偿性。

（三）固定性

税收的固定性是指国家预先通过法律形式规定征税对象和征收比例等税制要素，并保持相对的连续性和稳定性，即使税制要素的具体内容因客观情况变化需要进行改革和调整，这种改革和调整也总是要通过法律形式事先规定，而且改革调整后要在一定时期内保持相对稳定，不能朝令夕改。

税收的固定性对国家和纳税人都具有十分重要的意义。对国家而言，可以保证财政收入的及时、稳定和可靠，可以防止国家不顾客观经济条件和纳税人的负担能力，滥用征税权力；对纳税人而言，可以保护其合法权益不受侵犯，增强其依法纳税的法律意识，同时也有利于纳税人通过税收筹划选择合理的经营规模、经营方式和经营结构等，降低经营成本。

税收的三个特征是密切联系、相辅相成、缺一不可的。其中，无偿性是核心，强制性是保障，固定性是对强制性和无偿性的一种规范和约束。正是这三个特征，决定了税收是保证政府提供公共产品的最有效手段，也是国家财政收入的主要形式。

三、税收的职能

（一）组织财政收入

税收是财政收入的主要来源，组织财政收入是税收的基本职能。税收具有强制性、无偿性、固定性的特点，筹集财政收入稳定可靠。税收的这些特点，使其成为世界各国政府组织财政收入的基本形式。目前，我国税收已占国家财政收入的90%左右。

（二）调节社会经济活动

税收是调控经济运行的重要手段。经济决定税收，税收反作用于经济，这既反映了经济是税收的来源，也体现了税收对经济的调控作用。税收作为经济杠杆，通过增税与减免税等手段来影响社会成员的经济利益，引导企业、个人的经济行为，对资源配置和社会经济发展产生影响，从而达到调控宏观经济运行的目的。政府运用税收手段，既可以调节宏观经济总量，也可以调节经济结构。

国家为了执行其管理社会和干预经济的职能，除需筹集必要的财政资金作为其物质基础外，还要通过制定一系列正确的经济政策，以及采取体现并执行诸多政策的各种有效手段，才能得以实现。税收作为国家强制参与社会产品分配的主要形式，在筹集财政收入的同时，也改变了各阶层、社会成员及各经济组织的经济利益。经济利益的多寡，诱导着他们不同的社会经济行为。因此，国家有目的地利用税收体现其有关的社会经济政策，通过对各种经济组织和社会成员的经济利益的调节，使他们的微观经济行为尽可能符合国家预期的社会经济发展方向，以有助于社会经济的顺利发展，从而使税收成为国家调节社会经济活动的重要经济杠杆。

税收自产生之日起，就存在调节社会经济活动的功能。但它的实现，却受到一定社会形态下国家政治经济状况及国家任务的影响。社会主义市场经济体制下国家宏观调控体系的建立，对实现税收调节社会经济活动的职能，既提出了强烈要求，也提供了可能的条件。

（三）监督社会经济活动

税收还具有监督经济活动的职能。税收涉及社会生产、流通、分配、消费各个领域，能够综合反映国家经济运行的质量和效率。人们既可以通过税收收入的增减及税源的变化，及时掌握宏观经济的发展变化趋势，也可以在税收征管活动中了解微观经济状况，发现并纠正纳税人在生产经营及财务管理中存在的问题，从而促进国民经济持续健康发展。

税收政策体现着国家的意志，税收制度是纳税人必须遵守的法律准绳，它约束纳税人的经济行为，使之符合国家的政治要求。因此，税收成为国家监督社会经济活动的强有力工具。税收监督社会经济活动的广泛性与深入性，是随市场经济发展和国家干预社会经济生活的程度而发展的。一般而言，市场经济越发达，经济生活越复杂，国家干预或调节社会经济生活的必要性就越强烈，税收监督也就越广泛而深入。

组织财政收入是税收的基本职能，是实现调节社会经济活动和监督社会经济活动两项职能的基础条件。随着市场经济的发展，调节社会经济活动和监督社会经济活动两项职能也变得越来越重要。

此外，由于税收管辖权是国家主权的组成部分，是国家权益的重要体现，因此在对外交往中，税收还具有维护国家权益的重要作用。

四、税收的分类

税收分类是从一定的目的和要求出发，按照一定的标准，对各个不同税种隶属税类所做的一种划分。税收分类，有利于研究税制结构和税收负担，有利于划分中央和地方各级财政收入，有利于加强税收管理。我国的税收分类方式主要如下。

（一）按征税对象分类

征税对象是税收的一个基本要素，是一种税区别于另一种税的主要标志。因此，按征税对象的不同来分类，是税种最基本和最主要的分类方法。按照这个标准，我国税种大体可分为以下五类：

1. 流转税

对流转额的征税简称流转税，或商品和劳务税。它是对销售商品和提供劳务的商品流转额和非商品流转额征收的一类税。商品交易发生的流转额称为商品流转额，这个流转额既可以是指商品的实物流转额，也可以是指商品的货币流转额。商品交易是一种买卖行为，如果税法规定卖方为纳税人，商品流转额即为商品销售数量或销售收入，非商品流转额是指各种社会服务性行业提供劳务所取得的业务或劳务收入金额。

我国当前开征的流转税主要有增值税、消费税和关税。

2. 所得税

对所得额的征税简称所得税。税法规定应当征税的所得额，一般是指下列方面：（1）有合法来源的所得，合法的所得大致包括生产经营所得（如利润等）、提供劳务所得（如工资、薪金、劳务报酬等）、投资所得（如股息、利息、特许权使用费收入等）和其他所得（如财产租赁所得、遗产继承所得等）四类。（2）纳税人的货币所得，或能以货币衡量或计算其价值的经济上的所得。（3）纳税人的纯所得，即纳税人在一定时期的总收入扣除成本、费用以及纳税人个人的生活费用和赡养近亲的费用后的净所得。这样的税负比较符合纳税人的负担能力。（4）增强纳税能力的实际所得。例如利息收入可增强纳税能力，可作为所得税的征收范围；而存款的提取，就不应列入征税范围。总的来说，所得税是对纳税人在一定时期（通常为一年）的合法收入总额减去成本费用和法定允许扣除的其他各项支出后的余额，即对应纳税所得额征收的税。在我国，随着经济的发展和人们所得的增加，所得税已成为近年来收入增长较快的一类税。

我国当前开征的所得税主要有企业所得税和个人所得税。

3. 资源税

资源税是对开发、利用和占有国有自然资源的单位和个人征收的一类税。征收这类税有两个目的：一是取得资源消耗的补偿基金，保护国有资源的合理开发利用；二是调节资源级差收入，以利于企业在平等的基础上开展竞争。

我国当前开征的资源税主要有城镇土地使用税、资源税、土地增值税。

4. 财产税

财产税是对纳税人所拥有或属其支配的财产数量或价值额征收的税，包括对财产的直接征收和对财产转移的征收。开征这类税除为国家取得财政收入外，对提高财产的利用效果、限制财产的不必要的占有量也有一定作用。

我国当前开征的财产税主要有房产税、契税、车船税。

5. 行为税

对行为的征税也称行为税，它一般是指以某些特定行为为征税对象征收的一类税收。征收这类税，或是为了对某些特定行为进行限制、调节，使微观活动符合宏观经济的要求；或只是为了开辟地方财源，达到特定的目的。这类税的设置比较灵活，其中有些税种具有临时税的性质。

我国当前开征的行为税主要有印花税、车辆购置税、城市维护建设税、耕地占用税、环境保护税。

（二）按税收管理和使用权限分类

税收按其管理和使用权限划分，可分为中央税、地方税、中央地方共享税。这是在分级财政体制下的一种重要的分类方法。通过这种划分，可以使各级财政有相应的收入来源和一定范围的税收管理权限，从而有利于调动各级财政组织收入的积极性，更好地完成一级财政的任务。一般的做法是，将税源集中、收入额大、涉及面广，且由全国统一立法和统一管理的税种，划作中央税。一些与地方经济联系紧密，税源比较分散的税种，列为地方税。一些既能兼顾中央和地方经济利益，又有利于调动地方组织收入积极性的税种，列为中央地方共享税。当前我国的中央税主要有关税、消费税；地方税主要是对财产和行为的课税；中央地方共享税主要有增值税、资源税等。

（三）按税收与价格的关系分类

按税收与价格的关系划分，税收可分为价内税和价外税。在市场经济条件下，税收与商品、劳务或财产的价格有着密切的关系，对商品和劳务课征的税收既可以包含于价格之中，也可以在价格之外。凡税收构成价格组成部分的税收称为价内税，如财产税、关税等；凡税收是价格之外的附加额的税收称为价外税，如增值税。价内税，有利于国家通过对税负的调整，直接调节生产和消费，但往往容易造成价格的扭曲。价外税与企业的成本核算、利润、价格没有直接联系，能更好地反映企业的经营成果，不致因征税而影响公平竞争，同时也不干扰价格对市场供求状况的正确反映，因此，更适应市场经济的要求。

（四）按税负是否易于转嫁分类

税收按其负担是否易于转嫁划分，可分为直接税和间接税。所谓税负转嫁是指纳税人依法缴纳税款之后，通过种种途径将所缴税款的一部分或全部转移给他人负担的经济现象和过程，它表现为纳税人与负税人的非一致性。由纳税人直接负担的税收就是直接税，在这种情况下纳税人即负税人，如所得税、遗产税等；可以由纳税人转嫁给负税人的税收是间接税，即负税人通过纳税人间接缴纳的税收，如流转税等。

（五）按计税标准分类

税收按其计税标准的不同，可分为从价税和从量税。从价税是以征税对象的价值量为标准计算征收的税收，税额的多少将随着价格的变动而相应增减，如增值税、房产税等。从量税是以征税对象的重量、件数、容积、面积等为标准，采用固定税额征收的税收，如消费税等。从量税具有计算简便的优点，但税收收入不能随价格高低而增减。

除上述主要分类外，还有一些其他分类方法。例如：按征收机关划分，税收可分为工商税收、关税税收两大类，工商税收由各级国家税务机关和地方税务机关征收管理，关税税收由海关负责征收管理。又如：按缴纳形式划分，税收可分为力役税、实物税和货币税；按税收的用途划分，税收可分为一般税和目的税。

第二节

税法概述

一、税法的概念与特点

（一）税法的概念

税法是调整国家与社会成员在征税纳税的权利义务关系上的法律规范的统称，是各种税收法规的总称，是税收机关征税和纳税人据以纳税的法律依据。

税法包括税收法令、条例、税则、施行细则、征收办法及其他有关税收的规定。税法由国家立法机关制定颁布，或由国家立法机关授权国家机关制定公布。一般而言，主要的税收法规，由全国人民代表大会审议通过，公布施行；各税条例（草案）和征收办法，由国务院会议审议通过，公布施行；税法实施细则，由财政部根据税收基本法规做出解释和详细规定；有关地方各税的征免和各税具体稽征管理制度，一般由省级人大常委会或省级人民政府规定。税法由一些基本因素所构成，包括纳税人、征税对象、税率；其他因素有：纳税环节、纳税期限、减免税和违章处理等。

（二）税法的特点

1. 从立法过程看，税法属于制定法，而不是习惯法

税法是由国家制定的，而不是约定俗成的，其根本原因在于国家征税权凌驾于生产资料所有权之上，是对纳税人收入的再分配。

2. 从法律性质看，税法属于义务性法规

税法直接规定人们的某种义务，具有强制性，因此不属于授权性法规。

3. 从内容看，税法具有综合性

税法不是单一的法律，而是由实体法、程序法、争讼法等构成的综合法律体系。

二、税法与其他主要部门法的关系

（一）税法与宪法的关系

宪法是一个国家的根本大法，税法属于部门法，其位阶低于宪法，依据宪法制定，这种依从包括直接依据宪法的条款制定和依据宪法的原则精神制定两个层面。

（二）税法与民法的关系

民法作为最基本的法律形式之一，形成时间较早。税法作为新兴部门法，与民法的密切联系主要表现在大量借用了民法的概念、规则和原则。但是税法与民法分别属于公法和私法体系，两者的调整对象不同、法律关系建立及调整适用的原则不同、调整的程序和手段不同。

（三）税法与行政法的关系

1. 税法与行政法的联系

税法与行政法有着十分密切的联系，这种联系主要表现在税法具有行政法的一般特征：

（1）调整国家机关之间、国家机关与法人或自然人之间的法律关系；

（2）法律关系中居于领导地位的一方总是国家；

（3）体现国家单方面的意志，不需要双方意思表示一致；

（4）解决法律关系中的争议，一般都按照行政复议程序和行政诉讼程序进行。

2. 税法与行政法的差别

税法虽然与行政法联系密切，但又与一般行政法有所不同：

（1）税法具有经济分配的性质，并且是经济利益由纳税人向国家的无偿单向转移，这是一般行政法所不具备的；

（2）税法与社会再生产，特别是物质资料再生产的全过程密切相连，不论是生产、交换、分配还是消费，都有税法参与调节，其联系的深度和广度是一般行政法所无法相比的；

（3）税法是一种义务性法规，并且是以货币收益转移的数额作为纳税人所尽义务的基本度量，而行政法大多为授权性法规，少数义务性法规也不涉及货币收益转移。

（四）税法与经济法的关系

1. 税法与经济法的联系

（1）税法具有较强的经济属性，即在税法运行过程中，始终伴随着经济分配的进行；
（2）经济法中的许多法律、法规是制定税法的重要依据；
（3）经济法中的一些概念、规则、原则也在税法中大量应用。

2. 税法与经济法的差别

（1）从调整对象来看，经济法调整的是经济管理关系，而税法调整对象则具有较多的税务行政管理的性质；
（2）税法属于义务性法规，而经济法基本上属于授权性法规；
（3）税法解决争议的程序适用行政复议、行政诉讼等行政法程序，而不适用经济法中普遍采用的协商、调解、仲裁等民事诉讼程序。

（五）税法与刑法的关系

刑法是国家法律的基本组成部分，是实现税法强制性最有力的保证。税法与刑法从不同角度规范人们的社会行为，二者调整对象不同、性质不同、法律追究形式不同。

（六）税法与国际法的关系

各国立法时会吸取国际法中合理的理论、原则及有关法律规范；国际法高于国内法的原则，使国际法对国内法的立法产生较大的影响和制约作用。被一个国家承认的国际税法，也应该是这个国家税法的组成部分。

税法与国际法是相互影响、相互补充、相互配合的。

三、税收和税法的关系

税收是经济学概念，侧重解决分配关系；税法是法学概念，侧重解决权利义务关系。

拥有制定税法的权力的国家机关是国家最高权力机关，在我国即全国人民代表大会及其常务委员会。在一定的法律框架下，地方立法机关往往拥有一定的税收立法权。获得授权的行政机关也是制定税法的主体的构成者。

四、税收法律关系

(一) 税收法律关系的概念

税收法律关系是指国家、税务征管机关和纳税人之间，在税收征收和管理过程中，根据税法规范而发生的具体的征收和管理权利义务关系。

税收管理法律关系是一种纵向的法律关系，是国家与税务征管机关以及税务征管机关相互间所发生的，在税收管理过程中的具体的责权关系。税收征收法律关系是国家参与国民收入分配与再分配的税收经济关系在法律上的体现。征税主体只能是国家，征税只能由代表国家的国家税收征收机关来实行，带有财产所有权或经营管理权单向无偿转移的性质。税收法律关系的客体包括货币、实物、税收指标和行为四个方面。

(二) 税收法律关系的特点

1. 主体的一方只能是国家

税收法律关系的主体是指在税收法律关系中享有权利和承担义务的当事人，主要包括国家、征税机关、纳税人和扣缴义务人。

构成税收法律关系主体的一方可以是任何负有纳税义务的法人和自然人，但是另一方只能是国家。固定有一方主体为国家，成为税收法律关系的特点之一。

2. 体现国家单方面的意志

税收法律关系只体现国家单方面的意志，不体现纳税人一方主体的意志。税收法律关系的产生、变更、消灭不以主体双方意思表示一致为要件。

3. 权利义务关系具有不对等性

纳税人和国家法律地位是平等的，但在权利义务关系方面具有不对等性。

税法作为一种义务性法规，其规定的权利和义务是不对等的。即在税收法律关系中，国家享有较多的权利，承担较少的义务；纳税人承担较多的义务，享受较少的权利。

4. 具有财产所有权或支配权单向转移的性质

税收法律关系中的财产转移，具有无偿、单向、连续等特点，只要纳税人不中断税法规定应纳税的行为，税法不发生变更，税收法律关系就将一直延续下去。

在税收法律关系中，纳税人履行纳税义务缴纳税款，就意味着将自己拥有或支配的一部分财物无偿地交给国家，成为政府财政收入，国家不再直接返还给纳税人。

(三) 税收法律关系的产生、变更、消灭

税收法律关系的产生、变更和消灭必须有能够引起税收法律关系产生、变更或消灭的客观情况，也就是由税收法律事实来决定。这种税收法律事实，一般指税务机关依法

征税的行为和纳税人的经济活动行为，发生这种行为才能产生、变更或消灭税收法律关系。例如纳税人开业经营即产生税收法律关系，纳税人转业或停业就造成税收法律关系的变更或消灭。

1. 税收法律关系的产生

税收法律关系的产生以引起纳税义务成立的法律事实为基础和标志。

2. 税收法律关系的变更

引起税收法律关系变更的原因如下：

（1）纳税人自身的组织状况发生变化；

（2）纳税人的经营或财产情况发生变化；

（3）税务机关组织结构或管理方式发生变化；

（4）税法修订或调整；

（5）因不可抗拒力造成破坏。

3. 税收法律关系的消灭

引起税收法律关系消灭的原因如下：

（1）纳税人履行的纳税义务消失；

（2）纳税义务因超过期限而消灭；

（3）纳税义务免除；

（4）某些税法废止；

（5）纳税主体消失。

五、税法构成要素

（一）纳税人

纳税人是"纳税义务人"的简称，亦称"纳税主体"，是指税法规定直接负有纳税义务的单位与个人，是税法的基本构成要素之一。每一种税都规定有相应的纳税人，包括自然人和法人。

自然人是指具有权利主体资格，能够以自己的名义独立享有财产权利、承担义务并能在法院和仲裁机关起诉、应诉的个人。不论成年人或未成年人，本国人或外国人，均属自然人。自然人是纳税人的重要组成部分。

法人是指有独立的组织机构和独立支配的财产，能以自己的名义参加民事活动享受权利和承担义务，依法成立的社会组织。在中国，一切享有独立预算的国家机关和事业单位，各种享有独立经费的社会团体，各种实行独立核算的企业等都是法人。

按是否承担税收负担划分纳税人，可分为：

1. 代扣代缴义务人

代扣代缴义务人（简称扣缴义务人）是指在税收法律关系中不承担纳税义务，但依照有关规定，在向纳税人支付收入、结算贷款、收取费用时有义务代扣代缴其应纳税款的单位和个人。如果代扣代缴义务人按规定履行了代扣代缴义务，税务机关将支付一定的手续费。反之，未按规定代扣代缴税款，造成应纳税款流失或将已扣缴的税款私自截留、挪用、不按时缴入国库，一经税务机关发现，将要承担相应的法律责任。

2. 代收代缴义务人

代收代缴义务人是指虽不承担纳税义务，但依照有关规定，在向纳税人收取商品或劳务收入时，有义务代收代缴其应纳税款的单位和个人。如《中华人民共和国消费税暂行条例》规定，委托加工的应税消费品，由受托方在向委托方交货时代收代缴委托方应该缴纳的消费税。

3. 负税人

负税人是指在经济上实际负担税款的单位和个人。在大多数情况下，特别是对于所得税和财产税等直接税而言，负税人和纳税人是一致的。但对间接税而言，由于它是对商品征税，存在税负转嫁，只要被征税商品能够以较高的价格顺利销售出去，税负就可以转嫁到征税商品的购买者或消费者身上，这样，纳税人和负税人就发生了分离，具体缴纳税款之人并不是终局的经济上的税负的承担者。

（二）征税对象

征税对象又叫课税对象、征税客体，是指税法规定的对什么征税，是征纳税双方权利义务共同指向的客体或标的物，是区别一种税与另一种税的重要标志。如：流转税的征税对象是流转额，所得税的征税对象是所得额，财产税的征税对象是财产，资源税的征税对象是各种应税资源，行为税的征税对象是税法中规定的特定行为等。

征税对象是税法最基本的要素，它包括征税范围、计税依据、税目。

1. 征税范围

征税范围是税法规定对征税对象或纳税人的征税界限。如消费税中税目的规定：过度消费会对人的身体健康及生态环境有害的消费品（烟、酒、鞭炮烟火等）；增值税中纳税人的规定（一般纳税人和小规模纳税人及扣缴义务人等）。

2. 计税依据

计税依据又叫税基，是指据以计算征税对象应纳税款的直接数量依据，它解决对征税对象征税的计算问题，是对征税对象的量的规定。

计税依据有从价计征和从量计征两种形式。一种是以价值形态作为税基，称为从价计征，即按征税对象的货币价值计算，如房产税税额的计算、个人所得税税额的计算等；另一种是从量计征，即直接按征税对象的自然单位计算，如消费税中对黄酒、啤酒、成品油税额的计算，印花税中对"各种证照"税额的计算等。

3. 税目

税目是指在税法中对征税对象分类规定的具体的征税项目，反映具体的征税范围，是对征税对象质的界定。

设置税目的目的，首先是明确具体的征税范围，凡列入税目的即为应税项目，未列入税目的，则不属于应税项目。其次，划分税目也是贯彻国家税收调节政策的需要，国家可根据不同项目的利润水平以及国家经济政策等制定高低不同的税率，以体现不同的税收政策，如我国现行的消费税、印花税、关税、资源税等。

（三）税率

税率是对征税对象的征收比例或征收额度，是税法的基本构成要素之一。税率是计算税额的尺度，也是衡量税负轻重与否的重要标志。我国现行的税率主要有比例税率、累进税率和定额税率三种。

1. 比例税率

比例税率是对同一征税对象，不论数额大小，规定相同征收比例的税率。实际运用中，比例税率分为统一比例税率和差别比例税率。

（1）统一比例税率是指一种税只设一个比例税率，所有的纳税人都按同一税率纳税。如：增值税的基本税率、企业所得税的法定税率、关税的出口税率等。

统一比例税率的特点是税额与税基始终保持同一比率，税额随税基的增减而同比率增减。但由于收入多者和收入少者的负担能力不尽相同，按照同一比率征税，存在表面平等掩盖实际不平等的弊病。

（2）差别比例税率是指一种税设两个或两个以上的比例税率，税率是根据具体征税项目设计的，不同纳税人要根据特定征税项目分别适用不同的税率。实行差别比例税率有利于贯彻区别对待、公平税负的原则，也有利于贯彻国家对经济的奖限政策，使税收成为国家调节经济的有力杠杆。在现行的税制中，差别比例税率有四种类型：

①产品差别比例税率，即按产品大类或品种分别设计不同税率，如消费税、关税等。

②行业差别比例税率，即按照应税产品或经营项目所归属的行业设计税率，盈利水平不同的行业采取不同的比例税率，如不同服务业的增值税。

③地区差别比例税率，即对同一征税对象按照其所在地区分别设计不同税率。地区差别比例税率具有调节地区之间级差收入的作用，如城市维护建设税。

④幅度差别比例税率，即在税法规定的统一比例幅度内设计不同税率。税法中只规定最低税率和最高税率，由地方政府根据本地具体情况在该幅度内确定具体的适用税率，如现行税制中归地方的资源税就是由各地在一定幅度内自主确定。

2. 累进税率

累进税率是根据征税对象的数量或金额，分等级规定递增的多级税率——应税数量越多或金额越大，适用税率也越高，使负担能力大者多负税，负担能力小者少负税，符合公平原则。累进税率能体现量能负担原则，使纳税人的负担水平与负税能力相适应，但税额计算较复杂。

累进税率对于调节纳税人收入有特殊的作用和效果，因此我国税收制度中，个人所得税中的部分收入采用的就是累进税率。根据计算方法和依据的不同，累进税率又分为全额累进税率、超额累进税率和超率累进税率三种。

（1）全额累进税率，是指征税对象的全部数额都按其相应等级的累进税率计算征收。这种税率的特点是计算方法简单、税收负担不合理。

（2）超额累进税率，简称"超累税率"，是指把征税对象的数额划分为若干等级，对每个等级部分的数额分别规定相应税率，分别计算税额，各级税额之和为应纳税额。超额累进税率的"超"字，是指征税对象数额超过某一等级时，仅就超过部分，按高一级税率计算征税。这种税率的特点是税负合理，但计算方法比较复杂，如我国现行个人所得税"综合所得"适用的七级超额累进税率（见表1-1）。

表1-1　　　　　　　　　　　**七级超额累进税率表**

（个人所得税税率表——综合所得适用）

级数	全年应纳税所得额	税率（%）	速算扣除数
1	不超过 36 000 元的部分	3	0
2	超过 36 000 元至 144 000 元的部分	10	2 520
3	超过 144 000 元至 300 000 元的部分	20	16 920
4	超过 300 000 元至 420 000 元的部分	25	31 920
5	超过 420 000 元至 660 000 元的部分	30	52 920
6	超过 660 000 元至 960 000 元的部分	35	85 920
7	超过 960 000 元的部分	45	181 920

（注：本表所称全年应纳税所得额是指依照税法的规定，以全年收入额减除费用 6 万元以及全年附加减除费用后的余额。）

（3）超率累进税率，是指以征税对象数额与扣除项目金额的比例，即增值率划分若干级距，分别规定相应的差别税率，增值率每超过一个级距的，对超过的部分就按高一级的税率计算征税。目前，我国采用这种税率的是土地增值税（见表1-2）。

表1-2　　　　　　　　　　　**四级超率累进税率表**

级数	增值率	税率（%）	速算扣除系数（%）
1	不超过 50% 的部分	30	0
2	超过 50% 至 100% 的部分	40	5
3	超过 100% 至 200% 的部分	50	15
4	超过 200% 的部分	60	35

3. 定额税率

定额税率亦称"固定税额"，是指按征税对象的数量单位直接规定的征税数额。它是税率的一种特殊形式，一般适用于从量征收的税种。定额税率不受产品成本升降和价格高低的影响，税收收入可靠，纳税人负担稳定，有利于征收管理，世界各国运用较为普遍。定额税率具体又可分为：

（1）地区差别定额税率，即对同一征税对象按照不同地区分别规定不同的征税数额，等级高的地区的税额高，等级低的地区的税额低。这种税率具有调节不同地区之间级差收入的作用。我国现行税制中的城镇土地使用税、车船税、耕地占用税等都属于地区差别定额税率。

（2）分类分级定额税率，是对征税对象的不同种类和等级分别规定不同的征税数额的一种定额税率，即把征税对象按一定标准分为类、项或级，然后按不同的类、项或级分别规定不同的征税数额。我国现行税制中的车船税以及关税中的船舶吨税即采用这种税率。

（3）幅度定额税率，是指在统一规定的征税幅度内根据纳税人拥有的征税对象或发生课税行为的具体情况，确定纳税人的具体适用税率。如我国城镇土地使用税每平方米年税额为大城市 0.5～10 元，中等城市 0.4～8 元，小城市 0.3～6 元，县城、建制镇、工矿区 0.2～4 元。

（4）地区差别、分类分级和幅度相结合的定额税率，即对同一征税对象在按照地区差别或分类分级定率的前提下，实行有幅度的定额税率。

（四）税收优惠

税收优惠，是指国家运用税收政策在税收法律、行政法规中规定对某一部分特定企业和征税对象给予减轻或者免除税收负担的一种措施。税收优惠方式主要包括减税、免税、起征点、免征额等。

1. 减免税

减免税是对某些纳税人或征税对象的鼓励或照顾措施。减税是减征部分应纳税款；免税是免征全部应纳税款。包括：

（1）法定减免，凡是由各种税的基本法规定的减税、免税都称为法定减免。它体现了该种税减免的基本原则规定，具有长期的适用性。法定减免必须在基本法规中明确列举减免税项目、减免税的范围和时间。

（2）临时减免，又称"困难减免"，是指除法定减免和特定减免以外的其他临时性减税、免税，主要是为了照顾纳税人的某些特殊的暂时的困难，而临时批准的一些减税、免税，它通常是定期的减免税或一次性的减免税。

（3）特定减免，是根据社会经济情况发展变化和发挥税收调节作用的需要，而规定的减税、免税。

2. 起征点与免征额

起征点，又称"征税起点"，是指税法规定对征税对象开始征税的起点数额。征税对象的数额达到起征点的就全部数额征税，未达到起征点的不征税。

免征额是税法规定的征税对象全部数额中免予征税的数额，是对所有纳税人的照顾。当征税对象小于起征点和免征额时，都不予征税；当征税对象大于起征点和免征额时，起征点制度要对征税对象的全部数额征税，免征额制度仅对征税对象超过免征额部分征税。按照我国现行法律规定，在我国个人所得税征收适用的就是免征额制度。

（五）纳税环节

纳税环节是指税法规定的征税对象在从生产到消费的流转过程中应当缴纳税款的环节。商品从生产到消费要经历诸多流转环节，各环节都存在销售额，都可能成为纳税环节。按照某种税征税环节的多少，可以将税种划分为一次课征制或多次课征制。合理选择纳税环节，对加强税收征管、有效控制税源、保证国家财政收入的及时、稳定、可靠，方便纳税人生产经营活动和财务核算，灵活机动地发挥税收调节经济的作用，具有十分重要的理论和实践意义。

（六）纳税时间

1. 纳税义务发生时间

纳税义务发生时间是指纳税人依照税法规定负有纳税义务的时间。由于纳税人的某些应税行为和取得应税收入在发生时间上不尽一致，为正确确定税务机关和纳税人之间的征纳关系和应尽职责，税法对纳税义务发生时间一般都做了明确规定，例如：按照工业产品或商品销售收入额计税的，凡采用托收承付结算方式的，为收到货款的当天或办妥委托银行收款的当天；采用其他结算方式的，为商品发出的当天。

规定纳税义务发生时间，一是为了明确纳税人承担纳税义务的具体日期；二是有利于税务机关实施税务管理，合理规定申报期限和纳税期限，监督纳税人依法履行纳税义务，保证国家财政收入。

2. 纳税期限

纳税期限是指税法规定的关于税款缴纳时间方面的限定。纳税期限是负有纳税义务的纳税人向国家缴纳税款的最后时间限制，它是税收强制性、固定性在时间上的体现。任何纳税人都必须如期纳税，否则就是违反税法，会受到法律制裁。

纳税期限要根据征税对象和国民经济各部门生产经营的不同特点来决定。如流转课税，当纳税人取得货款后就应将税款缴入国库，但为了简化手续，便于纳税人经营管理和缴纳税款（降低税收征收成本和纳税成本），可以根据情况将纳税期限确定为1天、3天、5天、10天、15天或1个月。确定纳税期限，包含两方面的含义：

（1）确定结算应纳税款的期限，即多长时间纳一次税。一般有1天、3天、5天、10天、15天、1个月等几种。

（2）确定缴纳税款的期限，即纳税期满后税款多长时间必须入库。

3. 缴库期限

缴库期限是指纳税人按照税法和税务机关的规定，将应纳税款缴纳入库的期限。它通常与申报期限合在一起，统称"报缴期限"。税法在规定纳税人纳税期限的同时，一般都规定报缴期限。

由于只有国库收纳了税款才真正形成了国家的财政收入，因此国家规定了缴库期限。

纳税人或扣缴义务人在规定的缴库期限内未能将应纳税款缴入国库，除报经有权税务机关批准，可以适当延期外，都要从滞纳之日起，按日加收一定比例的滞纳金，并要在限期内将应纳税款缴库。

（七）纳税地点

纳税地点是指税法规定纳税人申报纳税的地点。规定纳税人申报纳税的地点，既有利于税务机关实施税源控管，防止税收流失，又便利纳税人缴纳税款。纳税地点主要适用于涉及两地申报纳税的税种。如屠宰税，为鼓励产猪地区养猪，规定在收购生猪的地区纳税。

我国税收制度对纳税地点规定的总原则是纳税人在其所在地就地申报纳税。同时考虑某些纳税人生产经营和财务核算的不同情况，对纳税地点也做了不同规定。主要方式有：

（1）企业所在地纳税，如增值税。

（2）营业行为所在地纳税。

（3）集中纳税。对少数中央部、局实行统一核算的生产经营单位，由主管部、局集中纳税。如对铁路运营（不包括铁道部直属独立核算的企业）、金融、保险企业（不包括中国人民保险总公司所属各省、自治区、直辖市分公司）和中国医药管理局直属企业，分别由中央各主管部、行、局、总公司集中纳税。

（4）口岸纳税。主要适用于关税。进出口商品的应纳关税，在商品进出口岸地，由收、发货人或其代理人向口岸地海关纳税。

第三节

税法体系

税法体系是由一国法定征收的各个税种组成的有机系统。

从法律角度来讲，一个国家在一定时期内、一定体制下以法定形式规定的各种税收法律、法规的总和，称为税法体系。但从税收工作的角度来讲，税法体系往往被称为税收制度。

一个国家的税收制度是指在既定的管理体制下设置的税种，以及与这些税种的征收、管理有关的，具有法律效力的各级成文法律、行政法规、部门规章等的总和。我国现行税法体系是在1994年工商税制全面改革的基础上形成的。

按照不同标准，税法有不同的分类。

一、按照税法的职能和作用分类

（一）税收实体法

税收实体法主要是指确定税种立法，具体规定各税种的征收对象、征收范围、税目、税率、纳税地点等。例如《中华人民共和国企业所得税法》《中华人民共和国个人所得税法》就属于税收实体法。

我国税收实体法共有 26 个税种，已开征的有 24 个税种，目前实际开征的有 18 个税种，可分为三大类：

1. 由税务机关负责征收的税种

包括增值税、消费税、车辆购置税、企业所得税、个人所得税、资源税、房产税、城镇土地使用税、车船税、土地增值税、印花税、城市维护建设税、耕地占用税、契税、烟叶税（于 2006 年 4 月开征，2018 年 7 月 1 日起实施《中华人民共和国烟叶税法》）和环境保护税（于 2018 年 1 月 1 日开征）16 种。

2. 由海关负责征收的税种

包括关税和船舶吨税 2 种。关税是指一国海关根据该国法律规定，对通过其关境的引进出口货物征收的一种税收。船舶吨税是对在中国港口行驶的外国籍船舶和外商租用的中国籍船舶，以及中外合营企业使用的中外籍船舶（包括在港内行驶的上述船舶）征收。

（二）税收程序法

税收程序法是指税务管理方面的法律，主要包括税收管理法、纳税程序法、发票管理法、税务机关组织法、税务争议处理法等。《中华人民共和国税收征收管理法》就属税收程序法。

税务机关负责征收的税种的征收管理，按照全国人大常委会发布实施的《中华人民共和国税收征收管理法》执行。

海关机关负责征收的税种的征收管理，按照《中华人民共和国海关法》及《中华人民共和国进出口关税条例》等有关规定执行。

上述税收实体法和税收程序法构成了我国现行税法体系。

总之，税收实体法就是明确征纳双方的权利和义务，税收程序法就是明确征纳双方正确地行使权利和义务的方法。

二、按照税法的基本内容和效力分类

（一）税收基本法

税收基本法，就是要把各个单行税法的共同性问题和一些不宜由单行税法规定而在宪法中又没有具体说明的问题做一个集中的概括说明。税收基本法是税法体系的主体和核心，在税法体系中起着税收母法的作用。

在国家的整个法律体系中，税收基本法起着把宪法和单行税法连接起来的桥梁作用，有利于改观宪法和单行税法脱节的现状。我国目前尚未制定统一的税收基本法，制定税收基本法，可以填补我国法律体系中宪法和单行税法之间的空白，有利于实现税法体系的系统化、规范化，是健全我国法律体系的重要组成部分，也是提高我国税收法律的等级和级次，加速税收法制化建设的根本途径。

（二）税收普通法

税收普通法是根据税收基本法的原则，对税收基本法规定的事项分别进行立法实施的法律，如《中华人民共和国个人所得税法》《中华人民共和国税收征收管理法》等。

三、按照立法机关和效力分类

（一）法律

根据制定机关的不同，法律可以分为两类，即基本法律和其他法律。基本法律是由全国人民代表大会（简称"人大"）制定的，其他法律是由全国人大常委会制定的，但是两者的效力都一样。在全国人大会期间，全国人大常委会也有权对全国人大制定的法律在不同该法律的基本原则相冲突的前提下进行部分补充和修改。法律的效力低于宪法，不能同宪法相抵触。《中华人民共和国立法法》规定了只能由法律进行规定的事项，包括：国家主权的事项；各级人民代表大会、人民政府、人民法院和人民检察院的产生、组织和职权；民族区域自治制度、特别行政区制度、基层群众自治制度；犯罪和刑罚；对公民政治权利的剥夺、限制人身自由的强制措施和处罚；对非国有财产的征收；民事基本制度；基本经济制度以及财政、税收、海关、金融和外贸的基本制度；诉讼和仲裁制度；必须由全国人民代表大会及其常务委员会制定法律的其他事项。

截至目前我国现行的18个税种中已有12个税种立法，包括《中华人民共和国个人所得税法》《中华人民共和国车船税法》《中华人民共和国企业所得税法》《中华人民共和国环境保护税法》《中华人民共和国船舶吨税法》《中华人民共和国车辆购置税法》《中华人民共和国耕地占用税法》《中华人民共和国资源税法》《中华人民共和城市维护建设税法》《中华人民共和国契税法》《中华人民共和国印花税法》《中华人民共和国烟叶税法》。增值税、消费税、城镇土地使用税、土地增值税、房产税和关税还没有立法。

（二）行政法规

行政法规是指国务院制定颁布的规范性文件，其法律地位和效力仅次于宪法和法律，不得同宪法和法律相抵触。全国人大常委会有权撤销国务院制定的同宪法、法律相抵触的行政法规、决定和命令。

目前我国税法体系的主要组成部分即税收法规，其具体形式主要是"条例"或"暂行条例"。税收法规的效力低于宪法和税收法律，但高于税收规章，在我国具体是指财政部、国家税务总局、海关总署以及地方政府在其权限内制定的有关税收的"办法""规则""规定"。如《税务行政复议规则》《税务代理试行办法》等。

（三）地方性法规

地方性法规的制定方式有两类，一是由省、自治区、直辖市的人大和人大常委会制定；二是由省会、自治区首府所在地的市以及国务院批准的较大的市的人大及其常委会制定，但同时应报省一级人大常委会批准，还要报全国人大常委会备案。地方性法规的效力低于宪法、法律和行政法规。

（四）规章

根据制定机关的不同，规章可以分为两类：一是由国务院的组成部门和直属机构在它们的职权范围内制定的规范性文件，无须经国务院批准，这是行政规章，或者称为部门规章。行政规章要服从宪法、法律和行政法规，其与地方性法规处于一个级别。另一种规章是地方行政规章，由省、自治区和直辖市人民政府，以及省级人民政府所在地的市的人民政府和国务院批准的较大的市的人民政府制定的规范性文件。地方行政规章除了服从宪法、法律和行政法规外，还要服从地方性法规。税收规章的法律效力较低，一般情况下税收规章不作为税收司法的直接依据，只具有参考性的效力。

四、按照主权国家行使税收管辖权不同分类

（一）国内税法

国内税法一般是按照属人或属地原则，规定一个国家的内部税收制度，是一国在其税收管辖权范围内调整国家与纳税人之间权利义务关系的法律规范的总称，是由国家立法机关和经由授权或依法律规定的国家行政机关制定的法律、法规和规范性文件。

国内税法主要内容包括国家与纳税人之间的实体权利义务、纳税义务的履行程序、税务争议的解决程序等。国内税法中具有涉外因素的税收法律规范也称涉外税法。对涉外税法的归属有不同的认识。虽然涉外税法也涉及国家间的税收分配关系，纳税主体、征税对象以及引起法律关系产生、变更、消灭的事实等因素中至少有一个因素与国外或国际社会存在某种联系，但从本质上讲，涉外税法调整的仍是一国政府与其纳税人之间的税收法律关系，它不能在一个国家的税法体系之外独立存在，而只能归属于国内税法，成为其特殊组成部分。

（二）国际税法

国际税法是指国家间形成的税收制度，是调整在国家与国际社会协调相关税收的过

程中所产生的国家涉外税收征纳关系和国家间税收分配关系的法律规范的总称，主要包括双边或多边国家间的税收协定、条约和国际惯例等。

国际税法的调整对象决定了它的范围——既包括国家间的税收分配关系，又包括国家与跨国纳税人之间的征纳关系，这就不是一种法律规范所能调整的。对前者的调整，主要依靠国际法规范，如国际税收协定；对后者的调整，则主要依靠国内法规范，即各国的涉外税法。但是，在调整时，国际税法规范和国内税法规范并非截然分开，各专其所司，而是互相配合、互相补充、互相渗透。在许多问题上，单纯依靠国际税法规范或国内税法规范，往往难以进行有效的调整，只有互相配合，才能完满地发挥法律调整的作用。并且，在国际税收协定中，并非所有的规定只涉及国家间的关系，事实上，有不少条款直接涉及国家与跨国纳税人之间的征税关系。

育人园地

税收是国家财政收入的主要支柱

历史上，在国家产生的同时，也就出现了保证国家实现其职能的财政。在我国古代的第一个奴隶制国家——夏朝，最早出现的财政征收方式是"贡"，即臣属将物品进献给君王。当时，虽然臣属必须履行这一义务，但因为贡的数量、时间尚不确定，所以，"贡"只是税的雏形。而后出现的"赋"与"贡"不同。西周，征收军事物资称"征赋"；征收土产物资称"征税"。

春秋后期，赋与税统一按田亩征收。"赋"原指军赋，即君主向臣属征集的军役和军用品。但事实上，国家征集的收入不仅限于军赋，还包括用于国家其他方面支出的产品。此外，国家对关口、集市、山地、水面等征集的收入也称"赋"。所以，"赋"已不仅指国家征集的军用品，而且具有了"税"的含义。清末，租税成为多种捐税的统称。农民向地主交纳实物曰"租"，向国家交纳货币曰"税"。

有历史典籍可查的对土地产物的直接征税，始于鲁宣公十五年（公元前594年）鲁国实行的"初税亩"，按平均产量对土地征税。后来，"赋"和"税"就往往并用了，统称"赋税"。自战国以来，中国封建社会的赋役制度主要有四种：战国秦汉时期的租赋制（征收土地税和人头税）、魏晋至隋唐的租调制（征收土地税、人头税和劳役税）、中唐至明中叶的两税法（征收资产税和土地税）、明中叶至鸦片战争前的一条鞭法和地丁合一（征收土地税）。

我国进入社会主义时期后，建立并发展了社会主义税收制度。1949年中华人民共和国成立，统一了全国税收制度，建立了新税制。历经数次税制改革，1994年我国再次进行税制改革。为适应社会主义市场经济的发展以及加入世界贸易组织（WTO）后与国际接轨的新情况，本着"统一税法，公平税负，简化税制，合理分权，理顺关系，保证财政收入"的指导思想，我国扩大增值税范围，完善增值税税款抵扣制度，实行增值税转型改革，推行全面营业税改征增值税，对特定产品开征消费税，统一内资、外资企业所得税，完善个人所得税综合与分类相结合的税制，对其他税种也进行改革。中华人民共和国经历了七十多年税收改革与发展，已经建立并还在不断完善适应我国国情的税收制度。

本章小结

税法是税制的核心，是税收的法律表现形式。税法是由国家权力机关或其授权的行政机关制定的调整税收关系的法律规范的总称，是国家税务征管机关和纳税人从事税收征收管理与缴纳活动的法律依据。税法的基本构成要素包括纳税人、征税对象和税率。税制体系是一国在进行税制设置时，根据本国的具体情况，将不同功能的税种进行组合配置，形成主体税种明确、辅助税种各具特色、作用和功能互补的税种体系。社会经济发展水平、国家政策取向、税收管理水平影响一个国家的税制体系。税收管理体制是在中央与地方以及地方各级政府之间划分税收管理权限的一种制度，是税收管理制度的重要组成部分。税收管理权限包括税收立法权和税收管理权两个方面。

课后练习

一、单项选择题

1. 税收的主体是（　　）。

A. 国家　　　　　　B. 纳税人　　　　　　C. 企业　　　　　　D. 行政机关

2. 在国家财政收入中占比最大的是（　　）。

A. 政府规费收入　　B. 国债收入　　　　　C. 税收　　　　　　D. 国有资产经营收入

3. 国家征税的法律依据是（　　）。

A. 经济法规　　　　B. 民法　　　　　　　C. 刑法　　　　　　D. 税法

4. 下列各项中，对税收的内涵表述错误的是（　　）。

A. 国家征税的目的是使国家机器有效运转、行使国家职能，满足社会成员获得公共产品和公共服务的需要

B. 国家征税凭借的是公共权力（政治权力）

C. 税收是国家筹集财政收入的主要途径，是国家财政收入的主要来源

D. 税收不一定要借助法律的形式进行

5. 下列各项中，对税收的无偿性表述错误的是（　　）。

A. 税收的无偿性是指国家在征税以后，所有税款一律纳入国家财政预算，由财政统一分配，而不是直接向个体（具体）纳税人返还或向其支付报酬

B. 税收的无偿性是对个体（具体）纳税人而言的，其享有的公共产品和公共服务与其缴纳的税款并非一一对等；但就纳税人整体而言，两者是对等的。

C. 税收的无偿性表现为个体的有偿性、整体的无偿性

D. 税收的无偿性表现为个体的无偿性、整体的有偿性

6. 税收最基本的职能是（　　）职能。

A. 组织收入　　　　B. 调节经济　　　　　C. 社会管理　　　　D. 调节收入分配

7. 在税法构成要素中，基本的要素包括（　　　）。

A. 纳税人、征税对象和税目　　　　B. 纳税人、征税对象和税率

C. 纳税人、税目和税率　　　　　　D. 纳税人、负税人和税率

8. 一种税区别于另一种税的主要标志是（　　　）。

A. 纳税人　　　　B. 征税对象　　　　C. 负税人　　　　D. 税率

9. 下列各项中，对税收与税法的关系表述错误的是（　　　）。

A. 税法是税收的法律表现形式

B. 税收是税法所确定的具体内容

C. 税收与税法都是以国家的存在为前提，都与国家财政收入密切相关

D. 从税收与税法的区别来看，税收属于上层建筑范畴，税法则属于经济基础范畴

10. 目前实际开征的税种共有（　　　）种。

A. 17　　　　　　B. 18　　　　　　C. 16　　　　　　D. 24

二、多项选择题

1. 关于税收强制性的叙述，正确的有（　　　）。

A. 税收强制性依据的是国家的公共权力

B. 对国有企业征税不具有强制性，而具有自愿性

C. 税收强制性就是对纳税人进行惩罚

D. 税收强制性是以法律、法令形式规定的

2. 关于税收固定性的叙述，正确的有（　　　）。

A. 税收固定性是相对的，不是绝对的

B. 税收具有征收总量的无限性

C. 税收征收有具体操作的确定性

D. 税收固定性是无偿性和强制性的必然要求

3. 税收在"维护国家权益，促进对外开放"中的作用，主要表现在（　　　）。

A. 根据独立自主、平等互利的原则，与各国进行税收谈判，签订避免双重征税协定，以利于发展我国的对外贸易和国际经济技术的交往

B. 根据国家经济建设发展的需要，对进口商品征收进口关税，保护国内市场和新兴产业，维护国家的经济独立和经济利益

C. 根据我国的实际情况，对某些出口产品征收出口关税，以限制国内紧缺资源的外流，保证国内生产、生活的需要

D. 为扩大出口，实行出口退税制度，鼓励国内产品走向国际市场，增强出口产品在国际市场上的竞争力

4. 下列各项中，对我国现行的税率形式表述正确的是（　　　）。

A. 比例税率，是对同一征税对象不分计税金额的大小，都按规定的同一比例计征税款

B. 我国综合所得的个人所得税采用超额累进税率

C. 我国土地增值税采用比例税率

D. 定额税率，是按征税对象的一定计量单位，直接规定一个固定的税额计征税款

5. 税收法律关系的产生是主体之间权利与义务的形成，其产生的直接原因是(　　)。

A. 税收法律行为的产生　　　　　B. 税收法律事件的产生

C. 征税手续的变动　　　　　　　D. 新税种的开征

6. 下列各项中，有权制定税收规章的税务主管机关有(　　)。

A. 国家税务总局　　B. 财政部　　　C. 国务院办公厅　　D. 海关总署

7. 下列各项中，属于中央政府与地方政府共享税收收入的是(　　)。

A. 企业所得税　　B. 证券交易印花税　C. 资源税　　　D. 城镇土地使用税

8. 税收法律制度包括(　　)。

A.《中华人民共和国企业所得税法》　　B.《中华人民共和国个人所得税法》

C.《中华人民共和国增值税暂行条例》　D.《中华人民共和国税收征收管理法》

9. 下列属于税收实体法的是(　　)。

A.《中华人民共和国消费税暂行条例》　B.《中华人民共和国个人所得税法》

C.《中华人民共和国增值税暂行条例》　D.《中华人民共和国税收征收管理法》

10. 下列属于间接税法的是(　　)。

A. 所得税法　　　　B. 增值税法　　　　C. 关税法　　　　D. 消费税法

三、判断题

(　　)1. 国家征税的目的仅仅是满足国家职能的需要，如军需支出等。

(　　)2. 税收的本质是国家以法律规定向经济单位和个人无偿征收货币或实物所形成的特殊分配关系。

(　　)3. 税收的三个特征是统一的整体，相互联系，缺一不可。

(　　)4. 税收的征税主体只能是代表社会全体成员行使公共权力的政府，其他任何社会组织或个人均无权征税。

(　　)5. 税率的高低直接关系到纳税人的负担和国家税收收入的多少，是国家在一定时期内的税收政策的主要表现形式，是税收制度的核心和灵魂。

(　　)6. 税负转嫁是指纳税人依法缴纳税款之后，通过种种途径将所缴税款的一部分或全部转移给他人负担的经济现象和过程。

(　　)7. 对同一征税对象，不论数额多少，均按同一比例征税的税率称为定额税率。

(　　)8. 税目是征税对象在应税内容上的具体化，它体现了征税的深度。

(　　)9. 起征点是指达到或超过的就其全部数额征税，达不到的不征税；而免征额是指达到和超过的，可按扣除其该数额后的余额计税。

(　　)10. 税收法律关系中的征纳双方法律地位平等，但权利与义务不对等。

四、实务训练

1. 我国目前开征的共有 18 个税种（见表 1-3），请选择下列税种的种类：

表 1 - 3　　　　　　　　　　我国目前开征的税种

序号	税种	中央税	地方税	中央地方共享	流转税	所得税	财产税	资源税	行为税	从价税	从量税	复合税	价外税	价内税
1	增值税													
2	消费税													
3	关税													
4	企业所得税													
5	个人所得税													
6	房产税													
7	契税													
8	车船税													
9	印花税													
10	城市维护建设税													
11	耕地占用税													
12	车辆购置税													
13	资源税													
14	城镇土地使用税													
15	土地增值税													
16	烟叶税													
17	船舶吨税													
18	环境保护税													

2. 中国交响乐团赴欧洲巡回演出，历经英国、法国、德国、瑞典、卢森堡等 10 多个国家，所到之处均受到热烈欢迎。最后，乐团回到北京做汇报演出达 30 多场次。

（1）中国交响乐团的演员在国外的所有演出报酬应向东道国纳税吗？

（2）中国演员应否向东道国纳税的依据是东道国之国内税法，还是中国与对方国家签订的双边税收协定？

（3）中国演员应就哪些收入向中国政府纳税？

第二章

增值税实务

【知识目标】

1. 熟识增值税的概念和特征。

2. 熟悉增值税的基本法律规定。

3. 熟识增值税专用发票的使用和管理规定。

4. 能熟练完成增值税的纳税申报。

【能力目标】

1. 熟识增值税的基本原理和基本法律规定，能判定一般纳税人和小规模纳税人，会正确选择适用的增值税税率，能充分运用增值税优惠政策，会正确使用增值税专用发票。

2. 会计算增值税中销项税额、进项税额、进项税额转出和应纳增值税税额、出口退（免）税额。

3. 能根据相关业务资料填写增值税纳税申报表，并会进行申报。

导入案例

某商场为一般纳税人，2021年6月采取以旧换新方式销售微波炉，每台零售价3 000元，当月售出微波炉 150 台，共收回旧微波炉 150 台，每台旧微波炉折价200 元。

问题：该业务中应纳增值税的销售额为多少？

第一节

增值税概述

一、增值税的概念

增值税是以商品（含应税劳务）在流转过程中产生的增值额作为计税依据而征收的一种流转税。

从计税原理上说，增值税是对商品生产、流通、劳务服务中多个环节的新增价值或商品的附加值征收的一种流转税。从理论上分析，增值额是指一定时期内劳动者在生产过程中新创造的价值额。从税收征管实际来看，增值额是指商品的销售额扣除法定外购项目之后的余额。增值税是以商品在流转过程中的增值额作为征税对象而课征的一种税。

我国增值税实行税款抵扣制度，属于价外税，也就是由消费者承担税收负担。增值税的计税方法是以每一生产经营环节发生的商品的销售额为计税依据，同时通过税款抵扣方式将外购项目在以前环节已纳的税款予以扣除，有增值才征税，没增值不征税。这种计算方法，并不直接计算增值额，而是间接计算应纳增值税税额。

增值税已经成为我国最主要的税种之一，增值税的收入占我国全部税收的 60% 以上，是我国的主体税。

二、增值税的类型

增值税按照对外购固定资产的进项税额扣除方式的不同，可以分为消费型增值税、生产型增值税和收入型增值税。2009 年 1 月 1 日起，我国开始全面实行消费型增值税。

消费型增值税是指在计算增值税时，允许将购置的用于生产经营的固定资产的已纳税款一次性全部扣除，也即厂商的资本投入不算入产品增加值。这样，从全社会的角度来看，增值税相当于只对消费品征税，其税基总值与全部消费品总值一致，故称为消费型增值税。消费型增值税的优点是保证财政收入的增加，但其缺点是不利于鼓励投资。

生产型增值税是指在计算增值税时，不允许扣除外购固定资产所负担的增值税，而是将其计入固定资产的成本。由于作为增值税征税对象的增值额相当于国民生产总值，因此将这种类型的增值税称为生产型增值税。生产型增值税的优点是完全避免重复征税，但其缺点是给以票扣税造成困难。

收入型增值税是指在计算增值税时，只允许扣除当期计入产品价值的折旧部分。就整个社会来说，征税的依据相当于国民收入，故称为收入型增值税。收入型增值税的优点是体现增值税优越性，便于操作，但其缺点是减少财政收入。

三、增值税的特征

1. 征税范围广

增值税有着广阔的税基，从生产经营的横向关系看，无论是工业、商业还是规定的劳务服务活动，只要有增值额就要纳税。从生产经营的纵向关系看，增值税实施多环节征收，每一货物无论经过多少生产经营环节，都要按各道环节上发生的增值额逐次征税。

2. 增值税是价外税，税负具有转嫁性

增值税是在商品交易额和劳务或服务价值之外，由卖方向买方收取，由买方承担，又会通过其销售活动转移给下一环节而得到补偿。因此，增值税的税收负担最终由消费者承担，属于间接税。

3. 实行税款抵扣制度，可以避免重复征税

增值税实行税款抵扣制度，应纳税额通过当期进项税额抵减当期销项税额计算出来。根据规定，发生交易行为时购买方凭发票上注明的税款在计算当期应纳税额时进行抵扣。在实际操作中，税务部门对发票的开具和使用是严格进行管理的，购买方取得的发票应经过认证后才能抵扣。增值税只对纳税人经营过程中新创造的增值额进行征税，也就是只对商品销售额中没有征过税的那部分增值额征税，对销售额中属于转移过来的、以前环节已征过税的那部分销售额则不再征税，因此避免了重复征税。

第二节

增值税的基本法律规定

一、增值税的征税范围

增值税的征税对象是纳税人销售或进口货物，提供加工、修理修配劳务，销售服务、无形资产或者不动产的增值额。

二维码2：
增值税税率
及计税依据

（一）征税范围的一般规定

1. 销售货物

无论在哪个环节销售或者进口货物，均纳入增值税的征税范围。

这里的货物是指包括电力、热力、气体在内的有形动产。一般而言，销售货物是指有偿转让货物的所有权。

2. 进口货物

凡报关进入我国国境或者关境的货物，在报关进口环节，除了依法缴纳关税外，还要缴纳增值税。这里的货物也是指包括电力、热力、气体在内的有形动产。

3. 提供加工、修理修配劳务

加工是指受托加工货物，即委托方提供原料及主要材料，受托方按照委托方的要求，制造货物并收取加工费的业务，除此形式之外的任何形式的加工都视同受托方销售货物征税。

修理修配是指对损伤或者丧失功能的货物进行修复，使其恢复原状或者功能的业务。修理修配的对象为有形动产。

单位或个体经营者聘用的员工为本单位或雇主提供的劳务，不征收增值税。

4. 销售服务

销售服务是指提供交通运输服务、邮政服务、电信服务、建筑服务、金融服务、现代服务、生活服务。

（1）交通运输服务。是指利用运输工具将货物或者旅客送达目的地，使其空间位置得到转移的业务活动。包括陆路运输服务、水路运输服务、航空运输服务和管道运输服务。

（2）邮政服务。是指中国邮政集团公司及其所属邮政企业提供邮件寄递、邮政汇兑和机要通信等邮政基本服务的业务活动。包括邮政普遍服务、邮政特殊服务和其他邮政服务。

（3）电信服务。是指利用有线、无线的电磁系统或者光电系统等各种通信网络资源，提供语音通话服务，传送、发射、接收或者应用图像、短信等电子数据和信息的业务活动。包括基础电信服务和增值电信服务。

（4）建筑服务。是指各类建筑物、构筑物及其附属设施的建造、修缮、装饰、线路、管道、设备、设施等的安装以及其他工程作业的业务活动。包括工程服务、安装服务、修缮服务、装饰服务和其他建筑服务。

（5）金融服务。是指经营金融保险的业务活动，包括贷款服务、直接收费金融服务、保险服务和金融商品转让。其中，金融商品转让是指转让外汇、有价证券、非货物期货和其他金融商品所有权的业务活动。

（6）现代服务。现代服务是指围绕制造业、文化产业、现代物流产业等提供技术性、知识性服务的业务活动。包括研发和技术服务、信息技术服务、文化创意服务、物流辅助服务、租赁服务、鉴证咨询服务、广播影视服务、商务辅助服务和其他现代服务。

（7）生活服务。是指为满足城乡居民日常生活需求提供的各类服务活动。包括文化体育服务、教育医疗服务、旅游娱乐服务、餐饮住宿服务、居民日常服务和其他生活服务。

5. 销售无形资产

销售无形资产，是指转让无形资产所有权或者使用权的业务活动。无形资产，是指不具实物形态，但能带来经济利益的资产，包括技术、商标、著作权、商誉、自然资源使用权和其他权益性无形资产。其中，技术，包括专利技术和非专利技术；自然资源使用权，包括土地使用权、海域使用权、探矿权、采矿权、取水权和其他自然资源使用权；其他权益性无形资产，包括基础设施资产经营权、公共事业特许权、配额、经营权（包括特许经营权、连锁经营权、其他经营权）、经销权、分销权、代理权、会员权、席位权、网络游戏虚拟道具、域名、名称权、肖像权、冠名权、转会费等。

6. 销售不动产

销售不动产，是指转让不动产所有权的业务活动。不动产，是指不能移动或者移动后会引起性质、形状改变的财产，包括建筑物、构筑物等。其中：建筑物，包括住宅、商业营业用房、办公楼等可供居住、工作或者进行其他活动的建造物；构筑物，包括道路、桥梁、隧道、水坝等建造物。

（二）征税范围的特殊规定

1. 视同销售货物

单位或个体经营者的下列行为，视同销售货物：

（1）将货物交付其他单位或者个人代销。

（2）销售代销货物。

（3）设有两个以上机构并实行统一核算的纳税人，将货物从一个机构移送其他机构用于销售，但相关机构设在同一县（市）的除外。

（4）将自产或委托加工的货物用于非增值税应税税项目。

（5）将自产或委托加工的货物用于集体福利或者个人消费。

（6）将自产或委托加工或购进的货物作为投资，提供给其他单位或者个体工商户。

（7）将自产、委托加工或购进的货物分配给股东或者投资者。

（8）将自产、委托加工或购进的货物无偿赠送其他单位或者他人。

2. 视同销售服务、无形资产或者不动产

下列情形视同销售服务、无形资产或者不动产：

（1）单位或者个体工商户向其他单位或者个人无偿提供服务，但用于公益事业或者以社会公众为对象的除外。

（2）单位或者个人向其他单位或者个人无偿转让无形资产或者不动产，但用于公益事业或者以社会公众为对象的除外。

（3）财政部和国家税务总局规定的其他情形。

注意：无偿提供服务视同销售的规定仅适用于单位或者个体工商户，不适用于其他个人。无偿转让无形资产或者不动产视同销售的规定，不仅适用于单位或者个体工商户，而且适用于其他个人。

3. 混合销售

若一项销售行为既涉及货物又涉及服务，则为混合销售行为。其中：服务是指交通运输服务、邮政服务、电信服务、建筑服务、金融服务、现代服务、生活服务，货物是指包括电力、热力、气体在内的有形动产。

注意：混合销售行为必须是一项行为，并且这项行为既涉及货物又涉及服务。货物和服务间存在从属关系。

税法规定，从事货物的生产、批发或零售的企业、企业性单位及个体经营者（包括以从事货物的生产、批发或零售为主并兼营销售服务的企业、企业性单位及个体经营者）的混合销售行为，按照销售货物缴纳增值税；其他单位和个人的混合销售行为，按照销售服务缴纳增值税。

纳税人的销售行为是否属于混合销售行为，由国家税务总局所属机关确定。

4. 兼营行为

兼营行为是指纳税人兼营销售货物、加工修理修配劳务、服务、无形资产或者不动产的行为。

注意：兼营行为与混合销售行为不同的是，兼营行为是两项或者多项行为，兼营行为中的各项行为之间是并列关系。另外，兼营行为不只局限于销售货物和服务，还包含提供加工修理修配劳务、销售无形资产或者不动产等。

税法规定，纳税人销售货物、提供加工修理修配劳务、销售服务、无形资产或者不动产适用不同税率或者征收率的，应当分别核算适用不同税率或者征收率的销售额；未分别核算销售额的，按照以下方法确定适用税率或者征收率：

（1）兼有不同税率的销售货物、加工修理修配劳务、服务、无形资产或者不动产，从高适用税率。

（2）兼有不同征收率的销售货物、加工修理修配劳务、服务、无形资产或者不动产，从高适用征收率。

（3）兼有不同税率和征收率的销售货物、加工修理修配劳务、服务、无形资产或者不动产，从高适用税率。

（4）纳税人兼营免税、减税项目的，应当分别核算免税、减税项目的销售额，未分别核算的，不得免税、减税。

（三）不征税项目

（1）根据国家指令无偿提供的铁路运输服务、航空运输服务，属于单位或者个体工商户向其他单位或者个人无偿提供并用于公益事业的。

（2）存款利息。

（3）被保险人获得的保险赔付。

（4）房地产主管部门或者其指定机构、公积金管理中心、开发企业以及物业管理单位代收的住宅专项维修资金。

（5）在资产重组过程中，通过合并、分立、出售、置换等方式，将全部或者部分实物资产以及与其相关联的债权、负债和劳动力一并转让给其他单位和个人，其中涉及的货物、不动产、土地使用权转让行为。

（四）增值税的税收优惠

纳税人发生应税行为适用免税、减税规定的，可以放弃免税、减税，依照税法规定缴纳增值税。放弃免税、减税后36个月内不得再申请免税、减税。

纳税人发生应税行为的同时适用免税和零税率规定的，可以选择适用免税或者零税率。

1. 免税项目

（1）农业生产者销售的自产农产品。

（2）避孕药品和用具。

（3）古旧图书。

（4）直接用于科学研究、科学试验和教学的进口仪器、设备。

（5）外国政府、国际组织无偿援助的进口物资和设备。

（6）由残疾人的组织直接进口供残疾人专用的物品。

（7）销售的自己使用过的物品。

（8）财政部、国家税务总局规定的其他征免税项目。

2. 即征即退优惠

采用即征即退优惠方式的项目主要有：

（1）安置残疾人。

（2）销售自产的新型墙体材料。

（3）黄金期货交易。

（4）风力发电。

（5）飞机修理修配劳务。

（6）销售自产的资源综合利用产品和提供资源综合利用服务。

（7）国内铂金生产企业自产自销的铂金。

（8）软件企业属于一般纳税人的，对其自行开发生产的软件产品，或将进口软件产品进行本地化改造后形成的软件产品对外销售。

（9）动漫产业。

（10）管道运输服务。

（11）有形动产融资租赁和售后回租服务。

3. 先征后退（返）优惠

先征后退（返）优惠主要有全额先征后退（返）、按比例先征后退（返）两种方式。采用全额先征后退（返）方式的主要有定点企业生产变性燃料乙醇，煤层气抽采企业（一般纳税人）销售煤层气，特定核力发电企业生产销售电力产品等。采用按比例先征后退（返）方式的包括核力发电企业生产销售电力产品，出版、印刷等宣传文化业务等。

（五）小规模纳税人的免税规定与起征点

个人发生应税行为的销售额未达到增值税起征点的，免征增值税；达到起征点的，全额计算缴纳增值税。增值税起征点仅适用于登记为小规模纳税人的个体工商户和其他个人，不适用于登记为一般纳税人的个体工商户。

1. 小规模纳税人的免税规定

《财政部 税务总局关于明确增值税小规模纳税人免征增值税政策的公告》（2021 年第 11 号）对小规模纳税人做出了如下免税规定，该公告的实施期限为 2021 年 4 月 1 日至 2022 年 12 月 31 日。

（1）小规模纳税人发生增值税应税销售行为，合计月销售额未超过 15 万元（以 1 个季度为 1 个纳税期的，季度销售额未超过 45 万元，下同）的，免征增值税。

小规模纳税人发生增值税应税销售行为，合计月销售额超过 15 万元，但扣除本期发生的销售不动产的销售额后未超过 15 万元的，其销售货物、劳务、服务、无形资产取得的销售额免征增值税。

（2）适用增值税差征征税政策的小规模纳税人，以差额后的销售额确定是否可以享受本公告规定的免征增值税政策。

《增值税纳税申报表（小规模纳税人适用）》中的"免税销售额"相关栏次，填写差额后的销售额。

（3）按固定期限纳税的小规模纳税人可以选择以 1 个月或 1 个季度为纳税期限，一经选择，一个会计年度内不得变更。

（4）《中华人民共和国增值税暂行条例实施细则》第九条所称的其他个人，采取一次性收取租金形式出租不动产取得的租金收入，可在对应的租赁期内平均分摊，分摊后的月租金收入未超过 15 万元的，免征增值税。

（5）按照现行规定应当预缴增值税税款的小规模纳税人，凡在预缴地实现的月销售额未超过 15 万元的，当期无需预缴税款。

（6）小规模纳税人中的单位和个体工商户销售不动产，应按其纳税期、上文第（5）条以及其他现行政策规定确定是否预缴增值税；其他个人销售不动产，继续按照现行规定征免增值税。

2. 起征点的幅度规定

（1）按期纳税的，为月销售额 5 000～20 000 元（含本数）。

（2）按次纳税的，为每次（日）销售额 300～500 元（含本数）。

起征点的调整由财政部和国家税务总局规定。省、自治区、直辖市财政厅（局）和国家税务局应当在规定的幅度内，根据实际情况确定本地区适用的起征点，并报财政部和国家税务总局备案。

二、增值税的纳税人和扣缴义务人

（一）纳税人的基本规定

增值税纳税人是指在我国境内销售货物、进口货物、提供加工、修理修配应税劳务、销售服务、无形资产或者不动产（以下统称应税行为）的单位和个人。其中：单位，是指企业、行政单位、事业单位、军事单位、社会团体及其他单位；个人，是指个体工商户和其他个人。

单位以承包、承租、挂靠方式经营的，承包人、承租人、挂靠人（以下统称承包人）以发包人、出租人、被挂靠人（以下统称发包人）名义对外经营并由发包人承担相关法律责任的，以发包人为纳税人。否则，以承包人为纳税人。

资管产品运营过程中发生的增值税应税行为，以资管产品管理人为增值税纳税人。

（二）纳税人的分类

根据纳税人"会计核算是否健全"以及"经营规模"等标准，将纳税人分为小规模纳税人和一般纳税人。应税行为的年应税销售额超过财政部和国家税务总局规定标准的纳税人为一般纳税人，未超过规定标准的纳税人为小规模纳税人。

注意：增值税一般纳税人和小规模纳税人存在以下不同之处：（1）计税方法不同。

一般纳税人采用一般计税方法，小规模纳税人采用简易计税方法。（2）小规模纳税人不能抵扣进项税额。（3）使用票据不同。增值税一般纳税人可以领用和开具增值税专用发票，小规模纳税人只能开具增值税普通发票，但可以由税务机关代开增值税专用发票。

1. 一般纳税人的认定标准

自 2018 年 5 月 1 日起，增值税纳税人（以下简称纳税人）年应税销售额超过财政部、国家税务总局规定的小规模纳税人标准（自 2018 年 5 月 1 日起，小规模纳税人标准为年应税销售额 500 万元及以下）的，除税法另有规定外，应当向其机构所在地主管税务机关办理一般纳税人登记。

其中，年应税销售额是指纳税人在连续不超过 12 个月或 4 个季度的经营期内累计应征增值税销售额，包括纳税申报销售额、稽查查补销售额、纳税评估调整销售额。

纳税申报销售额是指纳税人自行申报的全部应征增值税销售额，其中包括免税销售额和税务机关代开发票销售额。稽查查补销售额和纳税评估调整销售额计入查补税款申报当月（或当季）的销售额，不计入税款所属期销售额。经营期是指在纳税人存续期内的连续经营期间，含未取得销售收入的月份（或季度）。

销售服务、无形资产或者不动产（以下简称应税行为）有扣除项目的纳税人，其应税行为年应税销售额按未扣除之前的销售额计算。纳税人偶然发生的销售无形资产、转让不动产的销售额，不计入应税行为年应税销售额。

年应税销售额未超过规定标准的纳税人，会计核算健全，能够提供准确税务资料的，可以向主管税务机关申请办理一般纳税人资格登记，成为一般纳税人。会计核算健全是指能够按照国家统一的会计制度规定设置账簿，根据合法、有效凭证核算。

下列纳税人不办理一般纳税人资格认定：

（1）个体工商户以外的其他个人；

（2）选择按照小规模纳税人纳税的非企业性单位；

（3）选择按照小规模纳税人纳税的不经常发生应税行为的企业。

2. 小规模纳税人的认定标准

小规模纳税人是指年应征增值税销售额（简称"年应税销售额"，指销售货物、劳务、服务、无形资产、不动产年应征增值税销售额之和）在规定标准以下，并且会计核算不健全，不能按规定报送有关税务资料的增值税纳税人。

（1）自 2018 年 5 月 1 日起，增值税小规模纳税人标准统一为年应税销售额 500 万元及以下。

（2）年应税销售额超过小规模纳税人标准的其他个人（指自然人）按小规模纳税人（不属于一般纳税人）纳税。

（3）对于原增值税纳税人，超过小规模纳税人标准的非企业性单位、不经常发生应税行为的企业可选择按小规模纳税人纳税；对于"营改增"试点纳税人，年应税销售额超过小规模纳税人标准但不经常发生应税行为的单位和个体工商户可选择按照小规模纳税人纳税。

（三）扣缴义务人

中华人民共和国境外（以下简称境外）单位或者个人在境内发生应税行为，在境内未设有经营机构的，以购买方为增值税扣缴义务人。财政部和国家税务总局另有规定的除外。

三、增值税的税率与征收率

（一）税率

2017 年 7 月 1 日起，增值税税率实行四档变三档，由 17%、13%、11%、6%四档简并到 17%、11%、6%三档。

2018 年 5 月 1 日起，在三档内继续下调税率，改为 16%、10%、6%三档。

2019 年 4 月 1 日起，三档内的前两档税率下调，改为 13%、9%、6%三档（见表 2-1）。

表 2-1　　　　　　　　　　增值税税率表（一般纳税人适用）

征税对象	征税范围	税率
销售或者进口货物	粮食等农产品、食用植物油、食用盐	9%
	自来水、暖气、冷气、热气、煤气、石油液化气、沼气、二甲醚、天然气、居民用煤炭制品	
	图书、报纸、杂志、影像制品、电子出版物	
	饲料、化肥、农药、农机、农膜	
	国务院规定的其他货物	
	除以上列举的货物品	13%
销售劳务	加工、修理修配劳务	13%
销售无形资产	转让技术、商标、著作权、商誉、土地使用权之外的自然资源和其他权益性无形资产所有权或使用权	6%
	转让土地使用权	9%
销售不动产	转让建筑物、建筑物等不动产产权	9%
交通运输服务	陆路运输服务	9%
	水路运输服务	
	航空运输服务	
	管道运输服务	
	无运输工具承运业务	
邮政服务	邮政普遍服务	9%
	邮政特殊服务	
	其他邮政服务	

续前表

征税对象	征税范围		税率
电信服务	基础电信服务		9%
	增值电信服务		6%
建筑服务	工程服务		9%
	安装服务		
	修缮服务		
	装饰服务		
	其他建筑服务		
金融服务	贷款服务		6%
	直接收费金融服务		
	保险服务		
	金融商品转让		
现代服务	研发和技术服务		6%
	信息技术服务		
	文化创意服务		
	物流辅助服务		
	鉴证咨询服务		
	广播影视服务		
	商务辅助服务		
	其他现代服务		
	租赁服务	有形动产	13%
		不动产	9%
生活服务	文化体育服务		6%
	教育医疗服务		
	旅游娱乐服务		
	餐饮住宿服务		
	居民日常服务		
	其他生活服务		
出口货物、服务、无形资产	出口货物（国务院另有规定的除外）		0%
	跨境销售国务院规定范围内服务、无形资产		
	销售货物、劳务，提供跨境应税行为，符合免税条件		免税
扣除率	购进农产品进项税额	购进农产品	9%
		纳税人购进用于生产或者委托加工13%税率货物的农产品，按照10%的扣除率计算进项税额	10%

销售适用增值税零税率的服务或无形资产的，可以放弃适用增值税零税率，选择免税或按规定缴纳增值税。放弃适用增值税零税率后，36 个月内不得再申请适用增值税零税率。

零税率是指出口退税，只限于出口货物。按国际上在消费地征税的通行原则，对于出口的货物退还已纳的增值税，使出口货物以不含税的价格进入国际市场。

零税率和免税不同。免税是对某一类纳税人或某一环节免征税款；零税率是指不仅出口环节不必纳税，而且可退还以前环节已纳税款，商品的整体税负为零。因为增值税实行链条式抵扣制度，所以单环节或单个企业的免税实际上意义不大。

显然，零税率具有鼓励出口的作用。但对于部分商品，如"两高一资"产品，即高能耗、高污染、资源类产品，中国政府不鼓励出口，不实行零税率。

（二）征收率

增值税征收率为 3% 或 5%，财政部和国家税务总局另有规定的除外。

小规模纳税人销售货物、加工修理修配劳务、服务、无形资产的征收率为 3%；销售不动产（不含个体工商户销售购买的住房和其他个人销售不动产）按 5% 的征收率征收增值税；出租不动产（不含个人出租住房）按 5% 的征收率征收增值税。

第三节

增值税的计算

二维码 3：
增值税的计算

增值税的计税方法，包括一般计税方法（也称按适用税率计税）和简易计税方法（也称按简易办法计税）。

一般情况下，一般纳税人适用一般计税方法，即按照销项税额减去进项税额的差额作为应纳税额；小规模纳税人适用简易计税方法，即按照销售额与征收率的乘积作为应纳税额；一般纳税人部分特定项目可以采用简易计税方法来计算缴纳增值税。

一、一般纳税人应纳税额的计税方法

一般计税方法的应纳税额，是指当期销项税额抵扣当期进项税额后的余额。

应纳税额计算公式为：

应纳税额＝当期销项税额－当期进项税额

当期销项税额小于当期进项税额不足抵扣时，其不足部分可以结转下期继续抵扣。

（一）销项税额

销项税额是指一般纳税人销售货物或者提供应税劳务、销售应税服务、不动产和无形资产时，按照销售额适用的税率计算并向购买方收取的增值税税额。

销项税额计算公式为：

销项税额＝销售额×适用的增值税税率

销项税额是计算出来的，并不是以增值税专用发票为基本依据，纳税人发生应税行为，即使不开具发票，也不影响销项税额的计算。

1. 销售额的一般规定

销项税额的计算取决于销售额和适用税率两个因素。因此，销售额的确定是计算增值税销项税额的关键。

销售额是指纳税人销售货物、提供加工修理修配劳务、销售服务、无形资产和不动产时，向购买方收取的全部价款和价外费用。增值税的销售额不包含增值税销项税额，但包含消费税税额。

价外费用，是指价外向购买方收取的手续费、补贴、基金、集资费、返还利润、奖励费、违约金、延期付款利息、包装费、包装物租金、储备费、优质费、运输装卸费、代收款项、代垫款项及其他各种性质的费用。但下列项目不包括在内：

（1）向购买方收取的销项税。

（2）受托加工应征消费税的消费品所代收代缴的消费税。

（3）同时符合以下条件的代垫运输费用：①承运部门的运输费用发票开具给购买方的；②纳税人将该项发票转交给购买方的。

（4）符合条件代为收取的政府性基金和行政事业性收费。

（5）销货同时代办保险收取的保险费、代购买方缴纳的车辆购置税、车辆牌照费。

2. 属于下列非经营活动的情形不需要并入销售额

（1）行政单位收取的同时满足以下条件的政府性基金或者行政事业性收费：①由国务院或者财政部批准设立的政府性基金，由国务院或者省级人民政府及其财政、价格主管部门批准设立的行政事业性收费。②收取时开具省级以上（含省级）财政部门监（印）制的财政票据。③所收款项全额上缴财政。

（2）单位或者个体工商户聘用的员工为本单位或者雇主提供取得工资的服务。

（3）单位或者个体工商户为聘用的员工提供服务。

（4）财政部和国家税务总局规定的其他情形。

3. 含税销售额的换算

一般计税方法的销售额不包括销项税额，纳税人采用销售额和销项税额合并定价方法的，按照下列公式换算为不含税销售额：

$$不含税销售额 = \frac{含税销售额}{1 + 增值税税率}$$

采用简易计税方法的纳税人采用销售额和应纳税额合并定价方法的，按照下列公式换算为不含税销售额：

$$不含税销售额 = \frac{含税销售额}{1 + 增值税征收率}$$

注意：下列情况通常需要换算为不含税销售额：（1）商业企业零售价；（2）普通发票上注明的销售额；（3）价税合并收取的金额；（4）价外费用；（5）包装物押金。

凡随同销售货物或提供应税劳务向购买方收取的价外费用，无论其会计制度如何核算，均应并入销售额计算应纳税额，其目的是防止逃避纳税。

实务操作1：

2021年5月，某洗衣机厂向宏发商场销售洗衣机100台，开出增值税专用发票，单价6 700元，同时收取运费5 200元。计算该洗衣机厂的销项税额。

解析：

洗衣机的销售额＝100×6 700＝670 000（元）

剔除含增值税的运费＝5 200÷（1＋13％）＝4 601.77（元）

销项税额＝（670 000＋4 601.77）×13％＝87 698.23（元）

4. 销售额的折算

销售额以人民币计算。纳税人按照人民币以外的货币结算销售额的，应当折合成人民币计算，折合率可以选择销售额发生的当天或者当月1日的人民币汇率中间价。纳税人应当事先确定采用何种折合率，确定后12个月内不得变更。

（1）特殊销售方式下销售额的确定：

①折扣销售。折扣销售又叫商业折扣，通常为了给老客户优惠或为了鼓励客户多购买商品而给予价格上的打折，一般只限于价格折扣。税法规定，纳税人发生应税行为，将价款和折扣额在同一张发票上分别注明的，以折扣后的价款为销售额；未在同一张发票上分别注明的，以价款为销售额，不得扣减折扣额。

折扣销售分为价格折扣和实物折扣。

价格折扣的税务处理：同一发票分别注明的，可从应税销售额中扣除折扣额；另开发票的，不得从应税销售额中扣除折扣额；仅在发票"备注"栏注明折扣额，折扣额不得扣除。

实物折扣的税务处理：不得从应税销售额中扣除折扣额，另按视同销售计税。

实务操作 2：

　　某商场为一般纳税人，2021 年 5 月销售一批床单，不含增值税的销售额为 64 000 元。商场给予购买方 8 折优惠，并将折扣额和销售额在同一张发票上分别注明。计算商场该笔业务的销项税额。

　　解析：由于商场将折扣额和销售额在同一张发票上分别注明，因此可以按折扣后的价款作为销售额。

$$销项税额 = 64\ 000 \times 80\% \times 13\% = 6\ 656（元）$$

　　②销售折扣。销售折扣是指卖方为鼓励买方尽早付清货款而在协议中许诺给予买方的一种折扣优惠。销售折扣是在销售货物之后发生的，从其性质看属于企业融资行为，故折扣额不能从销售额中扣除。

　　③销售折让。销售折让是指销售后，由于商品的质量、规格等不符合要求，销售单位同意在商品价格上给予的减让。

　　税法规定，纳税人适用一般计税方法计税的，因销售折让、中止或者退回而退还给购买方的增值税额，应当从当期的销项税额中扣减；因销售折让、中止或者退回而收回的增值税额，应当从当期的进项税额中扣减。

　　纳税人发生应税行为，开具增值税专用发票后，发生开票有误或者销售折让、中止、退回等情形的，应当按照国家税务总局的规定开具红字增值税专用发票；未按照规定开具红字增值税专用发票的，不得扣减销项税额或者进项税额。

　　④以旧换新。以旧换新是指纳税人在销售自己的货物时，有偿收回旧货的行为。税法规定，纳税人采取以旧换新方式销售货物的，应按新货物的同期销售价格确定销售额，不得减除旧货物的回收价格。之所以这样规定，是因为销售货物和收购货物是两个不同的业务活动，销售额和收购额不能相互抵减。

　　金银首饰以旧换新业务，按销售方实际收到的不含增值税的全部价款作为应税销售额，计算销项税额。

　　⑤还本销售。还本销售是指纳税人在销售货物后，到一定期限由销售方一次或分次退还给购货方全部或部分价款。采取还本销售方式销售货物，是一种筹资性质的行为，其销售额就是货物的销售价格，不得从销售额中减除还本支出。

　　⑥以物易物。以物易物是指购销双方不是以货币结算，而是以同等价款的货物相互结算，实现货物购销的一种方式。以物易物双方都应作为购销处理，以各自发出的货物核算销售额并计算销项税额，以各自收到的货物核算购货额并计算进项税额。如果收到的货物不能取得相应的增值税专用发票或其他合法票据的，不能抵扣进项税额。

导入案例解析：

　　按税法规定，纳税人采取以旧换新方式销售货物的，应按新货物的同期销售价格确定销售额，不得减除旧货物的回收价格，则

该业务中增值税的销售额＝150×3 000÷(1+13％)＝398 230.09（元）

　　（2）包装物押金。税法规定，纳税人为销售货物而出租、出借包装物收取的押金，单独记账的，不并入销售额征税。但对因逾期未收回包装物不再退还的押金，应按所包装的货物的适用税率换算成不含税收入后并入销售额征税。其中，"逾期"以1年为限，即对超过1年以上的押金，无论是否退还，均应并入当期的销售额中征税。

　　税法还规定，对销售除啤酒、黄酒外的其他酒类产品而收取的包装物押金，无论是否返还以及会计制度如何核算，均应并入当期销售额征税。

实务操作3：

　　甲公司为一般纳税人，2021年5月销售一批服装，取得增值税价款260 000元，另收取包装物押金800元。计算甲公司当月的销项税额。

　　解析：由于甲公司销售的服装属于一般货物，则在收取包装物押金（没有逾期）时不计征增值税。

销项税额＝260 000×13％＝33 800（元）

　　（3）销售服务、无形资产和不动产的销售额的确定：

　　①贷款服务，以提供贷款服务取得的全部利息及利息性质的收入为销售额。

　　②直接收费金融服务，以提供直接收费金融服务收取的手续费、佣金、酬金、管理费、服务费、经手费、开户费、过户费、结算费、转托管费等各类费用为销售额。

　　③金融商品转让，按照卖出价扣除买入价后的余额为销售额。金融商品转让不得开具增值税专用发票。

　　④经纪代理服务，以取得的全部价款和价外费用扣除向委托方收取并代为支付的政府性基金或者行政事业性收费后的余额为销售额。向委托方收取的政府性基金或者行政事业性收费，不得开具增值税专用发票。

　　⑤融资租赁业务，经批准提供融资租赁服务，以取得的全部价款和价外费用扣除支付的借款利息（包括外汇借款和人民币借款利息）、发行债券利息和车辆购置税后的余额为销售额。

　　⑥融资性售后回租服务，以取得的全部价款和价外费用（不含本金）扣除对外支付的借款利息（包括外汇借款和人民币借款利息）、发行债券利息后的余额为销售额。2016年5月1日以后，融资性售后回租属于贷款服务纳税人接受的贷款服务，其进项税额不得抵扣。

⑦航空运输服务，以收取的全部价款和价外费用扣除代收的机场建设费及代售其他航空运输企业客票而代收转付的价款后的余额为销售额。纳税人接受旅客运输服务，其进项税额不得抵扣。

⑧客运场站服务，以收取的全部价款和价外费用扣除支付给承运方运费后的余额为销售额。纳税人接受旅客运输服务，其进项税额不得抵扣。

⑨旅游服务，以收取的全部价款和价外费用扣除向旅游服务购买方收取并支付给其他单位或者个人的住宿费、餐饮费、交通费、签证费、门票费及支付给其他接团旅游企业的旅游费用后的余额为销售额。向旅游服务购买方收取并支付的上述费用，不得开具增值税专用发票。提供旅游服务未选择差额征税的，可以就取得的全部价款和价外费用开具增值税专用发票，其进项税额凭合法扣税凭证扣除。

⑩适用简易计税方法的建筑服务，以收取的全部价款和价外费用扣除支付的分包款后的余额为销售额。

房地产开发企业中的一般纳税人销售其开发的房地产项目适用一般计税方法的，以收取的全部价款和价外费用扣除受让土地时向政府部门支付的土地价款后的余额为销售额。

适用简易计税方法的二手房销售服务（包括一般纳税人、小规模纳税人、自然人），以收取的全部价款和价外费用扣除该项不动产购置原价或者取得不动产时的作价后的余额为销售额。销售自建不动产以取得的全部价款和价外费用为销售额。

注意：纳税人符合差额征税条件的，应在 2016 年 5 月 1 日后、第一次申报差额计税前向主管国税机关申请备案。上述④～⑩项规定可以从全部价款和价外费用中扣除的价款，应当取得符合法律、行政法规和国家税务总局规定的有效凭证，否则不得扣除。

（4）售价不合理和视同销售行为销售额的确定。纳税人发生应税行为价格明显偏低或偏高且不具有合理的商业目的的，或发生视同销售行为而无销售额的，税务主管机关有权按下列顺序确定其销售额：

①按纳税人最近时期同类货物、服务、无形资产或不动产的平均销售价格确定。

②按其他纳税人最近时期同类货物、服务、无形资产或不动产的平均销售价格确定。

③按组成计税价格确定：

如果销售的货物、服务、无形资产或不动产不同时征收消费税，则：

$$组成计税价格＝成本×(1＋成本利润率)$$

如果销售的货物同时还征收消费税，则：

$$组成计税价格＝成本×(1＋成本利润率)＋消费税税额$$

销售的货物同时还征收消费税的又具体分为以下三种情况：

第一种，从价定率计征消费税的：

$$组成计税价格＝\frac{成本(1＋成本利润率)}{1－消费税税率}$$

第二种，从量定额计征消费税的：

组成计税价格＝成本×(1＋成本利润率)＋销售数量×消费税单位税额

第三种，复合计税计征消费税的：

$$组成计税价格＝\frac{成本(1＋成本利润率)＋销售数量×消费税单位税额}{1－消费税税率}$$

注意：公式中的成本，如属销售自产货物、无形资产或不动产等的，为实际生产或建造成本；如属外购货物、无形资产或不动产等的，为实际采购成本。公式中的成本利润率由国家税务总局统一规定为10％，但属于征收消费税的货物，按消费税有关法规确定的成本利润率计算。

实务操作4：

某家电生产企业为一般纳税人，2021年5月向市某中学赠送新研制的新型空调6台，每台成本价8 000元，市场无同类价格产品销售，空调的成本利润率为10％；赠送电视机15台，每台电视机的成本价为3 000元，市场销售价格为5 000元（不含税）。请计算该家电生产企业本月的销售额。

解析：

赠送电视机的销售额＝15×5 000＝75 000（元）

赠送新型空调的销售额＝6×8 000×(1＋10％)＝52 800（元）

合计销售额＝75 000＋52 800＝127 800（元）

（二）进项税额

进项税额是指纳税人购进货物、服务、无形资产、不动产或接受应税劳务而向对方支付或负担的增值税。进项税额作为可抵扣的部分，对于纳税人实际纳税多少具有举足轻重的作用。因此，税法对准予从销项税额中抵扣的进项税额做出了严格的规定。需要注意的是，并不是纳税人支付的所有进项税额都可以从销项税额中抵扣。

1. 准予从销项税额中抵扣的进项税额

增值税的进项税额实行的是凭票抵扣制度。也就是说，要想抵扣进项税额，除了要满足税法规定的用途外，还必须取得合法的票据。税法规定，纳税人取得的增值税扣税凭证不符合法律、行政法规或者国家税务总局有关规定的，其进项税额不得从销项税额中抵扣。

增值税扣税凭证主要包括增值税专用发票、海关进口增值税专用缴款书、农产品收购发票、农产品销售发票和完税凭证等。

纳税人凭完税凭证抵扣进项税额的，应当具备书面合同、付款证明和境外单位的对账单或者发票。资料不全的，其进项税额不得从销项税额中抵扣。

准予从销项税额中抵扣的进项税额具体如下：

（1）从销售方取得的增值税专用发票（含税控机动车销售统一发票）上注明的增值税额。

（2）从海关取得的海关进口增值税专用缴款书上注明的增值税额。

（3）纳税人取得收费公路通行费增值税电子普通发票可以根据增值税相关凭证上注明的税款进行抵扣，注明旅客身份信息的航空运输电子客票行程单、铁路车票等可以根据凭证上注明的票面金额进行计算扣除。其中，购进农产品，除取得增值税专用发票或者海关进行进口增值税专用缴款书外，按照农产品收购发票或者销售发票上注明的农产品买价乘以扣除率（9%）计算扣除，国务院另行规定的除外。其进项税额计算公式为：

准予扣除的进项税额＝买价×扣除率

此处，买价是指纳税人购买农产品在农产品收购发票或者销售发票上注明的价款和按规定缴纳的烟叶税。

注意：购进农产品即便取得普通发票（收购发票或销售发票），其进项税额也允许计算抵扣。但如果购进除农产品外的其他货物取得普通发票，则其进项税额不允许抵扣。

（4）从境外单位或者个人购进服务、无形资产或者不动产，扣缴义务人按照规定扣缴增值税后，税务机关出具缴纳税款的完税证明。购买方凭完税凭证上注明的增值税额申报抵扣增值税。

2. 不得从销项税额中抵扣的进项税额

下列项目的进项税额不得从销项税额中抵扣：

（1）用于简易计税方法计税项目、免征增值税项目、集体福利或者个人消费的购进货物、加工修理修配劳务、服务、无形资产和不动产。

（2）非正常损失的购进货物，以及相关的加工修理修配劳务和交通运输服务。

非正常损失，是指因管理不善造成货物被盗、丢失、霉烂变质，以及因违反法律法规造成货物或者不动产被依法没收、销毁、拆除的情形。

（3）非正常损失的在产品、产成品所耗用的购进货物（不包括固定资产）、加工修理修配劳务和交通运输服务。

（4）非正常损失的不动产，以及该不动产所耗用的购进货物、设计服务和建筑服务。

（5）非正常损失的不动产在建工程所耗用的购进货物、设计服务和建筑服务。纳税人新建、改建、扩建、修缮、装饰不动产，均属于不动产在建工程。

（6）购进的旅客运输服务、贷款服务、餐饮服务、居民日常服务和娱乐服务。

（7）财政部和国家税务总局规定的其他情形。

上述（4）和（5）所称货物，是指构成不动产实体的材料和设备，包括建筑装饰材料和给排水、采暖、卫生、通风、照明、通信、煤气、消防、中央空调、电梯、电气、智能化楼宇设备及配套设施。

3. 不得抵扣进项税额的划分

适用一般计税方法的纳税人，兼营简易计税方法计税项目、免征增值税项目而无法划分不得抵扣进项税额的，按照下列公式计算不得抵扣的进项税额：

$$不得抵扣的进项税额 = 当期无法划分的全部进项税额 \times \frac{当期简易计税方法计税项目销售额 + 免征增值税项目销售额}{当期全部销售额}$$

主管税务机关可以按照上述公式依据年度数据对不得抵扣的进项税额进行清算。

当期销项税额小于当期进项税额不足抵扣时，其不足部分可以结转下期继续抵扣。

（三）当期的时间界定

"当期"是个重要的时间限定，具体是指税务机关依照税法规定对纳税人确定的纳税期限；只有在纳税期限内实际发生的销项税额、进项税额，才是法定的当期销项税额或当期进项税额。伴随"放管服"改革，税法也为方便纳税人进行纳税申报，在进项税额抵扣期限方面做出调整。

1. 进项税额当期的时间界定

2020年3月1日起，纳税人取得的2017年1月1日及以后开具的增值税专用发票、海关进口增值税专用缴款书、税控机动车销售统一发票、收费公路通行费增值税电子普通发票，取消认证确认、稽核比对、申报抵扣的期限。

2. 销项税额当期的时间界定

（1）销项税额确认时间为纳税人发生应税行为并收讫销售款项或者取得索取销售款项凭据的当天，先开具发票的，为开具发票的当天。

收讫销售款项，是指纳税人销售服务、无形资产、不动产过程中或者完成后收到款项。

取得索取销售款项凭据的当天，是指书面合同确定的付款日期；未签订书面合同或者书面合同未确定付款日期的，为服务、无形资产转让完成的当天或者不动产权属变更的当天。

（2）纳税人提供建筑服务、租赁服务采取预收款方式的，其纳税义务发生时间为收到预收款的当天。

（3）纳税人从事金融商品转让的，为金融商品所有权转移的当天。

（4）纳税人发生视同销售服务、无形资产或不动产行为的，其纳税义务发生时间为服务、无形资产转让完成的当天或者不动产权属变更的当天。纳税人发生视同销售货物行为（不包括代销行为）的，为货物移送的当天。

（5）增值税扣缴义务发生时间为纳税人增值税纳税义务发生的当天。

（四）进项税额转出

已抵扣进项税额的购进货物（不含固定资产）、劳务、服务，发生不得从销项税额中抵扣的情形（简易计税方法计税项目、免征增值税项目除外）的，应当将该进项税额从当期进项税额中扣减；无法确定该进项税额的，按照当期实际成本计算应扣减的进项税额。

已抵扣进项税额的固定资产、无形资产或者不动产，发生不得从销项税额中抵扣的情形的，按照下列公式计算不得抵扣的进项税额：

不得抵扣的进项税额＝固定资产、无形资产或者不动产净值×适用税率

"固定资产、无形资产或者不动产净值"是指纳税人根据财务会计制度计提折旧或摊销后的余额。

实务操作 5：

某商厦是一般纳税人，2021 年 2 月末留抵税额 2 000 元，3 月发生下列业务：

(1) 购入商品一批，取得增值税专用发票，价款为 10 000 元，税款为 1 300 元；

(2) 1 个月前收购的一批粮食毁损，账面成本为 5 220 元（收购时增值税专用发票上注明的税率为 10%）；

(3) 从农民手中收购大豆 1 吨，收购发票上注明的收购价款为 1 500 元；

(4) 从小规模纳税人处购买商品一批，取得税务机关代开的增值税专用发票，价款为 30 000 元，税款为 900 元，款已付，货物未入库；

(5) 零售日用商品，取得含税收入 113 000 元；

(6) 将 1 个月前购入的一批布料直接捐赠受灾地区，账面成本为 20 000 元，同类布料不含税销售价格为 30 000 元；

(7) 外购电脑 20 台，取得增值税专用发票，每台不含税单价为 6 000 元，购入后 5 台办公使用，5 台通过希望工程捐赠希望小学，另 10 台全部零售，零售价每台 9 360 元。

假定相关可抵扣进项税的发票均经过认证。请计算该商厦当期应纳增值税税额。

解析：

$$当期销项税额 = \frac{113\,000 + 9\,360 \times (10+5)}{1+13\%} \times 13\% + 30\,000 \times 13\% = 33\,052.21（元）$$

$$当期购进商品进项税额 = 1\,300 + 1\,500 \times 9\% + 900 + 6\,000 \times 20 \times 13\%$$
$$= 17\,935（元）$$

$$粮食毁损进项税额转出 = \frac{5\,220}{1-10\%} \times 10\% = 580（元）$$

$$当期可抵扣的进项税 = 17\,935 - 580 + 2\,000（上期留抵） = 19\,355（元）$$

$$当期应纳税额 = 33\,052.21 - 19\,355 = 13\,697.21（元）$$

实务操作 6：

某电器公司为一般纳税人，2021 年 7 月销售电器取得销售收入 800 万元，购买电器材料取得增值税专用发票，发票上注明增值税额 39 万元。该电器公司门市部销售电器取得销售收入 30 万元。请计算该公司本月应缴纳的增值税税额。

解析：

（1）确定销项税额：

$$销售额 = 800 + \frac{30}{1+13\%} = 826.55（万元）$$

$$销项税额 = 826.55 \times 13\% = 107.45（万元）$$

（2）确定进项税额——发票注明金额 39 万元；

（3）确定适用税率——13%；

（4）计算税额：

$$应纳税额 = 107.45 - 39 = 68.45（万元）$$

二、小规模纳税人应纳税额的计税方法

简易计税方法主要适用于小规模纳税人或者发生特定应税行为的一般纳税人。

一般纳税人发生财政部和国家税务总局规定的特定应税行为，可以选择适用简易计税方法或者一般计税方法计税。对一项特定应税行为，一般纳税人一经选择适用简易计税方法计税的，在选定后 36 个月内不得变更。

简易计税方法的应纳税额，是指按照销售额和增值税征收率计算的增值税税额，不得抵扣进项税额。其应纳税额计算公式为：

$$应纳税额 = 销售额 \times 增值税征收率$$

有下列情形之一者，应当按照销售额和增值税税率计算应纳税额，不得抵扣进项税额，也不得使用增值税专用发票：

（1）一般纳税人会计核算不健全，或者不能够提供准确税务资料的。

（2）应当办理一般纳税人资格登记而未办理的。

纳税人适用简易计税方法计税的，因销售折让、中止或者退回而退还给购买方的销售额，应当从当期销售额中扣减。扣减当期销售额后仍有余额造成多缴的税款，可以从以后的应纳税额中扣减。

实务操作 7：

某超市为小规模纳税人，2021 年 4 月购进货物 50 000 元，销售货物 51 500 元。请计算该超市当月应纳增值税税额。

解析：

$$应纳增值税税额 = \frac{含税销售额}{1+增值税征收率} \times 增值税征收率$$

$$= \frac{51\,500}{1+3\%} \times 3\% = 1\,500（元）$$

实务操作 8：

某生产企业为小规模纳税人，2021 年 7 月销售货物 20 万元，购进原材料 4 万元。请计算该企业 7 月应缴纳的增值税税额。

解析：

$$不含税销售额=\frac{含税销售额}{1+增值税征收率}=\frac{20}{(1+3\%)}=19.42（万元）$$

$$应纳税额=不含税销售额\times增值税征收率=19.42\times3\%=0.58（万元）$$

自 2018 年 5 月 1 日起，增值税一般纳税人生产销售和批发、零售抗癌药品，可以选择简易计税办法，按照 3% 的征收率计算缴纳增值税。进口抗癌药品，减按 3% 征收率征收进口环节增值税。

自 2019 年 3 月 1 日起，增值税一般纳税人生产销售和批发、零售罕见病药品，可选择按照简易办法依照 3% 征收率计算缴纳增值税。进口罕见病药品，减按 3% 征收进口环节增值税。

三、进口货物增值税计算方法

凡申报进入中华人民共和国海关境内的货物，在申报缴纳关税的同时还应缴纳增值税。

进口货物的纳税人是进口货物的收货人，或办理报关手续的单位和个人。

不管是一般纳税人还是小规模纳税人进口货物，都使用相同的进口货物计算方法，即一律使用组成计税价格来计算进口环节应纳增值税税额。

进口货物应纳增值税税额的计算公式为：

应纳税额=组成计税价格×增值税税率

（1）若购进的货物不需要在进口环节缴纳消费税，则组成计税价格的计算公式为：

组成计税价格=关税完税价格+关税

关税=关税完税价格×关税税率

（2）若购进的货物需要在进口环节缴纳消费税，则组成计税价格的计算公式为：

组成计税价格=关税完税价格+关税+消费税

具体又分为以下三种情况：

①从价定率计算消费税的：

$$组成计税价格=\frac{关税完税价格+关税}{1-消费税税率}$$

②从量定额计算消费税的：

组成计税价格=关税完税价格+关税+销售数量×消费税单位税额

③复合计税计算消费税的：

$$组成计税价格 = \frac{关税完税价格 + 关税 + 销售数量 \times 消费税单位税额}{1 - 消费税税率}$$

进口货物的增值税由海关代征，并由海关向进口人开具进口增值税专用缴款书，该凭证也是增值税进项税额抵扣的合法凭据。

注意：（1）进口货物适用的税率只能为 13% 和 9%，不适用其他税率或者征收率。（2）进口环节增值税是按组成计税价格公式直接计算而来，在进口环节不能抵扣任何境外税款。（3）进口环节缴纳的增值税符合进项税抵扣条件的，可以在内销环节申报抵扣进项税额。

实务操作 9：

某外贸公司为小规模纳税人，2021 年 6 月从国外进口一批货物，关税完税价格为 10 万元。假定关税税率为 15% 且已取得海关完税凭证。当月进口的货物全部销售，取得含税销售额 12 万元。计算该外贸公司进口环节和内销环节应纳增值税税额。若该企业是一般纳税人呢？

解析：

（1）若该外贸公司是小规模纳税人，则：

进口环节应纳增值税税额 = 100 000 × (1 + 15%) × 13% = 14 950（元）

因为该外贸公司是小规模纳税人，进口环节缴纳的增值税不允许抵扣，所以：

$$内销环节应纳增值税税额 = \frac{120\ 000}{1 + 3\%} \times 3\% = 3\ 495.15（元）$$

（2）若该外贸公司是一般纳税人，则：

进口环节应纳增值税税额 = 100 000 × (1 + 15%) × 13% = 14 950（元）

因为该外贸公司是一般纳税人，进口环节缴纳的增值税允许抵扣，所以：

$$内销环节应纳增值税税额 = \frac{120\ 000}{1 + 13\%} \times 13\% - 14\ 950 = -1\ 144.69（元）$$

当期进项税不足抵扣，结转下期继续抵扣。

实务操作 10：

某公司于 2021 年 7 月进口货物一批，经海关审定的关税完税价格为 60 万元。货物报关后，公司按规定缴纳了进口环节的增值税并取得了海关开具的完税凭证。假定该批进口货物在国内全部销售，取得不含税销售额 80 万元。若货物进口关税税率 10%，增值税税率 13%。计算该批货物进口环节、国内销售环节分别应缴纳的增值税税额。

解析：

应缴纳进口关税 = 60 × 10% = 6（万元）

进口环节的组成计税价格＝60＋6＝66（万元）

进口环节应纳增值税＝66×13％＝8.58（万元）

国内销售环节的销项税额＝80×13％＝10.4（万元）

国内销售环节应纳增值税＝10.4－8.58＝1.82（万元）

第四节

增值税的出口退（免）税

出口货物退（免）税是国际贸易中通常采用的并为世界各国普遍接受的，目的在于鼓励各国出口货物公平竞争的一种退还或免征间接税（目前我国主要包括增值税、消费税）的税收措施，即对出口货物已承担或应承担的增值税和消费税等间接税实行退还或者免征政策。

一、出口退（免）税的基本政策

根据出口形式不同和出口货物的不同种类，我国的出口货物税收政策有三种：出口免税并退税、出口免税不退税、出口不免税也不退税。

（一）出口免税并退税

出口免税是指对货物在出口销售环节免征增值税和消费税。出口退税是指对货物出口前实际负担的税收按规定的退税率计算后予以退还。

（二）出口免税不退税

该政策只是免予征收出口销售环节的增值税和消费税。因为出口货物在出口前的生产、销售和进口环节是免税的，出口时该货物的价格中本身就不含税，所以不退税。

（三）出口不免税也不退税

出口不免税也不退税是指对国家限制或禁止出口的某些货物的出口环节视同内销环节，照常征税，对这些货物也不退还出口前负担的税款。

二、出口货物、应税服务、无形资产退（免）税的范围

（一）出口货物退（免）税的范围

对出口的凡属于已征或者应征增值税的货物，除国家明确规定不予退（免）税的货物，以及出口企业从小规模纳税人购进，持有普通发票的部分货物外，其他货物都属于出口退（免）税的范围。

一般而言，货物出口退税应同时具备以下四个条件：

（1）属于增值税征税范围内。

（2）报关离境。

（3）财务上做销售处理。

（4）出口收汇并已核销。

（二）出口应税服务、无形资产退（免）税的范围

1. 应税服务、无形资产退税的范围

自 2016 年 5 月 1 日起，单位和个人销售以下服务和无形资产适用增值税零税率：

（1）国际运输服务。

（2）航天运输服务。

（3）向境外单位提供的完全在境外消费的下列服务：研发服务、合同能源管理服务、设计服务、广播影视节目（作品）的制作和发行服务、软件服务、电路设计及测试服务、信息系统服务、业务流程管理服务、离岸服务外包业务、转让技术。

（4）财政部和国家税务总局规定的其他服务。

2. 应税服务、无形资产免税的范围

单位和个人提供的下列服务或无形资产免征增值税：

（1）境外的下列服务：工程项目在境外的建筑服务；工程项目在境外的工程监理服务；工程、矿产资源在境外的工程勘察勘探服务；会议地点在境外的会议展览服务；存储地点在境外的仓储服务；标的物在境外使用的有形动产租赁服务；在境外提供的广播影视节目（作品）的播映服务；在境外提供的文化体育、教育医疗服务、旅游服务。

（2）为出口货物提供的邮政服务、收派服务、保险服务。

（3）向境外单位提供的完全在境外消费的下列服务和无形资产：电信服务、知识产权服务、物流辅助服务（仓储服务、收派服务除外）、签证咨询服务、专业技术服务、商务辅助服务、广告投放地在境外的广告服务、无形资产。

（4）以无运输工具承运方式提供的国际运输服务。

（5）为境外单位之间的货币资金融通及其他金融业务提供的直接收费金融服务，且该服务与境内的货物、无形资产和不动产无关。

（6）财政部和国家税务总局规定的其他服务。

三、出口退税率

2021年出口退税调整后退税率为：13%、10%、9%、6%、0%这五档。

另外，对于部分钢铁产品关税及出口退税率的规定如下：

为更好保障钢铁资源供应，推动钢铁行业高质量发展，经国务院批准，国务院关税税则委员会发布公告，自2021年5月1日起，对部分钢铁产品关税及出口退税率做调整：

生铁、粗钢、再生钢铁原料、铬铁等产品实行零进口暂定税率；适当提高硅铁、铬铁、高纯生铁等产品的出口关税，调整后分别实行25%出口税率、20%出口暂定税率、15%出口暂定税率取消部分钢铁产品出口退税，以出口货物报关单上注明的出口日期界定。

上述调整措施，有利于降低进口成本，扩大钢铁资源进口，支持国内压减粗钢产量，引导钢铁行业降低能源消耗总量，促进钢铁行业转型升级和高质量发展。

四、出口货物退（免）税的计算

出口货物只有在适用既免税又退税的政策时，才会涉及退（免）税的计算。出口货物退（免）税的计算方法有两种：一种是免抵退办法，主要适用于自营或委托外贸企业出口自产货物的生产企业；另一种是先征后退办法，主要适用于收购货物出口的外贸企业。

（一）免抵退办法

1. 免抵退的含义

"免"是指对生产企业出口的自产货物，免征本企业生产销售环节增值税；"抵"是指生产企业出口自产货物所耗用的原材料、零部件、燃料、动力等所含应退还的进项税额，抵顶内销货物的应纳税额；"退"是指生产企业出口的自产货物在当月内应抵顶的进项税额大于应纳税额时，对未抵顶完的部分予以退税。

2. 免抵退办法的适用范围

免抵退办法适用于下列企业和项目：

（1）生产企业：出口自产货物、视同自产货物、视同出口货物、对外提供劳务。

（2）列名生产企业：出口非自产货物。

（3）零税率应税服务：国际运输、港澳台运输、航天运输、向境外单位提供研发和设计服务等。外贸企业自己开发的研发服务和设计服务出口，视同生产企业连同其出口货物统一实行免抵退办法。此外还有广播影视节目作品制作发行、技术转让、软件、电路设计及测试、信息系统、业务流程管理、合同标的物在境外的合同能源管理服务，离岸服务外包业务等。

3. 免抵退办法的计算

第一步，计算当期应纳税额：

$$\text{当期应纳税额} = \text{当期内销货物的销项税额} - \text{当期进项税额} - \text{当期免抵退税不得免征和抵扣税额} - \text{当期留抵税额}$$

其中，

$$\begin{aligned}\text{当期免抵退税不得免征和抵扣税额} &= \text{出口货物离岸价格} \times \text{外汇人民币牌价} \times \left(\text{出口货物征税率} - \text{出口货物退税率}\right) \\ &\quad - \text{免抵退税不得免征和抵扣税额抵减额}\end{aligned}$$

$$\text{免抵退税不得免征和抵扣税额抵减额} = \text{免税购进原材料价格} \times \left(\text{出口货物征收率} - \text{出口货物退税率}\right)$$

$$\text{免税购进原材料价格} = \text{货物到岸价格} + \text{海关实征关税} + \text{消费税}$$

第二步，计算免抵退税额：

$$\text{免抵退税额} = \text{出口货物离岸价格} \times \text{外汇人民币牌价} \times \text{出口货物退税率} - \text{免抵退税额抵减额}$$

其中，

$$\text{免抵退税额抵减额} = \text{免税购进原材料价格} \times \text{出口货物退税率}$$

第三步，将第一步计算结果和第二步计算结果比较，按两者较小者确定当期应退税额。

如果当期期末留抵税额≤当期免抵退税额，则：

当期应退税额＝当期期末留抵税额

当期免抵税额＝当期免抵退税额－当期应退税额

如果当期期末留抵税额＞当期免抵退税额，则：

当期应退税额＝当期免抵退税额

当期免抵税额＝0

（二）先征后退办法

先征后退是指出口货物在生产或者销售环节按规定缴纳增值税，货物出口后由收购出口的企业向其主管出口退税的税务机关申请办理出口货物退税。

先征后退办法适用于下列企业和项目：

（1）外贸企业、其他单位出口货物、劳务、视同出口货物。

（2）外贸企业外购研发服务和设计服务出口。

（3）外贸综合服务企业的符合条件的出口货物。

（4）航天发射、在轨交付。

实务操作 11：

某外贸企业 2021 年 1 月购进服装一批，取得增值税专用发票上注明的金额为人民币 300 万元，出口至美国，离岸价折合人民币 700 万元。该商品出口退税率为 10%。计算该企业当月应退的增值税。

解析：该企业采用先征后退的计算办法。

当月应退税额＝购进货物不含增值税的购进金额×退税率

＝300×10%＝30（万元）

第五节

增值税的申报和缴纳

一、纳税义务发生时间

若纳税人销售货物或者应税劳务，则纳税义务发生时间为收讫销售款或者取得销售款凭据的当天。根据结算方式的不同，具体规定如下：

（1）采取直接收款方式销售货物，不论货物是否发出，均为收到销售款或取得索取销售款凭据的当天。

（2）采取托收承付和委托收款方式销售货物，为发出货物并办妥托收手续的当天。

（3）采取赊销和分期收款方式销售货物，为合同约定的收款日期的当天。

（4）采取预收货款方式销售货物，为货物发出的当天。

（5）委托其他纳税人代销货物，为收到代销单位出具的代销清单的当天。

（6）销售应税劳务，为提供劳务同时收讫销售款或取得索取销售款凭据的当天。

（7）纳税人发生按规定视同销售货物的行为（除了将货物交付他人代销和销售代销货物两种行为外），为货物移送的当天。

对于进口货物，纳税义务发生时间为报关进口的当天。

二、纳税期限

增值税的纳税期限分别为 1 日、3 日、5 日、10 日、15 日、1 个月或者 1 个季度。纳税人的具体纳税期限，由主管税务机关根据纳税人应纳税额的大小分别核定。以 1 个季度为纳税期限的规定适用于小规模纳税人、银行、财务公司、信托投资公司、信用社，以及财政部和国家税务总局规定的其他纳税人。不能按照固定期限纳税的，可以按次纳税。

纳税人以 1 个月或者 1 个季度为 1 个纳税期的，自期满之日起 15 日内申报纳税；以 1 日、3 日、5 日、10 日或者 15 日为 1 个纳税期的，自期满之日起 5 日内预缴税款，于次月 1 日起 15 日内申报纳税并结清上月应纳税款。纳税人进口货物，应当自海关填发海关进口增值税专用缴款书之日起 15 日内缴纳税款。

三、纳税地点

固定业户应当向其机构所在地或者居住地主管税务机关申报纳税。总机构和分支机构不在同一县（市）的，应当分别向各自所在地的主管税务机关申报纳税；经财政部和国家税务总局或者其授权的财政部门和税务机关批准，可以由总机构汇总向总机构所在地的主管税务机关申报纳税。

非固定业户应当向应税行为发生地主管税务机关申报纳税，未申报纳税的，由其机构所在地或者居住地主管税务机关补征税款。

其他个人提供建筑服务，销售或者租赁不动产，转让自然资源使用权，应向建筑服务发生地、不动产所在地、自然资源所在地主管税务机关申报纳税。

扣缴义务人应当向其机构所在地或者居住地主管税务机关申报缴纳税款。

四、增值税的申报

（一）一般纳税人的纳税申报

纳税申报表见表 2-2。

表2-2

根据国家税收法律法规及增值税相关规定制定本表。纳税人不论有无销售额，均应按税务机关核定的纳税期限填写本表，并向当地税务机关申报。

税款所属时间：自　年　月　日　至　年　月　日　　填表日期：　年　月　日

增值税纳税申报表

（一般纳税人适用）

金额单位：元（列至角分）

纳税人识别号				
纳税人名称	（公章）	登记注册类型		所属行业
法定代表人姓名		注册地址		生产经营地址
开户银行及账号				电话号码

	项目	栏次	一般项目		即征即退项目	
			本月数	本年累计	本月数	本年累计
销售额	（一）按适用税率计税销售额	1				
	其中：应税货物销售额	2				
	应税劳务销售额	3				
	纳税检查调整的销售额	4				
	（二）按简易办法计税销售额	5				
	其中：纳税检查调整的销售额	6				
	（三）免、抵、退办法出口销售额	7			—	—
	（四）免税销售额	8			—	—
	其中：免税货物销售额	9			—	—
	免税劳务销售额	10			—	—
税款计算	销项税额	11				
	进项税额	12				
	上期留抵税额	13				
	进项税额转出	14				
	免、抵、退应退税额	15				
	按适用税率计算的纳税检查应补缴税额	16				
	应抵扣税额合计	17=12+13-14-15+16			—	—
	实际抵扣税额	18（如17<11，则为17，否则为11）				
	应纳税额	19=11-18				
	期末留抵税额	20=17-18			—	—
	简易计税办法计算的应纳税额	21				

续前表

	项　目	栏次	一般项目		即征即退项目	
			本月数	本年累计	本月数	本年累计
税款计算	按简易计税办法计算的纳税检查应补缴税额	22			—	—
	应纳税额减征额	23				—
	应纳税额合计	24=19+21-23			—	—
税款缴纳	期初未缴税额（多缴为负数）	25				
	实收出口开具专用缴款书退税额	26			—	—
	本期已缴税额	27=28+29+30+31		—		—
	①分次预缴税额	28			—	—
	②出口开具专用缴款书预缴税额	29				—
	③本期缴纳上期应纳税额	30				
	④本期缴纳欠缴税额	31		—		—
	期末未缴税额（多缴为负数）	32=24+25+26-27				—
	其中：欠缴税额（≥0）	33=25+26-27			—	—
	本期应补（退）税额	34=24-28-29		—		—
	即征即退实际退税额	35				—
	期初未缴查补税额	36				
	本期入库查补税额	37				
	期末未缴查补税额	38=16+22+36-37				
附加税费	城市维护建设税本期应补（退）税额	39				
	教育费附加本期应补（退）费额	40				
	地方教育附加本期应补（退）费额	41				

声明：此表是根据国之用税收法律法规及相关规定填写的。本人（单位）对填报内容（及附带资料）的真实性、可靠性、完整性负责。

纳税人（签章）：　　　　　年　月　日

经办人：
经办人身份证号：
代理机构签章：
代理机构统一社会信用代码：

受理人：	
受理税务机关（章）：	受理日期：　　年　月　日

本纳税申报表适用于增值税一般纳税人（以下简称纳税人）。

实务操作 12：

万福有限责任公司是一般纳税人，主营冰箱的生产与销售。其相关信息如下：法定代表人为张欣，纳税人识别号为 280602002212345676，开户银行为北海市建行海棠路支行，账号为 180112200100777，地址为北海市海棠路 81 号，电话为 8431226，增值税纳税期限为 1 个月。2019 年 3 月，公司生产经营相关业务如下：

（1）3 月 1 日，销售 A 型冰箱 50 台给一般纳税人，每台不含税售价 5 000 元，通过防伪系统开具增值税专用发票，货款已全部收到。

（2）3 月 2 日，购入原材料一批，取得的增值税专用发票上注明价款 30 万元，增值税 4.8 万元。

（3）3 月 5 日，进行以物易物，将自产冰箱 A 型冰箱 10 台换取职工工作服一批，双方均未开发票。

（4）3 月 7 日，3 月 2 日购进的原材料运到并验收入库，取得运输公司开具的增值税专用发票，注明运费 1 万元，增值税 1 100 元。

（5）3 月 9 日，销售 B 型冰箱给小规模纳税人，开具增值税普通发票，收取价税合计 23.4 万元，货款已收到。

（6）3 月 12 日，购进办公设备，取得增值税专用发票上注明的价款为 100 万元。

（7）3 月 15 日，财产清查时发现库存材料盘亏 5 万元，经查系管理不善造成的被盗。

（8）3 月 16 日，将新试制小家电作为福利发放给职工，无同类产品市场价格，其生产成本为 10 万元，成本利润率为 10%。

（9）3 月 17 日，将一台使用多年的闲置生产设备对外出售，该设备购入时间为 2007 年 2 月（购入时当地固定资产未纳入抵扣范围），取得含税收入 20.6 万元。

（10）3 月 19 日，销售 A 型冰箱 300 台给某商场，提供 1/10，n/20 的销售折扣，该商场于 10 日内付款。

（11）3 月 23 日，购进工具一批，含增值税价格为 5 300 元，取得增值税普通发票。

（12）3 月 25 日，接受某公司捐赠原材料一批，取得的增值税专用发票上注明价款 20 万元，增值税 3.2 万元。

已知万福有限责任公司上月未抵扣完的进项税为 2 万元。当月购买货物和劳务取得的增值税专用发票均已认证通过，当月销货的增值税专用发票均通过防伪税控系统开具。

要求计算万福有限责任公司当月应纳的增值税税额并填报增值税纳税申报表（附表略）。

解析：（1）应纳增值税税额计算：

$$销售额＝50×5\ 000＋10×5\ 000＋\frac{234\ 000}{1＋16\%}＋100\ 000×(1＋10\%)＋300×5\ 000$$

$$＝2\ 111\ 724.14（元）$$

销项税额＝2 111 724.14×16％＝337 875.86（元）

进项税额＝48 000＋1 100＋160 000＋32 000＝241 100（元）

上期留抵税额＝20 000（元）

进项税额转出＝50 000×16％＝8 000（元）

$$简易计税办法计算的应纳税额＝\frac{206\ 000}{1＋3\%}×2\%＝4\ 000（元）$$

应纳税额＝337 875.86－241 100－20 000＋8 000＋4 000＝88 775.86（元）

（2）填报增值税申报表（见表2-3）。

【模拟申报】

1.2021年6月某企业基本情况

×××食品有限责任公司为一般纳税人，纳税人识别号码：×××××××，注册地为×××路×××号，开户银行为××银行××支行，账号为××××××。

2.模拟数据及填报说明

（1）销项数据。

业务一：本月13％税率的货物销售额700 000元（其中开具"增值税专用发票"销售额400 000元，开具"增值税普通发票"销售额200 000元，未开具发票销售额100 000元）。

分别将开具"增值税专用发票"销售额400 000元、开具"增值税普通发票"销售额200 000元、未开具发票销售额100 000元填入《附列资料（一）》第1行的第1、3、5列，第2、4、6列为相对应的销项税额；（第9列1至9行合计数）－（第9列第6至7行合计数）与主表第1行数据一致，（第10列1至5行合计数）－（第10列第6至7行合计数）与主表第11行数据一致。

（2）进项数据。

业务二：本月购进货物取得"增值税专用发票"14份，金额70 000元，税额91 000元，本月已认证通过。填入《附列资料（二）》第2行对应栏次。

业务三：购进固定资产小汽车一辆，取得税控"机动车销售统一发票"1份，金额80 000元，税额10 400元，本月已认证通过，填入《附列资料（二）》第2行对应栏次；购进的小汽车属于固定资产，还要填入固定资产进项税额抵扣情况表"增值税专用发票"行，"当期申报抵扣的固定资产进项税额"列，最后一行为合计行。

业务四：销售货物取得"货物运输业增值税专用发票"1份，金额3 000元，税额330元，本月已认证通过，填入《附列资料（二）》第2行对应栏次；《附列资料（二）》第1行为小计栏，填报税控增值税专用发票小计数。

表 2-3

根据国家税收法律法规及增值税相关规定制定本表。纳税人不论有无销售额，均应按税务机关核定的纳税期限填写本表，并向当地税务机关申报。

税款所属时间：自 2021 年 3 月 31 日至 2021 年 3 月 31 日　　填表日期：2021 年 4 月 6 日　　金额单位：元（列至角分）

增值税纳税申报表
（一般纳税人适用）

纳税人识别号	2	8	0	6	0	2	0	0	2	2	1	2	3	4	5	6	7	6	0	0	所属行业：工业企业

纳税人名称	万福有限责任公司		法定代表人姓名	张欣	注册地址	北海市海棠路 81 号
开户银行及账号	北海市建行海棠路支行 18011220010007777		登记注册类型		其他有限责任公司	生产经营地址北海市海棠路 81 号　电话号码 8431226

项　目	栏次	一般项目		即征即退项目	
		本月数	本年累计	本月数	本年累计
销售额					
（一）按适用税率计税销售额	1	21 117 24.14			
其中：应税货物销售额	2	21 117 24.14			
应税劳务销售额	3				
纳税检查调整的销售额	4				
（二）按简易办法计税销售额	5	200 000.00			
其中：纳税检查调整的销售额	6				
（三）免、抵、退办法出口销售额	7			—	—
（四）免税销售额	8			—	—
其中：免税货物销售额	9			—	—
免税劳务销售额	10			—	—
税款计算					
销项税额	11	337 875.86			
进项税额	12	241 100.00			
上期留抵税额	13	20 000.00		—	—
进项税额转出	14	8 000.00			
免、抵、退应退税额	15			—	—
按适用税率计算的纳税检查应补缴税额	16			—	—
应抵扣税额合计	17=12+13−14−15+16（如17<11，则为17，否则为11）	253 100.00		—	—
实际抵扣税额	18	253 100.00			
应纳税额	19=11−18	84 775.86			
期末留抵税额	20=17−18	0			
简易计税办法计算的应纳税额	21	4 000.00			

续前表

项目		栏次	一般项目		即征即退项目	
			本月数	本年累计	本月数	本年累计
税款计算	按简易计税办法计算的纳税检查应补缴税额	22				—
	应纳税额减征额	23			—	
	应纳税额合计	24＝19＋21－23	88 775.86			
	期初未缴税额（多缴为负数）	25				
	实收出口开具专用缴款书退税额	26				
	本期已缴税额	27＝28＋29＋30＋31				
	①分次预缴税额	28		—		
	②出口开具专用缴款书预缴税额	29		—		
	③本期缴纳上期应纳税额	30				
	④本期缴纳欠缴税额	31				
税款缴纳	期末未缴税额（多缴为负数）	32＝24＋25＋26－27	88 775.86			
	其中：欠缴税额（≥0）	33＝25＋26－27		—		
	本期应补（退）税额	34＝24－28－29		—		
	即征即退实际退税额	35	—			
	期初未缴查补税额	36				
	本期入库查补税额	37				
	期末未缴查补税额	38＝16＋22＋36－37				
附加税费	城市维护建设税本期应补（退）税额	39				
	教育费附加本期应补（退）费额	40				
	地方教育附加本期应补（退）费额	41				

声明：此表是我根据国家税收法律法规及相关规定填写的。本人（单位）对填报内容（及附带资料）的真实性、可靠性、完整性负责。

纳税人（签章）：　　　年　月　日

经办人：
经办人身份证号：
代理机构签章：
代理机构统一社会信用代码：

受理人：
受理税务机关（章）：
受理日期：　　年　月　日

将本期认证相符的防伪税控"增值税专用发票""货物运输业增值税专用发票""机动车销售统一发票"合计数填入《附列资料（二）》第35行对应列。

业务五：购进货物取得铁路运输发票1份，运费1 000元，税额110元。填入《附列资料（二）》第8行对应列。

业务六：上月进口一批货物，取得"海关进口增值税专用缴款书"3份，金额20 000元，税额2 600元，本月取得比对结果通知书，比对相符。填入《附列资料（二）》第5行对应列；《附列资料（二）》第4行为小计栏，填报其他扣税凭证小计数；《附列资料（二）》第12行为合计栏，填报当期申报抵扣进项税额合计数，与主表第12行数据一致。

（3）调整数据。

业务七：本月因保管员离开仓库未锁门，丢失13%税率货物一件，金额1 000元，税额130元。作为非正产损失填入《附列资料（二）》第16行。

业务八：将购进的13%税率货物部分发给全体职工当作上半年福利，金额30 000元，税额3 900元。作为职工福利填入《附列资料（二）》第15行。

业务九：退货5 000元"红字发票通知单"注明的进项税额650元。填入《附列资料（二）》第20行。

业务十：纳税检查调减进项税额10 000元。填入《附列资料（二）》第19行，同时主表第16行；《附列资料（二）》第13行为进项税额转出合计栏，与主表第14行一致。

3. 税款计算与申报表填报对比情况

（1）增值税应纳税额的计算。

销项税额＝（400 000＋200 000＋100 000）×13%＝91 000（元）

进项税额＝91 00＋10 400＋330＋110＋2 600＝22 540（元）

进项税转出＝130＋3 900＋650＋10 000＝14 680（元）

应抵扣税额合计＝22 540－14 680＋10 000＝17 860（元）

应纳税额＝91 000－17 860＝73 140（元）

本期纳税检查进项转出应补缴税额10 000元，反映在主表第38行期末未缴查补税额栏。

（2）申报表的填报见表2-4~表2-6。

（二）小规模纳税人的纳税申报

纳税申报表见表2-7。

表 2-4

根据国家税收法律法规及增值税相关规定制定本表。纳税人不论有无销售额，均应按税务机关核定的纳税期限填写本表，并向当地税务机关申报。

税款所属时间：自 2021 年 6 月 1 日至 2021 年 6 月 31 日　　填表日期：2021 年 7 月 6 日　　金额单位：元（列至角分）

增值税纳税申报表
（一般纳税人适用）

纳税人识别号	××××××××××××××				
纳税人名称	×××食品有限公司	法定代表人姓名	李大红	登记注册类型	××× 其他有限公司
开户银行及账号	××××××××	注册地址	×××	生产经营地址	×××××
		电话号码	×××××××	所属行业	食品

项　目	栏次	一般项目 本月数	一般项目 本年累计	即征即退项目 本月数	即征即退项目 本年累计
销售额					
（一）按适用税率计税销售额	1	700 000.00			
其中：应税货物销售额	2				
应税劳务销售额	3				
纳税检查调整的销售额	4				
（二）按简易办法计税销售额	5				
其中：纳税检查调整的销售额	6				
（三）免、抵、退办法出口销售额	7	—	—		
（四）免税销售额	8	—	—		
其中：免税货物销售额	9	—	—		
免税劳务销售额	10	—	—		
税款计算					
销项税额	11	91 000.00			
进项税额	12	22 540.00			
上期留抵税额	13			—	
进项税额转出	14	14 680.00			
免、抵、退应退税额	15				
按适用税率计算的纳税检查应补缴税额	16	10 000.00			
应抵扣税额合计	17=12+13-14-15+16	17 860.00			
实际抵扣税额	18（如 17＜11，则为 17，否则为 11）	17 860.00			
应纳税额	19=11-18	73 140.00			
期末留抵税额	20=17-18				
简易计税办法计算的应纳税额	21				

续前表

项　目	栏次	一般项目 本月数	一般项目 本年累计	即征即退项目 本月数	即征即退项目 本年累计
税款计算					
按简易办法计算的纳税检查应补缴税额	22			—	—
应纳税额减征额	23				
应纳税额合计	24=19+21-23				
期初未缴税额（多缴为负数）	25				
实收出口开具专用缴款书退税额	26				
本期已缴税额	27=28+29+30+31		—		—
①分次预缴税额	28		—		—
②出口开具专用缴款书预缴税额	29				
③本期缴纳上期应纳税额	30				
④本期缴纳欠缴税额	31				
税款缴纳					
期末未缴税额（多缴为负数）	32=24+25+26-27		—		—
其中：欠缴税额（≥0）	33=25+26-27		—		—
本期应补（退）税额	34=24-28-29				
即征即退实际退税额	35		—	—	—
期初未缴查补税额	36		—		—
本期入库查补税额	37	10 000.00			
期末未缴查补税额	38=16+22+36-37				
附加税费					
城市维护建设税本期应补（退）税额	39		—	—	—
教育费附加本期应补（退）费额	40		—	—	—
地方教育附加本期应补（退）费额	41		—	—	—

声明：此表是根据国家税收法律法规及相关法律法规规定填写的。本人（单位）对填报内容（及附带资料）的真实性、可靠性、完整性负责。

纳税人（签章）：

经办人：

经办人身份证号：

代理机构签章：

代理机构统一社会信用代码：

受理人：

受理税务机关（章）：

受理日期：　　年　月　日

年　月　日

表2-5

增值税纳税申报表附列资料（一）

（本期销售情况明细）

税款所属时间：2021年6月1日至2021年6月31日

纳税人名称：（公章）　　　　　　　　　　　　　　　　　　　　　　　　　　金额单位：元（列至角分）

项目及栏次		开具增值税专用发票		开具其他发票		未开具发票		纳税检查调整		合计		价税合计	服务、不动产和无形资产扣除项目本期实际扣除金额	扣除后	
		销售额	销项（应纳）税额	销售额	销项（应纳）税额	销售额	销项（应纳）税额	销售额	销项（应纳）税额	销售额	销项（应纳）税额			含税（免税）销售额	销项（应纳）税额
		1	2	3	4	5	6	7	8	9=1+3+5+7	10=2+4+6+8	11=9+10	12	13=11-12	14=13÷(100%+税率或征收率)×税率或征收率
一、一般计税方法计税	全部征税项目														
	13%税率的货物及加工修理修配劳务 1	400 000	52 000	200 000	2 600	100 000	13 000			700 000	91 000	791 000	—		
	13%税率的服务、不动产和无形资产 2												—		
	9%税率的货物及加工修理修配劳务 3												—		
	9%税率的服务、不动产和无形资产 4												—		
	6%税率 5												—		
其中：即征即退项目	即征即退货物及加工修理修配劳务 6												—		
	即征即退服务、不动产和无形资产 7												—		

项目		栏次									
一、简易计税方法计税项目	全部征税项目	6%征收率的货物及加工修理修配劳务	8	—	—	—	—	—	—	—	—
		5%征收率的货物及加工修理修配劳务	9a	—	—	—	—	—	—	—	—
		5%征收率的服务、不动产和无形资产	9b	—	—	—	—	—	—	—	—
		4%征收率	10	—	—	—	—	—	—	—	—
		3%征收率的货物及加工修理修配劳务	11	—	—	—	—	—	—	—	—
		3%征收率的服务、不动产和无形资产	12	—	—	—	—	—	—	—	—
	其中:即征即退项目	预征率%	13a	—	—	—					
		预征率%	13b	—	—	—					
		预征率%	13c	—	—	—					
即征即退货物及加工修理修配劳务			14	—	—	—	—	—	—	—	—
即征即退服务、不动产和无形资产			15	—	—	—	—	—	—	—	—
三、免抵退税	货物及加工修理修配劳务		16	—	—	—	—	—	—	—	—
	服务、不动产和无形资产		17	—	—	—	—	—	—	—	—
四、免税	货物及加工修理修配劳务		18	—	—	—	—	—	—	—	—
	服务、不动产和无形资产		19	—	—	—	—	—	—	—	—

表 2 - 6　　　　　　　　**增值税纳税申报表附列资料（二）**

（本期进项税额明细）

税款所属时间：2021 年 6 月 1 日至 2021 年 6 月 30 日

纳税人名称（公章）：　　　　　　　　　　　　　　　　　　　　金额单位：元（列至角分）

一、申报抵扣的进项税额				
项目	栏次	份数	金额	税额
（一）认证相符的增值税专用发票	1＝2＋3		153 000	19 830
其中：本期认证相符且本期申报抵扣	2		153 000	19 830
前期认证相符且本期申报抵扣	3			
（二）其他扣税凭证	4＝5＋6＋7＋8a＋8b		21 000	2 710
其中：海关进口增值税专用缴款书	5	3	20 000	2 600
农产品收购发票或者销售发票	6			
代扣代缴税收缴款凭证	7		——	——
加计扣除农产品进项税额	8a			
其他	8b	1	1 000	110
（三）本期用于购建不动产的扣税凭证	9			
（四）本期用于抵扣的旅客运输服务扣税凭证	10			
（五）外贸企业进项税额抵扣证明	11		——	
当期申报抵扣进项税额合计	12＝1＋4＋11		174 0 000	22 540
二、进项税额转出额				
项目	栏次	税额		
本期进项税额转出额	13＝14 至 23 之和	14 680		
其中：免税项目用	14			
集体福利、个人消费	15	3 900		
非正常损失	16	130		
简易计税方法征税项目用	17			
免抵退税办法不得抵扣的进项税额	18			
纳税检查调减进项税额	19	10 000		
红字专用发票信息表注明的进项税额	20	650		
上期留抵税额抵减欠税	21			
上期留抵税额退税	22			
异常凭证转出进项税额	23a			
其他应作进项税额转出的情形	23b			
三、待抵扣进项税额				
项目	栏次	份数	金额	税额
（一）认证相符的增值税专用发票	24	——	——	——
期初已认证相符但未申报抵扣	25			
本期认证相符且本期未申报抵扣	26			
期末已认证相符但未申报抵扣	27			
其中：按照税法规定不允许抵扣	28			
（二）其他扣税凭证	29＝30 至 33 之和			
其中：海关进口增值税专用缴款书	30			
农产品收购发票或者销售发票	31			
代扣代缴税收缴款凭证	32			
其他	33			
	34			
四、其他				
项目	栏次	份数	金额	税额
本期认证相符的增值税专用发票	35	16	153 000	19 830
代扣代缴税额	36		——	

表 2－7　　　　　　　　　　　　　　**增值税及附加税费申报表**

（小规模纳税人适用）

纳税人识别号（统一社会信用代码）：☐☐☐☐☐☐☐☐☐☐☐☐☐☐☐☐☐☐

纳税人名称：　　　　　　　　　　　　　　　　　　　　　　　金额单位：元（列至角分）

税款所属时间：　年　月　日至　年　月　日　　　　　　　填表日期：　年　月　日

项目		栏次	本期数		本年累计	
			货物及劳务	服务、不动产和无形资产	货物及劳务	服务、不动产和无形资产
一、计税依据	（一）应征增值税不含税销售额（3％征收率）	1				
	增值税专用发票不含税销售额	2				
	其他增值税发票不含税销售额	3				
	（二）应征增值税不含税销售额（5％征收率）	4		——		——
	税务机关代开的增值税专用发票不含税销售额	5		——		——
	增值税专用发票不含税销售额	6		——		——
	其他增值税发票不含税销售额	7（7≥8）		——		——
	（三）销售使用过的固定资产不含税销售额	8				
	其中：其他增值税发票不含税销售额					
	（四）免税销售额	9＝10＋11＋12				
	其中：小微企业免税销售额	10				
	未达起征点销售额	11				
	其他免税销售额	12				
	（五）出口免税销售额	13（13≥14）				
	其中：其他增值税发票不含税销售额销售额	14				
二、税款计算	本期应纳税额	15				
	本期应纳税额减征额	16				
	本期免税额	17				
	其中：小微企业免税额	18				
	未达起征点免税额	19				
	应纳税额合计	20＝15－16				
	本期预缴税额	21				
	本期应补（退）税额	22＝20－21			——	——
三、附加税费	城市维护建设税本期应补（退）税额	23				
	教育费附加本期应补（退）费额	24				
	地方教育附加本期应补（退）费额	25				

声明：此表是根据国家税收法律法规及相关规定填写的，本人（单位）对填报内容（及附带资料）的真实性、可靠性、完整性负责。

纳税人（签章）：　　　　年　月　日

经办人： 经办人身份证号： 代理机构签章： 代理机构统一社会信用代码：	受理人： 受理税务机关（章）： 受理日期：　年　月　日

育人园地

对增值税的每一次改革都是政府实施的重大减税政策

中国自 1979 年开始试行增值税，于 1984 年、1993 年、2009 年和 2012 年进行了四次重要改革。现行的增值税制度是以 1993 年 12 月 13 日国务院颁布的国务院令第 134 号《中华人民共和国增值税暂行条例》为基础的。

第一次改革，属于增值税的过渡性阶段。此时的增值税是在产品税的基础上进行的，征税范围较窄，税率档次较多，计算方式复杂，残留产品税的痕迹，属变性增值税。

第二次改革，属增值税的规范阶段。参照国际上通行的做法，结合我国的实际情况，扩大了征税范围，减并了税率，又规范了计算方法，开始进入国际通行的规范化行列。

第三次改革，属增值税的转型阶段。自 2009 年 1 月 1 日起，符合规定的固定资产进项税额允许扣除，实现了生产性增值税向消费型增值税的转型。

第四次改革，属增值税的“营改增”阶段。自 2012 年 1 月 1 日至 2016 年 5 月 1 日起，逐步将交通运输业和部分现代服务业、建筑业、房地产业、金融业、生活服务，由征收营业税改为增值税，扩大了增值税的征税范围，营业税退出我国税收体系。

本章小结

增值税是对在我国境内销售货物、服务、无形资产、不动产或提供应税劳务以及进口货物的单位和个人，以其实现的增值额为征税对象征收的一种税。纳税人按经营规模大小及会计核算是否健全划分为一般纳税人和小规模纳税人。一般纳税人采用一般计税方法计算纳税，小规模纳税人采用简易计税方法计算纳税。国家对增值税发票制定了一系列严格而周密的管理制度。图 2－1 为增值税专用发票票样。

××增值税电子专用发票

发票代码：
发票号码：
开票日期：
校 验 码：

机器编号：

<table>
<tr><td>购买方</td><td colspan="4">名　　称：
纳税人识别号：
地 址 、电 话：
开户行及账号：</td><td>密码区</td><td colspan="3"></td></tr>
<tr><td colspan="2">项目名称</td><td>规格型号</td><td>单位</td><td>数量</td><td>单价</td><td>金额</td><td>税率</td><td>税额</td></tr>
<tr><td colspan="2"></td><td></td><td></td><td></td><td></td><td></td><td></td><td></td></tr>
<tr><td colspan="2">合　计</td><td></td><td></td><td></td><td></td><td></td><td></td><td></td></tr>
<tr><td colspan="2">价税合计（大写）</td><td colspan="7">（小写）</td></tr>
<tr><td>销售方</td><td colspan="4">名　　称：
纳税人识别号：
地 址 、电 话：
开户行及账号：</td><td>备注</td><td colspan="3"></td></tr>
</table>

收款人：　　复核：　　开票人：

图 2－1　增值税专用发票票样

课后练习

一、单项选择题

1. 根据增值税法律制度的规定，一般纳税人提供的下列服务中，可以选择适用简易计税方法计税的是（　　）。

A. 贷款服务　　　　B. 仓储服务　　　　C. 婚庆服务　　　　D. 餐饮服务

2. 以下关于增值税一般纳税人与小规模纳税人的说法，错误的是（　　）。

A. 小规模纳税人不得开具增值税专用发票

B. 小规模纳税人不得抵扣进项税额

C. 个人可以成为一般纳税人

D. 一般纳税人的资格管理方式实行登记制

3. 下列各项中，应当按照"租赁服务"项目缴纳增值税的是（　　）。

A. 水路运输的期租业务

B. 出租车公司向使用本公司自有出租车的出租车司机收取的管理费用

C. 融资性收获回租

D. 车辆停放服务

4. 纳税人的一项销售行为既涉及服务又涉及货物，则该行为属于增值税的（　　）。

A. 视同销售行为　　B. 兼营行为　　　　C. 混合销售行为　　D. 非应税项目

5. 属于增值税视同销售行为的是（　　）。

A. 某公司用外购水泥建造厂房　　　　B. 某商场销售空调器

C. 某公司外购棉大衣用于职工福利　　D. 某歌厅购进一批酒水饮料用于营业

6. 根据增值税法律制度的规定，下列各项中，不属于销售无形资产的是（　　）。

A. 转让海域使用权　　　　　　　　　B. 转让建筑物有限产权

C. 转让公共事业特许权　　　　　　　D. 转让取水权

7. 不允许扣除进项税额的是（　　）。

A. 一般纳税人购买软件设计服务　　　B. 一般纳税人销售货物时支付的运费

C. 企业购进的烟丝用于生产卷烟　　　D. 企业购进的货物因管理不善被盗

8. 在计算增值税销项税额时，销售额不包括（　　）。

A. 从购买方收取的全部价款　　　　　B. 收取的滞纳金

C. 已缴纳的销项税额　　　　　　　　D. 收取的装卸费

9. 某商场2021年6月采取以旧换新方式销售冰箱，每台新冰箱不含增值税的市场零售价为4 200元，共销售80台。同时，回收80台旧冰箱，每台旧冰箱折价300元。则该业务的销项税额为（　　）元。

A. 43 680　　　　　B. 57 120　　　　　C. 53 760　　　　　D. 61 200

10. 纳税人采用折扣销售方式销售货物的，正确的销售额处理方式是（　　）。

A. 销售额和折扣额在同一张发票上分别注明的，以折扣后的价款为销售额

B. 直接按销售折扣后的价款作为销售额计算增值税

C. 销售额和折扣额不在同一张发票上分别注明，可按折扣后的价款作为销售额

D. 折扣额一律不得从销售额中扣减，应按原价计算增值税

11. 甲制药厂为增值税一般纳税人，2021 年 7 月将自产的 10 箱新型药品无偿赠送给某医院使用，该药品的成本为 56 500 元/箱，无同类价格。已知该药品的增值税税率为 13%，成本利润率为 10%。计算甲制药厂当月该笔业务增值税销项税额的下列计算式中，正确的是（　　）。

A. 10×56 500×13%＝73 450（元）

B. 10×56 500×(1＋10%)×13%＝80 795（元）

C. 10×56 500×(1＋10%)÷(1＋13%)×13%＝71 500（元）

D. 10×56 500÷(1＋13%)×13%＝65 000（元）

12. 根据增值税法律制度的规定，下列关于金融商品转让的说法中，不正确的是（　　）。

A. 金融商品转让，不得开具增值税专用发票

B. 金融商品转让，是指转让外汇、有价证券、非货物期货和其他金融商品所有权的业务活动

C. 金融商品转让，按照卖出价扣除买入价后的余额为销售额

D. 金融商品的买入价，可以选择加权平均法或者先进先出法进行核算，选择后 24 个月内不得变更

13. 下列各项中，不属于增值税免税项目的是（　　）。

A. 会议展览服务

B. 婚姻介绍费

C. 殡葬服务

D. 提供社区养老、托育、家政等服务取得的收入

14. 根据增值税法律制度的规定，纳税人发生应税销售行为适用免税规定的，可以放弃免税，但放弃免税后，一定期限内不得再申请免税。该期限为（　　）个月。

A. 24　　　　　　B. 30　　　　　　C. 36　　　　　　D. 42

15. 根据增值税法律制度的规定，商业企业一般纳税人零售的下列货物中，可以开具增值税专用发票的是（　　）。

A. 劳保鞋　　　B. 食品　　　C. 化妆品　　　D. 卷烟

二、多项选择题

1. 增值税的类型有（　　）。

A. 生产型增值税　　B. 成本型增值税　　C. 收入型增值税　　D. 消费型增值税

2. 属于增值税征税范围的有（　　）。

A. 销售不动产　　B. 提供加工劳务　　C. 进口货物　　D. 转让商标

3. 不征收增值税的项目有（　　　）。

A. 存款利息

B. 被保险人获得的保险赔付

C. 农业生产者生产的肉制品罐头

D. 根据国家指令无偿提供的用于公益事业的铁路运输服务

4. （　　　）应并入销售额，计算应纳增值税税额。

A. 向购买方收取的包装费

B. 向购买方收取的优质费

C. 向购买方收取的滞纳金

D. 受托加工应征消费税的消费品所代收代缴的消费税

5. 某食品厂为一般纳税人，本期发生（　　　）经济业务，需做进项税额转出处理。

A. 生产过程耗用上期购买的原材料

B. 捐赠灾区的自产方便面耗用上期购买的原材料

C. 将上期购买的原材料作为福利发放给职工

D. 因管理不善造成被盗的方便面耗用上期购买的原材料

6. （　　　）的进项税额不得从销项税额中抵扣。

A. 非正常损失的在产品所耗用的购进货物

B. 增值税专用发票不符合抵扣要求

C. 非正常损失的不动产所耗用的装修劳务

D. 购进的娱乐服务

7. 关于特殊销售方式的表述，正确的有（　　　）。

A. 采用还本销售方式销售货物，不得从销售额中减除还本支出

B. 采取以旧换新方式销售货物的，应按新货物的同期销售价格确定销售额

C. 采取以旧换新方式销售货物金银首饰的，应按销售方实际收取的不含增值税的全部价款征收增值税

D. 采用还本销件方式销售货物，可以从销售额中减除还本支出

8. 关于收取包装物押金征收增值税的说法，正确的有（　　　）。

A. 一般货物的包装物押金在收取时不计征增值税

B. 一般货物的包装物押金应在逾期或超过1年以上仍不退还时计征增值税

C. 销售白酒的包装物押金在收取时就要计征增值税和消费税

D. 销售啤酒的包装物押金在收取时就要计算增值税和消费税

9. 下列关于增值税纳税义务发生时间的说法中，不正确的有（　　　）。

A. 采取赊销和分期收款方式销售货物的，为货物发出的当天

B. 采取预收货款方式销售货物，其增值税纳税义务发生时间为收到预收款的当天

C. 采取托收承付和委托银行收款方式销售货物，其增值税纳税义务发生时间为收到银行款项的当天

D. 纳税人从事金融商品转让的，为金融商品所有权转移的当天

10. 在（　　）情况下，只开具增值税普通发票而不开具增值税专用发票。

A. 向消费者销售货物或者提供应税劳务的

B. 销售免税货物的

C. 小规模纳税人销售货物或者提供应税劳务的

D. 向小规模纳税人销售货物或者提供应税劳务的

三、判断题

（　　）1. 增值税是针对商品和服务的增值额所征收的一种税。

（　　）2. 纳税人将自产的冰箱放在职工食堂使用，这一行为属于视同销售行为，应缴纳增值税。

（　　）3. 纳税人的一项销售行为如果既涉及服务又涉及货物，则该行为属于混合销售。

（　　）4. 小规模纳税人（其他个人除外）发生增值税应税行为，需要开具增值税专用发票的，可以自愿使用增值税发票管理系统自行开具。

（　　）5. 纳税人采取还本销售方式销售货物，可以从销售额中减除还本支出。

（　　）6. 对于金银首饰以旧换新业务，按销售方实际收取的不含增值税的全部价款征收增值税。

（　　）7. 纳税人采取以物易物方式销售货物，只需要一方开具增值税专用发票。

（　　）8. 进口货物的增值税纳税义务发生时间为货物抵达目的地的当日。

（　　）9. 凡随同销售货物或提供应税劳务向购买方收取的价外费用，无论其会计制度如何核算，均应并入销售额计算应纳税额。

（　　）10. 从事经纪代理服务，向委托方收取的政府性基金或者行政事业性收费，不得开具增值税专用发票。

四、实务训练

1. 甲公司为一般纳税人，2021 年 6 月 1 日销售机床 100 台，每台不含增值税价格为 52 000 元，同时根据合同规定向对方收取包装费 14 040 元。

要求：计算甲公司该笔业务的增值税销项税额。

2. 乙公司为一般纳税人，2021 年 1 月将自产的 40 件食品礼盒作为春节福利发放给职工。该食品礼盒没有市场销售价格，每件食品礼盒的成本为 220 元，成本利润率为 10%。

要求：计算乙公司该笔业务的增值税应纳税额。

3. 某公司为一般纳税人，2021 年 4 月将自产的 2 000 吨钢材出售给某建材公司，每吨钢材不含增值税价格为 3 800 元。经税务机关认定，该价格明显偏高且不具有合理商业目的，已知市场上同类钢材平均不含税价格为 2 900 元。

要求：计算该公司该笔业务的增值税应纳税额。

4. 某商场为一般纳税人，2021 年 3 月销售西装 160 套。由于买方是团购，商场给予了六折优惠，在发票的金额栏注明每套服装不含增值税价格为 600 元，同时在发票的备注栏注明每套优惠 240 元。

要求：计算该商场该笔业务的增值税销项税额。

5. 某商贸公司为一般纳税人，2021 年 6 月对某品牌计算机采取以旧换新方式进行促销，总共销售了 60 台计算机，并回收了 60 台旧计算机，每台旧计算机不含增值税作价 400 元，扣除旧货收购价后实际取得的不含增值税销售收入为 300 000 元。

要求：计算该公司该笔业务的增值税销项税额。

6. 某商场为一般纳税人，2021 年 2 月，某金银首饰专柜采取以旧换新方式销售一批黄金首饰，实际取得的不含增值税销售额为 32 000 元，回收的旧金银首饰作价 14 000 元。

要求：计算该商场该笔业务的增值税销项税额。

7. 某公司为一般纳税人，2021 年 6 月向某超市销售啤酒一批，取得的不含增值税销售额为 76 000 元，同时收取啤酒的包装物押金 351 元。当月有一笔在 2020 年 7 月收取的啤酒包装物押金逾期，金额为 585 元；还有一笔在 2020 年 12 月收取的红酒的包装物押金逾期，金额为 936 元。

要求：计算该公司 2021 年 6 月的增值税销项税额。

8. 某公司为一般纳税人，2021 年 7 月购进一批原材料，取得的增值税专用发票上注明税额为 34 700 元。当月，因管理不善，该批原材料的 80% 霉烂变质，剩余的 20% 投入生产，销售产成品取得不含增值税销售额 75 000 元。

要求：计算该笔业务的增值税应纳税额。

9. 某公司为小规模纳税人，按月申报缴纳增值税，2021 年某月取得含税收入 100 000 元。

要求：计算该公司 2021 年该月的增值税应纳税额。

10. 某商贸企业为一般纳税人，2021 年 7 月进口机器一台，关税完税价格为 200 万元，假设进口关税为 40 万元，支付国内运输企业的运输费用取得货物运输业增值税专用发票，注明运费 2 000 元，税款 220 元；同月将机器售出，取得不含税销售额 350 万元（增值税税率 13%）。

要求：计算该企业 7 月应纳增值税税额。

第三章

消费税实务

【知识目标】

1. 熟识消费税的概念及特点。
2. 熟识消费税的纳税人、征税范围、税目和税率。
3. 掌握消费税应纳税额的计算。
4. 了解消费税的征收管理。

【能力目标】

1. 能正确判定消费税的征税范围和适用税率。
2. 能正确计算应纳消费税税额。
3. 能进行消费税的申报与缴纳。

导入案例

　　我国的消费税是 1994 年税制改革中在流转环节新设置的一个税种。在对货物普遍征收增值税的基础上，对消费品再征一道特殊的流转税。

　　问题：我国的消费税是对所有消费品征收吗？

第一节

消费税概述

一、消费税的概念

　　消费税是对在我国境内从事生产、委托加工、进口、批发或者零售应税消费品的单位和个人，按应税消费品的销售额或销售数量征收的一种税。

二维码 4：
消费税概述

　　消费税是对特定的消费品和消费行为按消费流转额征收的一种商品税，属于流转税的范畴。在对货物普遍征收增值税的基础上，选择部分消费品再征收一道消费税，目的是调节产品结构，体现国家产业政策和消费政策要求；调节消费行为，正确引导消费方向、消费需求；促进节能环保，保证国家财政收入。

　　我国的消费税是 1994 年税制改革后在流转税中新设置的一个税种。消费税实行价内税，税款最终由消费者承担。现行消费税法的基本规范包括 2008 年 11 月 5 日经国务院第 34 次常务会议修订通过并颁布的《中华人民共和国消费税暂行条例》以及 2008 年 12 月 15 日财政部、国家税务总局第 51 号令颁布的《中华人民共和国消费税暂行条例实施细则》。

二、消费税的特点

（一）消费税征收范围具有选择性

　　消费税是选择性的流转税，在征收范围上具有选择性，只针对 15 个税目的消费品征收。为了配合国家的经济政策，我国消费税在对货物普遍征收增值税的基础上，只选择少数特定消费品交叉征税，实行双重调节，使消费税的个别调节与增值税的普遍调节得到合理有效的配置。

导入案例解析：

　　消费税是选择性的流转税，在征收范围上具有选择性，我国只针对 15 个税目的消费品征收消费税，包括烟、酒、高档化妆品、高档手表、贵重首饰及珠宝玉石等；并不是对所有消费品征收，如电视机、手机、水果等。即国家可以根据宏观产业政策和消费政策的要求，有目的地、有重点地选择一些消费品征收消费税，以适当地限制某些特殊消费品的消费需求。

（二）消费税是价内税

消费税实行价内税，除金银首饰外只在应税消费品的生产、委托加工和进口环节缴纳，在以后的批发、零售等环节，因为价款中已包含消费税，所以不用再缴纳消费税，税款最终由消费者承担。消费税的纳税人是我国境内生产、委托加工、零售和进口《中华人民共和国消费税暂行条例》规定的应税消费品的单位和个人。

（三）消费税纳税环节具有单一性

除卷烟及超豪华小汽车征收两道消费税（卷烟在批发环节加征一道消费税，超豪华小汽车在零售环节加征一道消费税）外，其余税目均征收一道消费税，在生产、委托加工、进口和零售其中一道环节征税之后，其他环节不再征收。

（四）消费税计税方法有三种

消费税有从价定率、从量定额和复合计税三种计税方法。啤酒、黄酒和成品油实行从量定额征收消费税，卷烟和白酒实行复合计税征收消费税，其他税目实行从价定率征收消费税。

（五）消费税税负具有转嫁性

消费税是间接税。无论在哪个环节征收，消费品中所含的消费税税款最终都要转嫁到消费者身上，由消费者负担。

三、消费税与增值税的区别

消费税与增值税的区别如下：

（1）消费税是价内税（计税依据中含消费税税额），增值税是价外税（计税依据中不含增值税税额）；

（2）消费税的绝大多数应税消费品只在货物出厂销售（或委托加工、进口）环节一次性征收，以后的批发零售环节不再征收。增值税是在货物生产、流通各环节道道征收。

（3）消费税的计算方法是根据应税消费品来划分的；增值税是按照两类纳税人来分别计算的。

（4）消费税是增值税的配套税种，它是为适应建立以增值税为普遍调节税种，对生产经营环节实行普遍征收，辅之消费税作为特殊调剂税种，选择部分消费品（烟、酒、高档化妆品、超豪华小汽车等）实行交叉征税的双层调节机制的流转税而设置的一个新税种。

（5）对从价定率征收消费税的应税消费品计征消费税和增值税额的税基是相同的，均为含消费税而不含增值税的销售额。

四、消费税的作用

消费税的立法主要集中体现国家的产业政策和消费政策，以及强化消费税作为国家对经济进行宏观调控手段的特征。其作用具体表现在以下几个方面：

（一）体现消费政策，调整产业结构

消费税的立法主要集中体现国家的产业政策和消费政策。例如：为了抑制对人体健康不利或者过度消费会对人体有害的消费品的生产，将烟、酒、鞭炮、焰火列入征税范围；为了调节特殊消费，将摩托车、超豪华小汽车、贵重首饰及珠宝玉石列入征税范围；为了节约一次性能源，限制过量消费，将汽油、柴油等成品油列入征税范围。

（二）正确引导消费，抑制超前消费

目前我国正处于社会主义初级阶段，总体财力还比较有限，个人的经济状况还不够宽裕，需要在政策上正确引导人们的消费方向。在消费税立法过程中，对人们日常消费的基本生活用品和企业正常的生产消费物品不征收消费税，只对目前属于奢侈品或超前消费的物品以及其他非基本生活品征收消费税，特别是对其中的某些消费品如烟、酒、超豪华小汽车等适用较高的税率，加重调节，增加消费者的负担，适当抑制高水平或超前的消费。

（三）稳定财政收入，保持原有负担

消费税是在原流转税制进行较大改革的背景下出台的。原流转税主要税种——增值税和产品税的收入主要集中在卷烟、酒、石油、化工等几类产品上，且税率档次多，税率较高。实行新的、规范化的增值税后，不可能设置多档次、相差悬殊的税率。所以，许多原高税率产品改征增值税后，适用基本税率13%，税负下降过多，对财政收入的影响较大。为了确保税制改革后尽量不减少财政收入，同时不削弱税收对某些产品生产和消费的调控作用，需要通过征收消费税，把实行新的增值税后由于降低税负而可能减少

的税收收入征收上来，基本保持原产品的税收负担，并随着应税消费品生产和消费的增长，使财政收入也保持稳定增长。

消费税的基本法律规定

一、消费税纳税义务人

凡在中华人民共和国境内生产、委托加工和进口应税消费品的单位和个人，以及国务院确定的销售应税消费品的其他单位和个人，均为消费税纳税义务人。

其中，"单位"是指企业、行政单位、事业单位、军事单位、社会团体及其他单位，"个人"是指个体工商户及其他个人。

消费税的纳税义务人，不区分经济性质和经营形式，也不区分企业或事业单位，不管是法人还是自然人，只要发生消费税法规定的应税行为，都按照标准计算缴纳消费税。即：

（1）应税消费品的生产者；

（2）应税消费品的进口者；

（3）应税消费品的委托加工者；

（4）卷烟批发商；

（5）金银首饰、钻石饰消费品的零售商。

二、消费税征税范围

（一）生产应税消费品

对生产应税消费品征税是指对生产的应税消费品由生产领域进入流通领域的环节征税，即只是对最终消费品征税，对中间产品不征消费税。因此，将自产的应税消费品用于连续生产应税消费品不纳消费税。但将自产的应税消费品用于连续生产非应税消费品这一情况比较特殊，因为非应税消费品的销售已超出消费税的征税范围，如果不征消费税，就会造成税款流失，所以将自产的应税消费品用于连续生产非应税消费品时需要缴纳消费税。企业生产的应税消费品直接用于对外销售应缴纳消费税。

（二）委托加工应税消费品

委托加工应税消费品是指由委托方向受托方提供原料和主要材料，受托方只收取加工费和代垫部分辅助材料加工应税消费品。而对于受托方先将原材料卖给委托方，然后接受生产加工的，或者由受托方直接提供原材料进行生产加工的，或者由受托方以委托方名义购进原材料进行生产加工应税消费品的，均应按照受托方销售应税消费品缴纳消费税。

（三）进口应税消费品

单位和个人进口的货物属于税法规定的特定应税消费品的，在进口环节除缴纳关税、增值税外，还要缴纳消费税。进口环节的消费税由海关代征。

（四）经国务院批准零售金银首饰

自1995年1月1日起，金银首饰消费税在零售环节征收。自2002年1月1日起，钻石及钻石饰品在零售环节征税。自2003年5月1日起，铂金首饰消费税在零售环节征税。也就是说，金银首饰、铂金首饰、钻石及钻石饰品在零售环节征收消费税，在其他环节不再征收消费税。

在零售环节征税的金银首饰包括：金基、银基合金首饰，以及金、银和金基、银基合金的镶嵌首饰。其他镀金、银首饰，包金、银首饰等仍在生产、委托加工和进口环节缴纳消费税。对纳税人采取以旧换新方式销售金银首饰的，按实际收取的不含增值税价款计算消费税。

（五）批发卷烟

卷烟在生产、委托加工和进口环节征收一道消费税的基础上，还在批发环节加征一道消费税，即卷烟征收了两道消费税，且只有卷烟在批发环节征收消费税。这里所说的批发环节仅限于由批发商销售给零售商。卷烟批发企业在计算卷烟消费税时不得扣除卷烟生产环节已缴纳的消费税税额。

三、消费税税目和税率

（一）消费税税目

消费税税目按征税范围的类别划分，包括五种类型的产品：

第一类：过度消费会对人类健康、社会秩序、生态环境等方面造成危害的特殊消费品，如：烟、酒、鞭炮、焰火。

第二类：奢侈品和非生活必需品，如：高档手表、高尔夫球及球具、游艇、高档化妆品、贵重首饰及珠宝玉石；

第三类：高能耗及高档消费品，如：摩托车、小汽车；

第四类：不可再生和不可替代的资源消费品，如：成品油、实木地板、木制一次性筷子；

第五类：消费量大、税源充足、具有财政意义的消费品，如：电池、涂料。

1. 烟

凡是以烟叶为原料加工生产的产品，不论使用何种辅料，均属于本税目的征收消费税范围。本税目下设卷烟、雪茄烟、烟丝、电子烟 4 个子目。

(1) 卷烟是指将各种烟叶切成烟丝，按照配方要求均匀混合，加入糖、酒、香料等辅料，用白色盘纸、棕色盘纸、涂布纸或烟草薄片经机器或手工卷制的普通卷烟和雪茄型卷烟。

(2) 雪茄烟。雪茄烟是指以晾晒烟为原料或者以晾晒烟和烤烟为原料，用烟叶或卷烟纸、烟草薄片作为烟支内包皮，再用烟叶作为烟支外包皮，经机器或手工卷制而成的烟草制品。按内包皮所用材料的不同可分为全叶卷雪茄烟和半叶卷雪茄烟。

雪茄烟的征税范围包括各种规格、型号的雪茄烟，其从价定额税率为 36%。

(3) 烟丝。烟丝是指将烟叶切成丝状、粒状、片状、末状或其他形状，再加入辅料，经过发酵、储存，不经卷制即可供销售吸用的烟草制品。

烟丝的征税范围包括以烟叶为原料加工生产的不经卷制的散装烟，如斗烟、莫合烟、烟末、水烟、黄红烟丝等。

(4) 电子烟。电子烟是一种模仿卷烟的电子产品，电子烟虽不含焦油，但仍有其他多种致癌物质，有着与卷烟一样的外观、烟雾、味道和感觉。世界卫生组织专门对电子烟进行了研究，并得出了明确的结论：电子烟有害公共健康，它更不是戒烟手段，必须加强对其进行管制，杜绝对青少年和非吸烟者产生危害。

电子烟消费税征税对象为电子烟产品，包括烟弹、烟具以及烟弹与烟具组合销售的电子烟产品。其中，电子烟有关定义按照国家市场监督管理总局、国家标准化管理委员会发布的《电子烟强制性国家标准》（GB 41700－2022）确定。

电子烟消费税税率：电子烟生产（进口）环节的消费税税率为 36%，电子烟批发环节的消费税税率为 11%。

电子烟消费税计税价格：纳税人从事生产、批发电子烟业务的，按生产、批发电子烟的销售额作为计税价格。其中，电子烟生产环节纳税人采用代销方式销售电子烟的，以经销商（代理商）销售给电子烟批发企业的销售额（含收取的全部价款和价外费用）为电子烟生产环节纳税人的计税价格。

2. 酒

本税目下设白酒、黄酒、啤酒、其他酒 4 个子目。

(1) 白酒。白酒的征税范围包括粮食白酒、薯类白酒和甜菜白酒。

(2) 黄酒。黄酒的征税范围包括各种原料酿制的黄酒和酒度超过 12 度（含 12 度）

的土甜酒。

（3）啤酒。啤酒的征税范围包括各种包装和散装的啤酒。无醇啤酒比照啤酒征税。

（4）其他酒。其征税范围包括糠麸白酒、其他原料白酒、土甜酒（酒度低于12度）、复制酒、果木酒、汽酒、药酒等。

对饮食业、商业、娱乐业举办的啤酒屋（啤酒坊）利用啤酒生产设备生产的啤酒，应当征收消费税。调味料酒不属于消费税的征税范围。

3. 高档化妆品

本税目征收范围包括高档美容、修饰类化妆品、高档护肤类化妆品和成套化妆品。高档美容、修饰类化妆品和高档护肤类化妆品是指生产进口环节销售（完税）价格（不含增值税），在10元/毫升（克）或15元/片及以上的美容、修饰类化妆品和护肤类化妆品。

本税目的征收范围包括：香水、香水精、香粉、口红、指甲油、胭脂、眉笔、唇笔、蓝眼油、眼睫毛、成套化妆品等。舞台、戏剧、影视演员化妆用的上妆油、卸妆油、油彩、发胶和头发漂白剂等，不属于本税目征收范围。

4. 贵重首饰及珠宝玉石

本税目包括以金、银、白金、宝石、珍珠、钻石、翡翠、玛瑙等高贵稀有物质以及其他金属、人造宝石等制作的各种纯金银首饰及镶嵌首饰和经采掘、打磨、加工的各种珠宝玉石。对出国人员于免税商店购买的金银首饰征收消费税。

5. 鞭炮、焰火

本税目征收范围包括各种鞭炮、焰火。通常分为13类，即喷花类、旋转类、旋转升空类、火箭类、吐珠类、线香类、小礼花类、烟雾类、造型玩具类、炮竹类、摩擦炮类、组合烟花类、礼花弹类。体育上用的发令纸、鞭炮药引线，不按本税目征税。

6. 成品油

本税目包括汽油、柴油、石脑油、溶剂油、润滑油、燃料油、航空煤油7个子目。

7. 摩托车

摩托车是指最大设计车速超过50千米/小时、发动机气缸总工作容积超过50毫升、空车质量不超过400千克（带驾驶室的正三轮车及特种车的空车质量不受此限）的两轮和三轮机动车。根据《财政部 国家税务总局关于调整消费税政策的通知》（财税〔2014〕93号），自2014年12月1日起，取消气缸容量250毫升（不含）以下的小排量摩托车消费税。

8. 小汽车

本税目包括以下3个子目：乘用车、中轻型商用客车、超豪华小汽车。

电动汽车以及沙滩车、雪地车、卡丁车、高尔夫车等均不属于本税目征税范围，不征消费税。

9. 高尔夫球及球具

高尔夫球及球具是指与该运动有关所需的各种设备器材，包括高尔夫球、高尔夫球杆及其包（袋）等。

10. 高档手表

高档手表作为一种奢侈品，为了体现税收的调节功能，对其征税。高档手表是指销售价格（不含增值税）每只在1万元（含）以上的各类手表。该税目征收范围包括符合以上标准的各类手表。

11. 游艇

游艇作为一种奢侈品，为了体现税收的调节功能，对其征税。本税目征收范围包括艇身长度大于8米（含）且小于90米（含）、内置发动机，可以在水上移动，一般为私人或团体购置，主要用于水上运动和休闲娱乐等非营利活动的各类机动艇。

12. 木制一次性筷子

木制一次性筷子属于消费税征收范围，是指以木材为原料，经过一系列的生产加工环节制成的成品筷子。竹筷不在消费税的征收范围内，免征消费税。

13. 实木地板

实木地板是指以木材为原料，经过一系列的生产加工环节制成的块状或条状的成品地面装饰材料。该税目征收范围包括各类规格的实木地板、实木指接地板、实木复合地板及用于装饰墙壁、天棚的侧端面为榫、槽的实木装饰板。

14. 电池

电池是一种将化学能、光能等直接转换为电能的装置，一般由电极、电解质、容器、极端，通常还有隔离层组成的基本功能单元，以及用一个或多个基本功能单元装配成的电池组。该税目征收范围包括：原电池、蓄电池、燃料电池、太阳能电池和其他电池。

2015年12月31日前对铅蓄电池缓征消费税；自2016年1月1日起，对铅蓄电池按4%税率征收消费税。无汞原电池、金属氢化物镍蓄电池、锂原电池、锂离子蓄电池、太阳能电池、燃料电池和全钒液流电池，免征消费税。

15. 涂料

为促进节能环保，经国务院批准，自2015年2月1日起对涂料征收消费税。

涂料是指涂于物体表面，能形成具有保护、装饰或特殊性能的固态涂膜的一类液休或固体材料之总称。对施工状态下挥发性有机物（Volatile Organic Compounds，VOC）含量低于420克/升（含）的涂料免征消费税。

（二）消费税税率

1. 消费税的税率种类

消费税的税率，有三种形式：一是比例税率；二是定额税率，即单位税额；三是复合税率，即比例税率与定额税率的结合使用。

消费税税率形式的选择，主要是根据征税对象情况来确定，对一些供求基本平衡，价格差异不大，计量单位规范的消费品，选择计税简单的定额税率，如黄酒、啤酒、成品油等；对一些供求矛盾突出，价格差异较大，计量单位不规范的消费品，选择税价联动的比例税率，如高档化妆品、鞭炮、焰火、贵重首饰及珠宝玉石、摩托车、小汽车等。

一般情况下，对一种消费品只选择一种税率形式，但为了更好地保全消费税税基，对一些应税消费品如卷烟、白酒，则采用了定额税率和比例税率双重征收形式。

2. 消费税税目税率表

消费税税目税率表见表 3-1。

表 3-1 消费税税目税率表

税目	税率/从价定率/从量定额/复合计税	纳税环节
一、烟		生产、委托加工和进口环节
1. 卷烟		在卷烟批发环节加征一道从价税
（1）甲类卷烟（调拨价70元（不含增值税）/条以上（含70元））	56%＋0.003元/支	
（2）乙类卷烟（调拨价70元（不含增值税）/条以下）	36%＋0.003元/支	
（3）商业批发	11%＋0.005元/支	
2. 雪茄烟	36%	
3. 烟丝	30%	
4. 电子烟	36%	生产（进口）环节
	11%	批发环节
二、酒		生产、委托加工和进口环节
1. 白酒	20%加0.5元/500克（或者500毫升）	
2. 黄酒	240元/吨	
3. 啤酒		
（1）甲类啤酒	250元/吨.	
（2）乙类啤酒	220元/吨	
4. 其他酒	10%	
三、高档化妆品	15%	生产、委托加工和进口环节
四、贵重首饰及珠宝玉石		
1. 金银首饰、铂金首饰和钻石及钻石饰品	5%	零售环节
2. 其他贵重首饰和珠宝玉石	10%	生产、委托加工和进口环节
五、鞭炮、焰火	15%	生产、委托加工和进口环节
六、成品油		生产、委托加工和进口环节
1. 汽油		
（1）含铅汽油	1.52元/升	

续前表

税目	税率/从价定率/从量定额/复合计税	纳税环节
（2）无铅汽油	1.52 元/升	
2. 柴油	1.20 元/升	
3. 航空煤油	1.20 元/升	
4. 石脑油	1.52 元/升	
5. 溶剂油	1.52 元/升	
6. 润滑油	1.52 元/升	
7. 燃料油	1.20 元/升	
七、摩托车		生产、委托加工和进口环节
1. 气缸容量（排气量，下同）250 毫升的	3%	
2. 气缸容量在 250 毫升以上的	10%	
八、小汽车		
1. 乘用车		
（1）气缸容量（排气量，下同）在 1.0 升（含 1.0 升）以下的	1%	
（2）气缸容量在 1.0 升以上至 1.5 升（含 1.5 升）的	3%	
（3）气缸容量在 1.5 升以上至 2.0 升（含 2.0 升）的	5%	
（4）气缸容量在 2.0 升以上至 2.5 升（含 2.5 升）的	9%	
（5）气缸容量在 2.5 升以上至 3.0 升（含 3.0 升）的	12%	
（6）气缸容量在 3.0 升以上至 4.0 升（含 4.0 升）的	25%	
（7）气缸容量在 4.0 升以上的	40%	
2. 中轻型商用客车	5%	
3. 超豪华小汽车	按子税目 1 和子税目 2 的规定征收，零售环节 10%	生产、委托加工和进口环节
九、高尔夫球及球具	10%	生产、委托加工和进口环节
十、高档手表	20%	生产、委托加工和进口环节
十一、游艇	10%	生产、委托加工和进口环节
十二、木制一次性筷子	5%	生产、委托加工和进口环节
十三、实木地板	5%	生产、委托加工和进口环节

续前表

税目	税率/从价定率/从量定额/复合计税	纳税环节
十四、铅蓄电池	4%	生产、委托加工和进口环节
十五、涂料	4%	生产、委托加工和进口环节

3. 最高税率运用

（1）纳税人兼营不同税率的应税消费品（即生产销售两种税率以上的应税消费品），应当分别核算不同税率应税消费品的销售额、销售数量。未分别核算销售额、销售数量的，从高适用税率。

（2）纳税人将应税消费品与非应税消费品以及适用税率不同的应税消费品组成成套消费品销售的，应根据成套消费品的销售额按应税消费品中适用最高税率的消费品税率征税。

实务操作 1：

　　某日化厂为一般纳税人，生产和销售日霜、晚霜、护肤水〔以上三种产品为普通护肤品，不含增值税销售价格低于 10 元/毫升（克）〕以及高档面膜（20 元/张）等商品，并将日霜、晚霜、护肤水、高档面膜组成成套化妆品销售。2021 年 10 月，某商场一次性采购 240 套该套装化妆品，该日化厂开具增值税专用发票，注明金额 48 万元，其中包括日霜、晚霜和护肤水等普通护肤品 18 万元，高档面膜 30 万元。请问：该日化厂哪些商品应该缴纳消费税？10 月销售的套装化妆品应该缴纳多少消费税？

　　解析：根据高档化妆品税目的征收范围，高档化妆品包括高档美容、修饰类化妆品、高档护肤类化妆品和成套化妆品，高档美容、修饰类化妆品和高档护肤类化妆品是指生产（进口）环节销售（完税）价格（不含增值税）在 10 元/毫升（克）或 15 元/片（张）及以上的美容、修饰类化妆品和护肤类化妆品。因此，该日化厂生产的日霜、晚霜、护肤水无须缴纳消费税，高档面膜（20 元/张）及成套化妆品应缴纳消费税。

　　根据最高税率运用规定，纳税人将应税消费品与非应税消费品以及适用税率不同的应税消费品组成成套消费品销售的，应根据成套消费品的销售额按应税消费品中适用最高税率的消费品税率征税，因此 10 月销售的 240 套成套化妆品应按照最高税率即 15% 缴纳消费税：

$$应纳消费税税额 = 48 \times 15\% = 7.2（万元）$$

四、消费税的税收优惠

（1）生产企业自营出口和委托外贸企业代理出口的应税消费品，可以按照其实际出口数量和金额免征消费税。

（2）来料加工复出口的应税消费品，可以免征消费税。

（3）国家特准可以退还或者免征消费税的消费品主要有：对外承包工程公司运出中国境外，用于对外承包项目的；企业在国内采购以后运出境外，作为境外投资的；利用中国政府的援外优惠贷款和援外合资合作项目基金方式出口的；对外补偿贸易、易货贸易、小额贸易出口的；外轮供应公司、远洋运输供应公司销售给外轮和远洋国轮，并收取外汇的；对外承接修理、修配业务的企业用于所承接的修理、修配业务的。

（4）外商投资企业以来料加工、进料加工贸易方式进口的应税消费品，可以免征进口环节的消费税。

（5）子午线轮胎可以免征消费税，翻新轮胎不征收消费税。

（6）边境居民通过互市贸易进口规定范围以内的生活用品，每人每日价值人民币8 000元以下的部分，可以免征进口环节的消费税。

（7）外国政府、国际组织无偿赠送的进口物资，可以免征进口环节的消费税。

（8）成品油生产企业在生产成品油过程中作为燃料、动力和原料消耗的自产成品油，用外购和委托加工回收的已税汽油生产的乙醇汽油，利用废弃动植物油脂生产的纯生物柴油，可以免征消费税。

第三节
消费税应纳税额的计算

一、消费税的计税方法

二维码5：
应纳消费税额计算

（一）消费税的从价定率计税方法

采用从价定率计税的应纳税额计算公式为：

应纳税额＝应税消费品的销售额×消费税比例税率

1. 销售额的确定

（1）一般规定。销售额为纳税人销售应税消费品向购买方收取的全部价款和价外费用。价外费用是指价外收取的基金、集资费、返还利润、补贴、违约金、延期付款利息、手续费、包装费、储备费、优质费、运输装卸费、代收款项、代垫款项以及其他各种性质的价外费用。

（2）含增值税销售额的换算。应税消费品的销售额，不包括应向购货方收取的增值税税款。如果纳税人应税消费品的销售额中未扣除增值税税款，在计算消费税时，应当换算成不含增值税税款的销售额。换算公式为：

$$应税消费品的销售额 = \frac{含增值税销售额}{1 + 增值税税率（或征收率）}$$

实务操作2：

　　某生产企业为一般纳税人，2021年7月销售木制一次性筷子1 130 000元（含增值税），另外收取违约金32 500元，则该厂家应税销售额为多少？

　　解析：

$$应税销售额 = \frac{1\ 130\ 000 + 32\ 500}{1 + 13\%} = 1\ 028\ 761.06（元）$$

2. 包装物的规定

（1）应税消费品连同包装物销售的，无论包装物是否单独计价以及在会计上如何核算，均应并入应税消费品的销售额中缴纳消费税。

（2）如果包装物不作价随同产品销售，而是收取押金，此项押金则不应并入应税消费品的销售额中征税。但对因逾期未收回的包装物不再退还的或者已收取一年以上的押金，应并入应税消费品的销售额，按照应税消费品的适用税率缴纳消费税。

（3）对既作价随同应税消费品销售，又另外收取押金的包装物押金，凡纳税人在规定的期限内不予退还的，均应并入应税消费品的销售额，按照应税消费品的适用税率缴纳消费税。

（4）对酒类产品生产企业销售酒类产品而收取的包装物押金，无论其是否返还以及在会计上如何核算，均须并入酒类产品销售额中缴纳消费税。而对销售啤酒、黄酒所收取的押金，按一般押金的规定处理。啤酒、黄酒以外的其他酒类产品，其押金在收取时计征消费税和增值税。啤酒、黄酒收取的包装物押金，无论其是否逾期，均不缴纳消费税。

　　注意：包装物押金含增值税销项税额，需要换算为不含税收入；啤酒和黄酒实行从量定额计征消费税，因此收取的包装物押金逾期时也不征收消费税。

3. 其他情况

纳税人通过自设非独立核算门市部销售的自产应税消费品，应当按照门市部对外销售金额缴纳消费税。

纳税人兼营不同税率的应税消费品，应当分别核算不同税率应税消费品的销售额和销售数量；未分别核算销售额和销售数量，或者将不同税率的应税消费品组成成套消费品销售的，从高适用税率。

实务操作 3：

某摩托车厂 2021 年 5 月 8 日销售汽缸容量为 250 毫升的摩托车 60 辆，出厂价为 4 200 元/辆，开出增值税专用发票，另外收取包装费用 2 420 元，货款已收到。计算该厂应纳的消费税税额。

解析：该笔销售开具的是增值税专用发票，所以销售额是不含税的，但随同销售收取的包装费属于价外费用，视同含税销售额，需要折算为不含税销售额。

$$应税消费品的销售额 = 60 \times 4\,200 + \frac{2\,420}{1 + 13\%} = 254\,141.59（元）$$

$$应纳消费税税额 = 254\,141.59 \times 3\% = 7\,624.25（元）$$

实务操作 4：

某化妆品厂为一般纳税人，生产销售高档化妆品和普通护肤护发品。其中高档化妆品不含增值税销售价格高于 10 元/毫升（克）。2021 年 10 月有关购销业务如下：

（1）销售高档化妆品 8 000 盒，每盒售价 100 元。

（2）为了促销，将高档化妆品和普通护肤护发品组成套装销售，当月销售套装 1 000 盒，每盒售价 120 元。

（3）以自产高档化妆品 2 000 盒换取原材料一批，同类高档化妆品每盒售价 100 元。换回的原材料已验收入库。

（4）以自产高档化妆品 200 盒换取副食品一批作为福利发放给本厂职工；以自产高档化妆品 1 000 盒抵偿债务。同类高档化妆品每盒售价 100 元。

计算该厂当月应纳消费税税额（案例中单价均为不含增值税税额）。

解析：

（1）包装物随同应税消费品一并销售的，无论包装物是否单独计价以及在会计上如何核算，均应并入应税消费品的销售额中缴纳消费税。

$$应纳消费税税额 = 8\,000 \times 100 \times 15\% = 120\,000（元）$$

（2）组成成套消费品销售的，应从高适用税率缴纳消费税。

$$应纳消费税税额 = 1\,000 \times 120 \times 15\% = 18\,000（元）$$

（3）换取原材料，应视同销售应税消费品，缴纳消费税。

$$应纳消费税税额 = 2\,000 \times 100 \times 15\% = 30\,000（元）$$

（4）换取副食品发放职工福利以及抵偿债务，应视同销售应税消费品，缴纳消费税。

$$应纳消费税税额 = (200 \times 100 + 1\,000 \times 100) \times 15\% = 18\,000（元）$$

$$当月应纳消费税税额 = 120\,000 + 18\,000 + 30\,000 + 18\,000 = 186\,000（元）$$

（二）消费税的从量定额计税方法

采用从量定额计税的应纳税额计算公式为：

应纳税额＝应税消费品的销售数量×消费税单位税额

适用从量定额计税方法的有啤酒、黄酒和成品油。

实行从量定额计税方法的应税消费品的计税依据为应税消费品的销售数量。销售数量是指纳税人生产、加工和进口应税消费品的数量，具体分为以下几种情况：

（1）生产销售的应税消费品，为应税消费品的销售数量。

（2）自产自用（用于连续生产应税消费品的除外）的应税消费品，为应税消费品移送使用数量。

（3）委托加工的应税消费品，为纳税人收回的应税消费品数量。

（4）进口的应税消费品，为海关在进口环节核定的应税消费品数量。

（5）纳税人自设门市部销售自产应税消费品的，为门市部的对外销售数量。

注意：按照规定，黄酒、啤酒以吨为税额单位，汽油、柴油以升为税额单位，但在销售过程中二者容易混淆，所以在计税过程中应注意吨、升单位的换算关系。

实务操作 5：

某啤酒厂 2021 年 7 月销售甲类啤酒 65 吨，不含税单价为 6 000 元/吨；销售乙类啤酒 22 吨，不含税单价为 2 000 元/吨，款项全部存入银行。计算该啤酒厂当月应纳的消费税。

解析：甲类啤酒适用的税率为 250 元/吨，乙类啤酒适用的税率为 220 元/吨。

应纳消费税税额＝65×250＋22×220＝21 090（元）

实务操作 6：

某啤酒厂 2021 年 5 月销售甲类啤酒 500 吨，取得不含增值税销售额 148 万元，增值税税款 23.6 万元，另收取包装物押金 11.7 万元。计算当月该啤酒厂应纳消费税税额。

解析：销售甲类啤酒，适用定额税率，每吨 250 元。

应纳消费税税额＝500×250＝125 000（元）

（三）消费税的复合计税方法

采用复合计税的应纳税额计算公式为：

$$应纳税额 = \frac{应税消费品}{销售额} \times \frac{消费税}{比例税率} + \frac{应税消费品}{销售数量} \times 消费税单位税额$$

适用复合计税方法的有卷烟和白酒。

实务操作7：

　　某卷烟厂为一般纳税人，2021年7月销售3 000标准箱卷烟给某烟草批发公司，开具增值税专用发票，注明不含税销售额为6 500万元。计算该卷烟厂应纳的消费税税额。

　　解析：每标准箱含250标准条卷烟，每标准条含200支卷烟。

　　　　该卷烟每条价格＝65 000 000÷3 000÷250＝86.67（元）

　　所以判定该卷烟是甲类卷烟，适用比例税率为56%，单位税额为0.003元/支。

　　　　折合每箱税额＝50 000×0.003＝150（元）

　　　　该卷烟厂当月销售卷烟应纳消费税税额＝6 500×56%＋3 000×150

　　　　　　　　　　　　　　　　　　　　＝453 640（元）

二、生产环节应纳税额的计算

（一）正常生产销售应税消费品

　　正常的生产销售企业将自己生产的应税消费品对外销售，按照上述三种计税方法计算缴纳消费税。

（二）自产自用应税消费品

　　自产自用应税消费品是指生产者自己生产、自己使用，未对外销售的应税消费品。

　　1. 自产自用应税消费品的纳税情况

　　（1）纳税人将自产的应税消费品用于连续生产应税消费品的，不缴纳消费税。因为消费税实行单环节征收，只对最终消费品征税，对中间消费品不征税。这体现了税不重征和计税简便的原则，避免了重复征税。例如：高尔夫球具生产厂以自己生产的杆头、杆身和握把为原料生产高尔夫球杆，杆头、杆身和握把已是应税消费品，高尔夫球具厂再用生产出的杆头、杆身和握把连续生产高尔夫球杆，这样，用于连续生产高尔夫球杆的杆头、杆身和握把就不再缴纳消费税，只对生产的高尔夫球杆征收消费税。

　　（2）纳税人将自产的应税消费品用于连续生产非应税消费品的，缴纳消费税。由于非应税消费品已经超出消费税的征税范围，为了避免税款流失和体现税收公平，纳税人将自产的应税消费品用于连续生产非应税消费品时缴纳消费税。

　　（3）纳税人将自产的应税消费品用于生产外其他方面的，缴纳消费税。所谓"用于生产外其他方面"，是指纳税人将自产的应税消费品用于在建工程、管理部门、非生产机构、提供劳务，以及用于馈赠、赞助、集资、广告、样品、职工福利、奖励等方面。

　　（4）纳税人用于换取生产资料、消费资料、投资入股、抵偿债务等方面的应税消费品，应当以纳税人同类应税消费品的最高销售价格作为计税依据缴纳消费税。

2. 自产自用应税消费品应纳税额的计算

纳税人自产自用的应税消费品用于生产非应税消费品和生产外其他方面的，其销售额的确定顺序如下：

（1）按照纳税人生产的同类消费品的销售价格计算纳税。

同类消费品的销售价格，是指纳税人或者代收代缴义务人当月销售的同类消费品的销售价格。如果当月同类消费品各期销售价格高低不同，应按销售数量加权平均计算。但销售的应税消费品有下列情况之一的，不得列入加权平均计算：①销售价格明显偏低并无正当理由的；②无销售价格的。如果当月无销售或者当月未完结，应按照同类消费品上月或者最近月份的销售价格计算纳税。

（2）没有同类消费品销售价格的，按照组成计税价格计算纳税。

①实行从价定率办法计算纳税的组成计税价格公式为：

$$组成计税价格 = \frac{成本 + 利润}{1 - 比例税率} = \frac{成本 \times (1 + 成本利润率)}{1 - 比例税率}$$

$$应纳消费税税额 = 组成计税价格 \times 比例税率$$

②实行复合计税办法计算纳税的组成计税价格公式为：

$$组成计税价格 = \frac{成本 + 利润 + 销售数量 \times 单位税额}{1 - 比例税率}$$

$$应纳消费税税额 = 组成计税价格 \times 比例税率 + 销售数量 \times 单位税额$$

注意：上述公式中，"成本"是指应税消费品的生产成本，"利润"是指根据应税消费品的全国平均成本利润率计算的利润。应税消费品的平均成本利润率由国家税务总局确定，具体如下：

①20%：高档手表；

②10%：甲类卷烟、电子烟、粮食白酒、高尔夫球及球具和游艇；

③8%：乘用车；

④7%：涂料；

⑤6%：摩托车、贵重首饰及珠宝玉石；

⑥5%：乙类卷烟、雪茄烟、烟丝、薯类白酒、其他酒、高档化妆品、鞭炮、焰火、木制一次性筷子、实木地板和中轻型商用客车；

⑦4%：电池。

实务操作8：

　　某酒厂用外购的粮食自行加工成粮食白酒，2021年6月由于职工福利等使用了2吨。市场上同类消费品的销售价格为1.6万元/吨，该消费品适用的消费税税率为20%，定额税率为0.5元/500克。其应纳消费税税额是多少？

解析：

应纳消费税税额 = 16 000 × 2 × 20% + 0.5 × 2 × 2 000 = 8 400（元）

实务操作 9：

某化妆品公司将一批新研制的高档化妆品用于馈赠客户，这批高档化妆品没有同类产品价格，成本为 6 800 元，成本利润率为 5%。其组成计税价格是多少？

解析：

$$组成计税价格 = \frac{成本 \times (1 + 成本利润率)}{1 - 比例税率} = \frac{6\,800 \times (1 + 5\%)}{1 - 15\%} = 8\,400(元)$$

三、委托加工环节应纳税额的计算

（一）纳税情况

（1）委托加工的应税消费品，除受托方为个人外，由受托方在向委托方交货时代收代缴税款。

（2）委托个人加工的应税消费品，由委托方收回后缴纳消费税。

（3）委托加工的应税消费品收回后直接出售的，不再缴纳消费税。

（4）委托加工收回的应税消费品，用于连续生产应税消费品的，委托加工环节已纳的消费税税款准予按规定抵扣。

（二）应纳税额的计算

委托加工的应税消费品，按照受托方的同类消费品的销售价格计算纳税。没有同类消费品销售价格的，按照组成计税价格计算纳税。

（1）实行从价定率办法计算纳税的组成计税价格公式为：

$$组成计税价格 = \frac{材料成本 + 加工费}{1 - 比例税率}$$

（2）实行复合计税办法计算纳税的组成计税价格公式为：

$$组成计税价格 = \frac{材料成本 + 加工费 + 委托加工数量 \times 单位税额}{1 - 比例税率}$$

其中，"材料成本"是指委托方提供的加工材料的实际成本，"加工费"是受托方加工应税消费品向委托方收取的全部费用（包括代垫辅助材料的实际成本，但不包括增值税税金）。

实务操作 10：

某酒厂委托 A 酒厂加工白酒 10 吨，材料成本 54 500 元，加工费用 24 000 元，加工的白酒当地无同类产品市场价格。计算 A 酒厂应代收代缴的消费税。

解析：由于加工的白酒无同类产品市场价格，采用组成计税价格征税，白酒采用复合计税，比例税率为20%，单位税额为0.5元/500克。

$$组成计税价格=\frac{材料成本+加工费+委托加工数量×单位税额}{1-比例税率}$$

$$=\frac{54\ 500+24\ 000+10\ 000×2×0.5}{1-20\%}$$

$$=110\ 625(元)$$

$$A酒厂应代收代缴的消费税税额=110\ 625×20\%+10\ 000×2×0.5$$

$$=32\ 125（元）$$

四、进口环节应纳税额的计算

纳税人进口应税消费品应纳消费税的计算和增值税的计算类似，也是用组成计税价格来计算。组成计税价格包括关税完税价格、关税和消费税税率三个组成部分。

进口环节消费税除国务院另有规定者外，一律不得给予减税、免税。

1. 进口一般应税消费品应纳税额计算

（1）实行从价定率办法计税的计算公式为：

$$组成计税价格=\frac{关税完税价格+关税}{1-比例税率}$$

$$应纳消费税税额=组成计税价格×比例税率$$

（2）实行从量定额办法计税的计算公式为：

$$应纳消费税税额=进口应税消费品数量×单位税额$$

（3）实行复合计税办法计税的计算公式为：

$$组成计税价格=\frac{关税完税价格+关税+核定进口数量×单位税额}{1-比例税率}$$

$$应纳消费税税额=组成计税价格×比例税率+核定进口数量×单位税额$$

2. 进口卷烟应纳消费税的计算

（1）为统一进口卷烟与国产卷烟的消费税政策，进口卷烟消费税适用比例税率按以下办法确定：

①每标准条进口卷烟（200支）确定消费税适用比例税率的价格=（关税完税价格+关税+消费税定额税)÷(1-消费税税率)；

②每标准条进口卷烟（200支）确定消费税适用比例税率的价格≥70元人民币的，适用比例税率56%；每标准条进口卷烟（200支）确定消费税适用比例税率的价格<70元人民币的，适用比例税率36%。

（2）纳税人应税消费品的计税价格明显偏低并无正当理由的，由主管税务机关核定其计税价格。

实务操作 11：

某烟草公司 2021 年 11 月进口卷烟 10 箱（每箱 250 条，每条 200 支），关税完税价格为 10 万元人民币，进口卷烟关税税额为 2.5 万元人民币。计算该批卷烟在进口环节应缴纳的消费税。

解析：消费税定额税率为每标准箱 150 元（依据税率表，按每标准条 200 支纳税 0.6 元计算），比例税率为 36%，标准条数为 2 500 条，则

$$\text{每标准条卷烟适用比例税率的价格} = \frac{\text{关税完税价格} + \text{关税} + \text{卷烟进口数量} \times \text{单位税额}}{(1 - \text{比例税率}) \times (\text{卷烟箱数} \times \text{卷烟标准条数})}$$

$$= \frac{100\,000 + 25\,000 + 10 \times 150}{(1 - 36\%) \times (10 \times 250)}$$

$$= 79.06 \text{（元）}$$

由于 79.06 元 > 70 元，因此适用的比例税率为 56%。

$$\text{进口卷烟应纳消费税税额} = \frac{100\,000 + 25\,000 + 10 \times 150}{1 - 56\%} \times 56\% + 10 \times 150$$

$$= 162\,500 \text{（元）}$$

五、消费税已纳税款扣除的计算

（一）外购应税消费品已纳税款的扣除

由于消费税是单环节征收，为了避免重复征税，税法规定，将外购应税消费品继续生产应税消费品销售的，准予从应纳消费税税额中按当期生产领用数量计算扣除外购应税消费品已纳的消费税税款。

1. 扣除范围

（1）外购已税烟丝生产的卷烟；

（2）外购已税酒和酒精生产的酒（包括以外购已税白酒加浆降度，用外购已税的不同品种的白酒勾兑的白酒，用曲香、香精对外购已税白酒进行调香、调味以及外购散装白酒装瓶出售等等）；

（3）外购已税化妆品生产的化妆品；

（4）外购已税护肤护发品生产的护肤护发品；

（5）外购已税珠宝玉石生产的贵重首饰及珠宝玉石；

（6）外购已税鞭炮、焰火生产的鞭炮、焰火。

注意：（1）外购已税消费品的买价是指购货发票上注明的销售额（不包括增值税税款）。

（2）允许抵扣税额的只涉及同一税目中的购入应税消费品的连续加工，不能跨税目抵扣。

（3）纳税人用外购的已税珠宝玉石生产的改在零售环节征收消费税的金银首饰（镶嵌首饰），在计税时一律不得扣除外购珠宝玉石的已纳税款。

（4）允许扣除已纳税款的应税消费品只限于从工业企业购进的应税消费品和进口环节已缴纳消费税的应税消费品，对从境内商业企业购进应税消费品的已纳税款一律不得扣除。

2. 计算公式

对于上述范围外购的应税消费品，当期准予扣除的已纳消费税税款计算公式为：

（1）实行从价定率办法计算应纳税额：

$$\text{当期准予扣除的外购应税消费品已纳税额} = \text{当期准予扣除的外购应税消费品买价} \times \text{外购应税消费品适用税率}$$

其中，

$$\text{当期准予扣除的外购应税消费品买价} = \text{期初库存的外购应税消费品买价} + \text{当期购进的应税消费品买价} - \text{期末库存的外购应税消费品买价}$$

注意：①消费税按生产领用量抵扣，不同于增值税的购进扣税。

②消费税须自行计算抵扣，不同于增值税的凭专用发票抵扣。

③外购应税消费品买价为纳税人取得的发票（含销货清单）注明的应税消费品的销售额。

（2）实行从量定额办法计算应纳税额：

$$\text{当期准予扣除的外购应税消费品已纳税额} = \text{当期准予扣除外购应税消费品数量} \times \text{外购应税消费品单位税额}$$

$$\text{当期准予扣除外购应税消费品数量} = \text{期初库存外购应税消费品数量} + \text{当期购进外购应税消费品数量} - \text{期末库存外购应税消费品数量}$$

注意：纳税人用外购的已税珠宝玉石生产的改在零售环节征收消费税的金银首饰（镶嵌首饰），在计税时不得扣除外购珠宝玉石的已纳税额。

（二）委托加工收回的应税消费品已纳税款的扣除

委托加工收回的应税消费品，因为已由受托方代收代缴消费税，因此，委托方货物收回后继续用于连续生产应税消费品时，其在委托加工环节已纳的消费税税款按生产领用数量准予扣除。

1. 扣除范围

（1）以委托加工收回的已税烟丝为原料生产的卷烟；

（2）以委托加工收回的已税酒和酒精为原料生产的酒；

（3）以委托加工收回的已税化妆品为原料生产的化妆品；

（4）以委托加工收回的已税护肤护发品为原料生产的护肤护发品；

（5）以委托加工收回已税珠宝玉石为原料生产的贵重首饰及珠宝玉石；

（6）以委托加工收回已税鞭炮、焰火为原料生产的鞭炮、焰火。

注意：已纳消费税税款是指委托加工的应税消费品由受托方代收代缴的消费税。

2. 计算公式

对于上述范围委托加工收回的应税消费品，当期准予扣除的已纳消费税税款计算公式为：

$$\text{当期准予扣除的委托加工应税消费品已纳税额} = \text{期初库存的委托加工应税消费品已纳税款} + \text{当期收回的委托加工应税消费品已纳税额} - \text{期末库存的委托加工应税消费品已纳税额}$$

纳税人用委托加工收回的已税珠宝玉石生产的改在零售环节征收消费税的金银首饰，在计税时一律不得扣除委托加工收回的珠宝玉石的已纳消费税税款。

实务操作 12：

某卷烟厂委托某烟丝加工厂（小规模纳税人）加工一批烟丝，卷烟厂提供的烟叶在委托合同上注明成本 8 万元。烟丝加工完，卷烟厂提货时，加工厂收取加工费，开具的增值税普通发票上注明金额为 1.236 万元，并代收代缴了烟丝的消费税。卷烟厂将这批加工收回的烟丝的 50% 直接对外销售，收入 6.5 万元，另 50% 当月全部用于生产卷烟。本月销售卷烟 40 标准箱，取得不含税收入 60 万元。烟丝、卷烟消费税税率分别为 30% 和 56%，固定税额每标准箱 150 元。

要求：计算卷烟厂应纳的消费税税额及受托方应纳的增值税税额。

解析：

（1）受托方收取的不含增值税的加工费 $= \dfrac{1.236}{1+3\%} = 1.2$（万元）

委托加工烟丝的组成价格 $= \dfrac{8+1.2}{1-30\%} = 13.14$（万元）

受托方代收代缴烟丝的消费税 $= 13.14 \times 30\% = 3.94$（万元）

委托方加工收回的上述烟丝直接对外销售，不再缴纳消费税。

卷烟厂销售卷烟应纳消费税为：

从量定额征收的消费税 $= \dfrac{40 \times 150}{10\,000} = 0.6$（万元）

从价定率征收的消费税 $= 60 \times 56\% = 33.6$（万元）

应纳消费税税额 $= 0.6 + 33.6 - 3.94 \times 50\% = 32.23$（万元）

（2）受托方应纳增值税税额 $= \dfrac{1.236}{1+3\%} \times 3\% = 0.04$（万元）

实务操作 13：

甲化妆品公司为增值税一般纳税人，2021 年 6 月委托乙厂加工化妆品，收回时被抵扣代缴消费税 500 元。甲化妆品公司将收回的化妆品继续加工生产化妆品出售，当月销售额为 15 000 元。甲化妆品公司期初库存的委托加工应税消费品已纳税额 300 元，期末库存的委托加工应税消费品已纳税额 380 元。化妆品适用税率 15%。

要求：（1）计算甲化妆品公司当月准予扣除的委托加工应税消费品已纳税额；

（2）计算甲化妆品公司当月应纳消费税额。

解析：（1）当月准予扣除的委托加工应税消费品已纳税额＝300＋500－380＝420（元）

（2）当月应纳消费税额＝15 000×15%－420＝1 830（元）

第四节

消费税的出口退（免）税

一、消费税出口退（免）税的内容

根据《中华人民共和国消费税暂行条例》的规定，除国务院另有规定外，对纳税人出口的应税消费品，免征消费税。消费税出口退税在政策上分为下述三种。

（一）出口免税并退税

有出口经营权的外贸企业购进后直接出口的应税消费品，以及外贸企业受其他外贸企业的委托代理出口的应税消费品，出口免税并退税。

（二）出口免税但不退税

有出口经营权的生产企业自营出口或生产企业委托外贸企业代理出口自产的应税消费品，依据实际出口的数量免征消费税，但不退税。

（三）出口不免税也不退税

除生产企业、外贸企业以外的其他企业出口的应税消费品，不免税也不退税。

二、出口应税消费品退税额的计算

计算出口应税消费品应退消费税的税率或单位税额，依据《中华人民共和国消费税暂行条例》所附消费税税目税率表执行，即退税率等于征税率。企业应将不同消费税税率的出口应税消费品分开核算和申报，凡划分不清适用税率的，一律从低适用税率计算应退消费税税额。应退消费税税额的计算分为下述三种情况。

（一）属于从价定率办法征收消费税的应税消费品

属于从价定率办法征收消费税的应税消费品，应依照外贸企业从工厂购进货物时征收消费税的价格计算应退消费税税额。其计算公式为：

$$应退消费税税额＝出口货物的工厂销售额×比例税率$$

（二）属于从量定额办法征收消费税的应税消费品

属于从量定额办法征收消费税的应税消费品，应依照货物购进和报关出口的数量计算应退消费税税额。其计算公式为：

$$应退消费税税额＝出口数量×单位税额$$

（三）属于复合计税办法征收消费税的应税消费品

属于复合计税办法征收消费税的应税消费品，应依照货物购进和报关出口的数量以及外贸企业从工厂购进货物时征收消费税的价格计算应退消费税税额。其计算公式为：

$$应退消费税税额＝出口货物的工厂销售额×消费税税率＋出口数量×单位税额$$

第五节

消费税的申报和缴纳

一、纳税义务发生时间

（1）纳税人销售应税消费品，其纳税义务发生时间就是确认收入实现的时间，具体表现为：

①纳税人采取赊销和分期收款结算方式的，其纳税义务发生时间为销售合同规定的

收款日期的当天。

②纳税人采取预收货款结算方式的，其纳税义务发生时间为发出应税消费品的当天。

③纳税人采取托收承付和委托收款结算方式的，其纳税义务发生时间为发出应税消费品并办妥托收手续的当天。

④纳税人采取其他结算方式的，其纳税义务发生时间为收取销货款或取得索取销货款凭据的当天。

（2）纳税人自产自用的应税消费品，其纳税义务发生时间为移送使用的当天。

（3）纳税人委托加工的应税消费品，其纳税义务发生时间为纳税人提货的当天。

（4）纳税人进口的应税消费品，其纳税义务发生时间为纳税人报关进口的当天。

二、纳税期限

消费税的纳税期限分别为 1 日、3 日、5 日、10 日、15 日、1 个月或者 1 个季度。纳税人的具体纳税期限，由主管税务机关根据纳税人应纳税额的大小分别核定；不能按照固定期限纳税的，可以按次纳税。纳税人以 1 个月或者 1 个季度为 1 个纳税期的，自期满之日起 15 日内申报纳税；以 1 日、3 日、5 日、10 日或者 15 日为 1 个纳税期的，自期满之日起 15 日内预缴税款，于次月 1 日起 15 日内申报纳税并结清上月应纳税款。

纳税人进口应税消费品，应当自海关填发海关进口消费税专用缴款书之日起 15 日内缴纳税款。

三、纳税地点

消费税的纳税地点可分为以下几种情况：

（1）纳税人到外县（市）销售或者委托外县（市）代销自产应税消费品的，于应税消费品销售后，向机构所在地或者居住地主管税务机关申报纳税。

（2）纳税人的总机构与分支机构不在同一县（市）的，应当分别向各自机构所在地的主管税务机关申报纳税；经财政部、国家税务总局或者其授权的财政、税务机关批准，可以由总机构汇总向总机构所在地的主管税务机关申报纳税。

（3）委托个人加工的应税消费品，由委托方向其机构所在地或者居住地主管税务机关申报纳税。

（4）进口的应税消费品，由进口人或者其代理人向报关地海关申报纳税。

四、纳税环节

（一）生产销售环节（含委托加工业务）

（1）纳税人生产的应税消费品，对外销售的，在销售时纳税；

（2）纳税人自产自用的应税消费品，用于连续生产应税消费品的，不纳税；

（3）纳税人自产自用的应税消费品，用于其他方面的，于移送使用时纳税；

（4）委托单位加工的应税消费品，由受托方在向委托方交货时代收代缴税款；

（5）委托个人加工的应税消费品，由委托方收回后缴纳消费税。

（二）进口环节

进口应税消费品，应缴纳关税、进口消费税和进口增值税，由海关代征，于报关进口时纳税。

（三）零售环节

（1）豪华小汽车、金银首饰、钻石及钻石饰品、铂金首饰等在零售环节征收消费税；

（2）纳税人从事零售业务（含以旧换新）的，在零售时纳税；

（3）用于馈赠、赞助、集资、广告、样品、职工福利、奖励等方面的，在移送时纳税；

（4）带料加工、翻新改制的，在受托方交货时纳税。

（四）批发环节

自 2009 年 5 月 1 日起，卷烟在批发环节加征一道从价计征的消费税。自 2022 年 11 月 1 日起，电子烟批发环节的消费税税率为 11%。

卷烟在批发环节缴纳消费税的具体情况如下：

（1）如果是卷烟厂将生产出的卷烟批发给烟草批发企业，那么烟厂只要缴纳一箱 150 元的定额税及 56% 或 36% 的从价消费税。

（2）如果烟草（批发）销售企业将从烟厂购买的卷烟又销售给零售单位，那么烟草（批发）销售企业要再缴纳一道 5% 的从价税。自 2015 年 5 月 10 日起，将卷烟批发环节从价税税率由 5% 提高至 11%，并按 0.005 元/支加征从量税，即采用复合计税方法征收应纳消费税。

（3）如果烟草（批发）销售企业又将卷烟销售给了其他的烟草（批发）销售企业，则不用纳税。

（4）卷烟消费税在生产和批发两个环节征收后，批发企业在计算纳税时不得扣除已含的生产环节的消费税税款。

五、纳税申报表的填写

消费税几经调整，纳税申报表也随之变化。2021 年 5 月 1 日起，使用如表 3-2 所示的纳税申报表。

表 3－2　　　　　　　　　　消费税及附加税费申报

税款所属期：自　　年　月　日至　　年　月　日

纳税人识别号（统一社会信用代码）：☐☐☐☐☐☐☐☐☐☐☐☐☐☐☐☐☐☐

纳税人名称：　　　　　　　　　　　　　　　　　　　　金额单位：人民币元（列至角分）

应税消费品名称＼项目	适用税率		计量单位	本期销售数量	本期销售额	本期应纳税额
	定额税率	比例税率				
	1	2	3	4	5	6＝1×＋2×5
合　计	——	——			——	——

	栏次	本期税费额
本期减（免）税额	7	
期初留抵税额	8	
本期准予扣除税额	9	
本期应扣除税额	10＝8＋9	
本期实际扣除税额	11［10＜（6－7），则为10，否则为6－7］	
期末留抵税额	12＝10－11	
本期预缴税额	13	
本期应补（退）税额	14＝6－7－11－13	
城市维护建设税本期应补（退）税额	15	
教育费附加本期应补（退）费额	16	
地方教育附加本期应补（退）费额	17	

　　声明：此表是根据国家税收法律法规及相关规定填写的，本人（单位）对填报内容（及附带资料）的真实性、可靠性、完整性负责。

　　　　　　　　　　　　　　　　　　　　　　纳税人（签章）：　　年　月　日

经办人： 经办人身份证号： 代理机构签章： 代理机构统一社会信用代码：	受理人： 受理税务机关（章）： 受理日期：　　年　月　日

育人园地

消费税调整一小步，促进产业技术进步一大步

　　消费税主要是作为辅助税种，体现的是国家的产业政策取向和宏观经济意图。

　　消费税对经济的影响，从宏观角度来讲主要体现在对产业结构的影响，即国家支持什么产业发展，限制什么产业发展。从微观角度看，主要是通过对消费量的调节来影响企业生产。

可见，消费税的开征将通过引起商品价格的变动来影响人们的选择行为，进而影响生产和消费。

理论上讲，税收会产生收入效应和替代效用。消费税的征收会提高售价，在收入效应下，人们觉得自己的收入相对而言下降了，因此会减少消费量；而在替代效应下，人们会选择没有征收消费税的同类商品来替代被征税的商品。

对实木地板和木制一次性筷子征税，将会使人们更多地选择复合木地板和其他材料制成的一次性筷子。据报道，有的国家不但成功应用废纸、木屑、秸秆和芦苇等材料制作地板、房屋的墙体等一般建材，甚至可以用来制作飞机、汽车的外壳。我国的企业在这方面做得还远远不够。同样，人们购买汽车追求的并不是排量大而是动力性好，对大排放量乘用车消费税率的提高，短期内的确会影响大排量汽车的销售前景，但是，生产企业同样可以通过对汽车引擎的技术改进，使小排量的发动机输出的功率和马力达到以前较大排量发动机才能实现的目标。在现实生活中，涡轮增压技术就已经应用于部分车型了。

而加快对太阳能汽车、天然气汽车的研究和产业化，将会极大降低对石油等传统能源的依赖，不但能规避消费税对企业带来的不利影响，而且保护了环境。例如：消费税对子午线轮胎免税，也是因为子午线轮胎技术先进、安全节能，属于国家鼓励发展的产品，可以通过免税来降低其价格，鼓励人们购买使用。

企业将通过产业转型和技术升级来应对税改。可见，生产企业的产业转型和技术升级是应对消费税的最佳路径。通过技术进步，不仅能规避消费税带来的成本提升，还能抢占行业的技术制高点。改革开放以来，很多企业在发展过程中，不注意节能和环保，不重视技术创新。虽然在我国，"产业结构转型"的口号提出很多年了，但我国却被人们戏称作"世界工厂"。造成这一局面的原因是多方面的，政策的因素也是重要的一环。虽然消费税作为辅助税种的效力有限，但却预示了国家宏观产业政策向鼓励企业注重环保、节能和技术创新的转变。

从这个角度看，消费税调整的一小步，不仅不是企业发展的包袱，反而是促进产业技术进步的一大步。

本章小结

消费税是对在我国境内从事生产、委托加工、零售及进口应税消费品的单位和个人，就其销售额或销售数量征收的一种税。消费税设有15个税目，适用税率有比例税率、定额税率和复合税率三种形式，实行单一环节征收（卷烟和超豪华小汽车除外），采用从价定率计税、从量定额计税和复合计税三种方法。

课后练习

一、单项选择题

1. 关于消费税的说法，正确的是（ ）。

A. 消费税是针对所有消费品征收的

B. 消费税是在商品的生产环节征收

C. 增值税纳税人均为消费税纳税人

D. 征收消费税的商品均属于增值税的征收范围

2. 消费税的特征不包括（　　）。

A. 实行多环节征收　　　　　　　　B. 征收方法多样化

C. 采用产品差别税率　　　　　　　D. 征税范围具有一定的选择性

3. 在批发环节也要征收消费税的商品为（　　）。

A. 甲类卷烟　　　　B. 金银首饰　　　　C. 烟丝　　　　D. 白酒

4. 适用复合税率的应税消费品是（　　）。

A. 黄酒　　　　　　B. 卷烟　　　　　　C. 化妆品　　　　D. 电池

5. 成品油税目的子税目不包括（　　）。

A. 柴油　　　　　　B. 食用油　　　　　C. 润滑油　　　　D. 溶剂油

6. 消费税应纳税额的计算方法不包括（　　）。

A. 从价定率计税　　　　　　　　　B. 从量定额计税

C. 从价定率和从量定额复合计税　　D. 超额累进计税

7. 在征收消费税时，应使用从价定率和从量定额复合计税方法计算的商品是（　　）。

A. 金银首饰　　　　B. 卷烟　　　　　　C. 黄酒　　　　　D. 汽油

8. 某酒厂为一般纳税人，对外销售黄酒 11 吨，每吨不含税单价为 3 500 元。已知该类黄酒适用的定额税率为 240 元/吨，则该酒厂消费税应纳税额为（　　）。

A. 35 700　　　　　B. 2 640　　　　　　C. 7 700　　　　　D. 10 340

9. 某酒厂为一般纳税人，销售白酒 800 千克，取得不含增值税的销售额为 9 000 元。已知白酒的比例税率为 20%，定额税率为 0.5 元/500 克，则该酒厂的消费税应纳税额为（　　）元。

A. 800　　　　　　 B. 1 800　　　　　　C. 2 200　　　　　D. 2 600

10. 下列各项中，不征收消费税的是（　　）。

A. 批发销售卷烟　　　　　　　　　B. 将自产烟丝用于连续生产卷烟

C. 零售钻石及钻石饰品　　　　　　D. 零售超豪华小汽车

11. 纳税人自产自用的应税消费品用于管理部门使用的，如果该消费品采用从价定率和从量定额复合计税的方法，则其组成计税价格的计算公式是（　　）。

A. 组成计税价格＝（成本＋利润）÷（1－比例税率）

B. 组成计税价格＝（成本＋利润＋自产自用数量×定额税率）×（1－比例税率）

C. 组成计税价格＝（成本＋利润）÷（1－比例税率）＋自产自用数量×定额税率

D. 组成计税价格＝（成本＋利润＋自产自用数量×定额税率）÷（1－比例税率）

12. 进口应税消费品在报关进口时由海关代为征收进口环节应纳消费税，应采用从价定率方法计算应纳税额。其组成计税价格的计算公式是（　　）。

A. 组成计税价格＝关税完税价格÷（1－比例税率）

B. 组成计税价格＝关税完税价格×（1＋比例税率）

C. 组成计税价格＝（关税完税价格＋关税）÷（1－比例税率）

D. 组成计税价格＝（关税完税价格＋关税）×（1＋比例税率）

二、多项选择题

1. 下列各项中，不征收消费税的有（　　）。

A. 高尔夫球具厂生产销售高尔夫球帽　　B. 筷子厂销售自产工艺筷子

C. 商店零售葡萄酒　　　　　　　　　　D. 电池厂生产销售电池

2. 关于包装物计征消费税的规定，正确的有（　　）。

A. 销售啤酒收取的包装物押金，在逾期不再退还时或收取时间超过12个月时才并入销售额

B. 对应税消费品（酒类产品除外）收取的包装物押金，未逾期且收取时间不超过1年的押金不计入收入，不征收消费税

C. 销售酒类产品（啤酒、黄酒除外）所收取的包装物押金，应并入酒类产品的销售额中一起征收消费税

D. 应税消费品在销售时连同包装物销售的，应并入应税消费品的销售额中一起征收消费税

3. 消费税的计税依据有销售额和销售数量两种，其应纳税额的计算方法包括（　　）。

A. 从价定率计税　　　　　　　　B. 超额累进计税

C. 从量定额计税　　　　　　　　D. 从价定率从量定额相结合的复合计税

4. 销售额为纳税人销售应税消费品向购买方收取的全部价款和价外费用，具体包括（　　）。

A. 价外收取的包装物租金

B. 符合特定条件代收的政府性基金

C. 符合特定条件代收的行政事业性收费

D. 应向购货方收取的增值税税款

5. 根据消费税法律制度的规定，下列有关卷烟的说法中，正确的有（　　）。

A. 烟草批发企业将卷烟销售给其他烟草批发企业的不缴纳消费税

B. 纳税人兼营卷烟批发和零售业务的，应当分别核算批发和零售环节的销售额、销售数量；未分别核算批发和零售环节销售额、销售数量的，按照全部销售额、销售数量计征批发环节消费税

C. 卷烟消费税改为在生产和批发两个环节征收后，批发企业在计算应纳税额时可以扣除已含的生产环节的消费税税款

D. 纳税人自产自用的卷烟应当按照纳税人生产的同牌号规格的卷烟销售价格确定征税类别和适用税率

6. 关于销售数量的具体规定，正确的有（　　）。

A. 销售应税消费品的，为应税消费品的销售数量

B. 进口应税消费品的，为海关核定的应税消费品进口征税数量

C. 委托加工应税消费品的，为纳税人收回的应税消费品数量

D. 自产自用应税消费品的，为应税消费品的生产数量

7. 纳税人自产自用的应税消费品用于其他方面的，应于移送使用时纳税，其中属于用于其他方面的项目有（　　）。

A. 提供劳务　　　　　　　　　B. 职工福利

C. 赞助　　　　　　　　　　　D. 生产非应税消费品

8. 下列各项中，准予抵扣外购应税消费品已纳消费税的有（　　）。

A. 外购已税烟丝生产的卷烟

B. 外购已税木制一次性筷子为原料生产的木制一次性筷子

C. 外购已税珠宝玉石生产的贵重首饰及珠宝玉石

D. 外购已税化妆品生产的化妆品

9. 关于消费税纳税环节的说法，正确的有（　　）。

A. 纳税人生产的应税消费品，应于纳税人销售时纳税

B. 纳税人自产自用的应税消费品，用于连续生产应税消费品的，不纳税

C. 纳税人自产自用的应税消费品，用于其他方面的，于移送使用时纳税

D. 实木地板在批发环节纳税

10. 下列关于消费税纳税义务发生时间的表述中，正确的有（　　）。

A. 采取赊销和分期收款结算方式的，为发出应税消费品的当天

B. 纳税人自产自用应税消费品的，为移送使用的当天

C. 纳税人进口应税消费品的，为报关进口的当天

D. 纳税人委托加工应税消费品的，为纳税人提货的当天

三、判断题

（　　）1. 消费税是在对所有货物普遍征收增值税的基础上选择少量消费品征收的，因此，消费税的纳税人同时也是增值税的纳税人。

（　　）2. 凡是以烟叶为原料加工生产的产品，不论使用何种辅料，均属于烟税目的征收范围。

（　　）3. 体育上用的发令纸不征收消费税。

（　　）4. 舞台、戏剧、影视演员化妆用的上妆油、卸妆油、油彩，不征收消费税。

（　　）5. 金银首饰连同包装物销售的，无论包装是否单独计价，也无论会计上如何核算，均应并入金银首饰的销售额计征消费税。

（　　）6. 销售额为纳税人销售应税消费品向购买方收取的全部价款和价外费用，包括应向购货方收取的增值税税款。

（　　）7. 应税消费品在销售时连同包装物销售的，无论包装物是否单独计价，或在

会计上如何核算，均应并入应税消费品的销售额中一起征收消费税。

（　　）8. 根据消费税法律制度的规定，纳税人以 1 个月或者 1 个季度为 1 个纳税期的，自期满之日起 10 日内申报纳税。

（　　）9. 白酒生产企业向商业销售单位收取的品牌使用费，是随着应税白酒的销售向购货方收取的，属于应税白酒销售价款的一部分。不论企业采取何种方式或以何种名义收取价款，均应并入白酒的销售额中缴纳消费税。

（　　）10. 纳税人销售的应税消费品，如因质量等原因被购买者退回，经机构所在地或者居住地主管税务机关审核批准后，可退还已缴纳的消费税税款。

四、实务训练

1. 某白酒厂为一般纳税人，2021 年 3 月向一小规模纳税人销售白酒 2 000 千克，开具增值税普通发票上注明含增值税价款为 93 600 元，同时收取单独核算的包装物押金 2 000 元。

要求：计算该白酒厂当月消费税应纳税额。

2. 某啤酒厂为一般纳税人，2021 年 6 月向某超市销售 6 吨啤酒，开具增值税专用发票上注明不含增值税价款为 52 000 元，同时收取包装物押金 1 000 元（未逾期）。已知该种类啤酒的消费税税率为 250 元/吨。

要求：计算该啤酒厂当月消费税应纳税额。

3. 某卷烟厂为一般纳税人，2021 年 4 月外购了一批烟丝，取得增值税专用发票上注明不含增值税价款为 140 000 元，当月生产卷烟领用了部分烟丝，期初库存的外购烟丝成本为 26 000 元，期末库存烟丝成本为 78 000 元。

要求：计算该卷烟厂当月应纳消费税中可扣除的消费税税额。

4. 某汽车厂为一般纳税人，主要生产和销售 A 型小汽车。2021 年 5 月发生如下业务：

（1）销售 A 型小汽车 1 300 辆，销售价格为 84 000 元/辆（不含增值税）；

（2）将 2 辆 A 型小汽车移送本厂管理部门使用。已知该类型小汽车的消费税税率为 5%。

要求：计算该汽车厂当月消费税应纳税额。

5. 某企业将其生产的化妆品作为年终奖励发给职工，已知市场上无同类产品销售价格，该批化妆品的生产成本共计 84 000 元，成本利润率为 5%，适用税率为 15%。

要求：计算该企业该笔业务的消费税应纳税额。

6. 某企业 2021 年 12 月从国外进口一批化妆品，海关核定的关税完税价格为 210 000 元（关税税率为 10%，消费税税率为 15%），已取得海关开具的完税凭证。该企业把该批化妆品在国内销售，取得不含增值税销售收入 450 000 元。

要求：计算该企业该笔业务的消费税应纳税额。

7. 某黄酒厂 2021 年 5 月销售情况如下：

（1）销售瓶装黄酒 100 吨，每吨 5 000 元（含增值税），随黄酒发出不单独计价包装箱 1 000 个，一个月内退回，每个收取押金 100 元，共收取押金 100 000 元。

（2）销售散装黄酒 40 吨，取得含增值税的价款 180 000 元。

（3）作为福利发给职工黄酒 10 吨，参加展示会赞助 4 吨，每吨黄酒成本为 4 000 元，销售价格为 5 000 元（不含增值税）。

要求：计算该黄酒厂 5 月应纳消费税税额。

8.A 卷烟厂 2021 年 8 月发生如下经济业务：

（1）8 月 5 日购买一批烟叶，取得增值税专用发票注明的价款为 10 万元，增值税 1.3 万元。

（2）8 月 15 日，将 8 月 5 日购进的烟叶发往 B 烟厂，委托 B 烟厂加工烟丝，收到的增值税专用发票注明的支付加工费为 4 万元。B 烟厂无同类烟丝销售价格。

（3）A 卷烟厂收回烟丝后领用一半用于卷烟生产，另一半直接出售，取得价款 18 万元。

（4）8 月 25 日，A 卷烟厂销售卷烟 100 箱，每箱不含税售价 5 000 元，款项存入银行。

要求：计算 A 卷烟厂当期的应纳消费税税额。

9.美净化妆品公司（一般纳税人）出口兼内销，产品为化妆品。2021 年 4 月发生以下业务：

（1）委托欧雅日用品化工厂（以下简称欧雅厂）加工某种化妆品，收回后以其为原料，继续生产化妆品销售。欧雅厂本月收到美净化妆品公司价值 300 000 元的委托加工材料，并按合同约定代垫辅助材料 1 万元，应收加工费 30 000 元（不含增值税）；欧雅厂本月外购化妆品半成品一批，取得增值税专用发票注明销售额 200 000 元，开具增值税专用发票注明价款 240 000 元，销售给美净化妆品公司，货款已收妥。

（2）本月美净化妆品公司将委托加工收回的化妆品用于生产；本月销售化妆品 5 850 000 元（含增值税）给博美外贸企业；期初库存委托加工的化妆品 120 000 元；月末库存委托加工的化妆品 120 000 元；本月外购化妆品半成品 50% 用于生产。该外贸企业将购入的该批化妆品全部出口。

要求：计算 4 月欧雅日用品化工厂、美净化妆品公司销售化妆品应缴纳的消费税，以及博美外贸企业出口化妆品应退还的消费税。

10.某企业 2021 年 3 月发生下列业务：

（1）从国外进口一批 A 类化妆品，关税完税价格为 920 000 元，已缴纳关税 240 000 元。

（2）委托某工厂加工 B 类化妆品，提供原材料价值 67 000 元（不含税），支付加工费 1 400 元（不含税）。该批加工产品已收回（受托方没有 B 类化妆品同类市场销售价格）。

（3）销售本企业生产的 C 类化妆品，取得销售额 560 000 元（不含增值税）；"三八"妇女节，向全体女职工按市场价格发放 C 类化妆品，计税价格 9 000 元（不含增值税）。

要求：

（1）计算 A 类化妆品应纳消费税税额；

（2）计算 B 类化妆品应纳消费税税额；

（3）计算 C 类化妆品应纳消费税税额；

（4）计算该企业当月应纳消费税总额。

11. 某金店为一般纳税人，2021 年 4 月发生以下经济业务：

（1）直接零售金首饰，取得零售额 568 000 元；随同首饰销售配有首饰盒，另收取零售额 1 755 元。

（2）以旧换新销售金首饰，换出新首饰 500 克，收取差价款 81 900 元。

（3）零售包金首饰，取得零售额 40 000 元。

要求：计算该金店当月应纳消费税税额。

第四章

关税实务

【知识目标】

1. 熟识关税的概念和特点。

2. 熟识关税的纳税人、征税对象及税率。

3. 掌握能够判断货物"国籍"的方法——原产地规则。

4. 熟悉关税申报的时间、关税的补征和追征。

【能力目标】

1. 会根据纳税人的进出口业务，计算进出口货物和物品的完税价格，并会计算出应纳关税税额。

2. 会填写海关进口货物报关单。

导入案例

深圳某机电进出口企业从德国进口设备 1 台，以离岸价格成交，成交价格折合人民币 520 万元，其中包括买方向境外采购代理人支付的买方佣金 3 万元，但不包括向卖方支付的佣金 4 万元、使用该货物而向境外支付的商标使用费 10 万元，另支付运抵广州港的运费 35 万元、保险费 8 万元，支付广州港至本企业的陆运费 5 万元。

问题：支付的买方佣金、卖方佣金、商标使用费、陆运费是否应计入关税完税价格计征关税？

第一节

关税概述

一、关税的概念

关税是由海关按照相关法律规定，对进出国境或关境的货物和物品所征收的一种税。关境，又称海关境域或关税领域，是指一国海关法令全面有效实施的境域。国境是指一个主权国家的领土范围。

通常情况下，一国的关境与国境是一致的，包括国家全部的领土、领海、领空。但两者又不完全相同。在一些设有自由港、自由贸易区、保税仓库或出口加工区的国家，关境小于国境。如香港、澳门是中华人民共和国的特别行政区，但香港和澳门高度自治，保持了其自由港的地位，因而我国的国境大于关境。相反，一些建立关税同盟的国家，由于参加同盟的成员国之间取消了关税，彼此自由贸易，只对来自和运往非成员国的货物和物品进出同盟国的共同关境时才征收关税，其领土合为一个统一的关境，即关境等于各同盟国国境之和，这时关境就大于任何成员国的各自国境，如欧盟成员国。

关税在各国一般属于国家最高行政单位指定税率的高级税种，对于对外贸易发达的国家而言，关税往往是国家税收乃至国家财政的主要收入。政府对进出口商品都可征收关税，其中进口关税最为重要，是主要的贸易措施。

二、关税的特点

关税是一个比较特殊的税种，相对其他税种，关税具有下述特点。

（一）关税的征税对象是进出国境或关境的货物和物品

只有进出关境时，才可能被征收关税。此外，关税只能对各种有形的货物和物品征税，属于贸易性进出口的商品称为货物；属于入境旅客携带的、个人邮递的、运输工具服务人员携带的，以及用其他方式进口个人自用的非贸易性商品称为物品。

在封建社会，由于封建割据，导致国内关卡林立，重复征税，所以那时的关税主要为内地关税，它严重地阻碍了商品经济发展。资本主义生产方式取代封建生产方式之后，新兴资产阶级建立起统一的国家，主张国内自由贸易和商品自由流通，因而纷纷废除旧时的内地关税，实行统一的国境关税。进口货物征收关税之后，可以行销全国，不再征收进口关税。

关税不同于因商品交换或提供劳务取得收入而课征的流转税，也不同于因取得所得或拥有财产而课征的所得税或财产税，而是对特定货物和物品途经海关通道进出口征税，对进出关境的无形资产，如专利权等则无法征税。

（二）关税是单一环节的价外税

关税在货物和物品进出关境的环节一次性征收，进出关境的货物和物品在进出关境环节征收关税后，在国内流通环节就不再征收关税了，所以关税属于单一环节税。

关税是以不包含关税的货物和物品的成交价格作为计税依据的，所以属于价外税。但海关在征收增值税、消费税时，其计税依据要包括关税在内。

（三）关税有较强的涉外性

关税是对进出关境的货物征税，会间接涉及国外贸易伙伴的利益，进而影响国与国之间的贸易关系，是一个国家的重要税种。国家征收关税不单纯是为了满足政府财政上的需要，更重要的是利用关税来贯彻执行统一的对外经济政策，实现国家的政治经济目的。在我国现阶段，关税被用来争取实现平等互利的对外贸易，保护并促进国内工农业生产发展，为社会主义市场经济服务。我国是世界贸易组织（WTO）的正式成员国，国际贸易关系的调整也会影响我国关税的征收范围、税率、减免税等法律内容的制定。因此，关税是具有涉外色彩的特殊流转税。

（四）关税由海关征收

我国绝大多数税种都是由税务机关负责征收的，而关税由海关总署及其所属机构（简称海关）具体管理和征收，海关是关税的征收主体，征收关税是海关工作的一个重要组成部分。《中华人民共和国海关法》规定："中华人民共和国海关是国家的进出关境监督管理机关，海关依照本法和其他有关法律、法规，监督进出境的运输工具、货物、行李物品，征收关税和其他税费，查缉走私，并编制海关统计和其他海关业务。"

监督管理、征收关税和查缉走私是当前我国海关的三项基本任务。

（五）关税实行复式税则

关税的税则是关税课税范围及其税率的法则。复式税则又称多栏税则，是指一个税目设有两个或两个以上的税率，根据进口货物原产国的不同，分别适用不同的税率。复式税则是一个国家对外贸易政策的体现。目前，在国际上除极个别国家外，各国关税普遍实行复式税则。

三、关税的分类

按照不同的标准，可以将关税划分为不同的类型，此处只介绍其主要分类。

（一）按进出关境的货物和物品的流向分类

按照通过关境的货物和物品的流向，可把关税分为进口关税、出口关税和过境关税。

1. 进口关税

进口关税是一个国家的海关对进口的货物和物品所征收的关税。它是关税中最主要的一种。各国已几乎不使用过境关税，出口关税也很少使用，因此通常所称的关税主要指进口关税。

征收进口关税会增加进口货物的成本，提高进口货物的市场价格，影响外国货物进口数量。因此，各国都以征收进口关税作为限制外国货物进口的一种手段。适当地使用进口关税可以保护本国工农业生产，也可以作为一种经济杠杆调节本国的生产和经济的发展。

例如：经国务院关税税则委员会研究提出并报国务院批准，我国自 2018 年 7 月 1 日起，将汽车整车税率为 25％的 135 个税号和税率为 20％的 4 个税号的税率降至 15％，将汽车零部件税率分别为 8％、10％、15％、20％、25％的共 79 个税号的税率降至 6％；将服装鞋帽、厨房和体育健身用品等进口关税平均税率由 15.9％降至 7.1％；将洗衣机、冰箱等家用电器进口关税平均税率由 20.5％降至 8％；将养殖类、捕捞类水产品和矿泉水等加工食品进口关税平均税率从 15.2％降至 6.9％；将洗涤用品和护肤、美发等化妆品及部分医药健康类产品进口关税平均税率由 8.4％降至 2.9％。

2. 出口关税

出口关税是指对本国出口货物和物品在运出国境时所征收的关税。征收出口关税会增加出口货物的成本，从而降低本国产品的国际竞争力，不利于扩大出口，因此目前发达国家一般都取消了出口关税。当然，也有部分国家基于限制本国某些产品或自然资源的输出等原因，对部分出口货物征收出口关税。

我国对部分出口货物征收出口关税。我国确定征收出口关税的总原则是，既要服从于鼓励出口政策，又要做到能够控制一些商品的盲目出口，因而征收出口关税仅限于少数商品。主要包括：盈利特别高而且利润比较稳定的大宗商品；在国际市场上，我国的出口数量已占相当比重的商品；国际市场上容量有限而盲目出口容易在国外形成削价竞销的商品；国内紧缺需要大量进口的商品以及国家控制出口的商品。

3. 过境关税

过境关税，简称"过境税"，亦称"通过税"，是指一国海关对通过本国国境或关境，销往第三国的外国货物征收的一种关税。过境关税最早产生、流行于欧洲各国，其目的是为国家增加财政收入。如果一个国家的地理位置处于交通枢纽或交通要道，征收过境关税就成为该国最方便而又充裕的税源。

征收过境关税虽然可以增加本国的财政收入，但过境关税的税率比较低，这是因为：

（1）过境关税税率过高，过境商品的价格必然较大幅度上升，其结果不仅严重损害了输出国和输入国的经济利益，也增加了外国货物的成本，阻碍了国际贸易的发展。世界交通发达后，征收过境关税就会迫使其他国家改道运输。而且过境商品也会因征税过多而减少，从而降低过境关税收入。

（2）国家征收的过境关税过多或税率过高，势必引致其他国家的报复，使该国出口贸易受到打击，因而从低征收过境税不仅与人方便，而且也为自己创造了良好的贸易条件。正是基于这些考虑，"关税与贸易总协定"明确说明各缔约国之间应剔除过境关税。

（二）按计税标准分类

按计征关税的标准不同，可把关税分为从价关税、从量关税、复合关税和滑准关税。

1. 从价关税

从价关税是以货物和物品的价格为计税标准而计算征收的一种关税。从价关税中所指的价格，即关税完税价格。

从价关税的优点是：

（1）税负比较合理，同一种进口商品，质量高，价格高，税额也高，质次价廉的税额也低。

（2）物价上涨或下落时，按税则中规定的税率（比例）计征，税额相应增加或减少，关税的财政作用和保护作用均不受影响。

（3）对各种商品均适用。艺术、珍物等价格变化很大的商品，税则中未列出的新产品等，不适宜使用从量关税。

（4）从价税率以百分数表示。对关税的保护程度或关税水平等做数量上的计算与衡量，有利于对各国的关税进行比较和在国际间关税谈判时应用。

其缺点是海关估价工作比较复杂，费人费事，需要一定的专业技术。目前，我国海关主要实行从价关税。

2. 从量关税

从量关税是以货物的数量、重量、体积等为计征标准而计算征收的一种关税。如我国对出口煤炭曾按重量计征出口关税等。

从量关税与从价关税相比，其优点是：

（1）征税手续简便，容易计算，只核对货物的名称和数量即可计算出税款。

（2）因其每单位的税额固定，对质次价廉的低档商品与质优价高的商品征收同样的税款，进口低档商品相对利润较低，因此，抑制进口的作用较大，各国经常用它来抵制廉价商品的进口。

其缺点是：

（1）对同一种商品不论其价高价低、质优质次，均按同一单位税额征税，税负不太合理。

（2）因为单位税额是固定的，物价变动时很难及时调整，尤其是在物价上涨时，税负相对降低，所以其保护作用和财政作用均会减弱。

（3）从量关税对每类商品必须事先制定出单位税额，有些商品不便使用，如对于艺术、珍物等销售价格变动幅度很大的商品和一些事先无价可资查考的新产品，适用性弱。

（4）制定税则时须对种类庞杂的每种商品分别确定其每单位的税额，费时费力。

目前，我国海关从量计征关税的货物主要有冻鸡、啤酒、原油、感光材料等。自2005年6月1日起，对部分纺织品征收出口关税，采用从量征收的形式。

3. 复合关税

复合关税是在税则的同一税目中有从量关税和从价关税两种税率，征税时混合使用两种税率计征。由于从价关税和从量关税都存在一定的缺点，因此，关税的征收方法在从量计征和从价计征的基础上又产生了复合计征。复合关税计征手续较为烦琐，但在物价波动时，可以减少对财政收入的影响。

4. 滑准关税

滑准关税是一种关税税率随进口商品价格由高至低而由低至高设置计征关税的方法。一般在事先对进出口商品价格规定出上限与下限，当进出口商品价格高于上限时，降低税率；低于下限时，提高税率；在幅度以内，按原税率征收。通俗地说，就是进口商品的价格越高，其进口关税税率越低；进口商品的价格越低，其进口关税税率越高。滑准关税的主要特点是可保持应税商品的国内市场价格相对稳定，其目的是防止某些进口商品在本国市场低价销售，影响国内相关产业。

例如：1997年10月1日至2002年，我国首次对进口新闻纸实行滑准关税。我国2005年5月开始对关税配额外棉花进口配额征收滑准税，税率滑动的范围为5％～40％，征收的目的是在大量棉花进口的情况下，减少进口棉花对国内棉花市场的冲击，确保棉农收益。这相当于为进口棉花价格设置了底线，因此对国内棉花市场价格形成支撑。

（三）按征税性质分类

按征税性质，关税可分为普通关税、优惠关税和差别关税三种。它们主要适用于进口关税。

1. 普通关税

普通关税又称一般关税，是指一国政府对与本国没有签署贸易或经济互惠等友好协定的国家和地区按普遍税率征收的关税。普通关税一般都高于优惠关税。

普通关税税率（也称普通税率）一般由进口国自主制定，只要国内外的条件不发生变化，就长期使用，税率较高。

普通税率是最高税率，一般比优惠税率高 1～5 倍，少数商品甚至更高。目前仅有个别国家对极少数（一般是非建交）国家的出口商品实行这种税率，大多数只是将其作为其他优惠税率减税的基础。因此，普通税率并不是被普遍实施的税率。

2. 优惠关税

优惠关税又称优惠税率，是指对来自特定受惠国的进口货物征收的低于普通关税税率的优惠税率的关税。

优惠关税一般是互惠关税，即优惠协定的双方互相给对方优惠关税待遇，但也有单向优惠关税，即只对受惠国给予优惠待遇，而没有反向优惠。优惠关税一般有特定优惠关税、普遍优惠关税和最惠国待遇三种。

（1）特定优惠关税。特定优惠关税又称特惠关税，是指进口国对从特定的国家或地区进口的全部或部分商品，给予特别优惠的低税或减免税待遇。特惠关税税率一般低于最惠国税率和协定税率。特惠关税有互相惠予和单方惠予（非互惠）两种形式。

例如：历史上，在国际上影响最大的非互惠特惠关税是"洛美协定"。"洛美协定"的特惠关税是目前世界上免税程度最大的一种特别优惠的关税，欧盟成员国在免税、不限量的条件下，接受受惠国的全部工业品和 96％的农产品，而不要求受惠国给予反向优惠，并放宽原产地限制以及其他部分非关税壁垒。

（2）普遍优惠关税。普遍优惠关税又称普惠关税，是指发达国家对从发展中国家或地区输入的商品，特别是制成品和半制成品，普遍给予优惠关税待遇的一种制度。

普惠关税来自联合国贸易与发展会议在 1968 年通过的一个决议。该决议规定发达国家承诺对发展中国家或地区商品，特别是制成品和半制成品，给予普遍的、非歧视的和非互惠的优惠关税待遇。普惠关税的目的是扩大发展中国家或地区向经济发达国家出口其制成品，以增加财政收入，促使发展中国家或地区工业化，加速发展中国家或地区的经济增长速度。

（3）最惠国待遇。最惠国待遇是国际贸易协定的一项重要内容，它规定缔约国双方相互间现在和将来所给予任何第三国的优惠待遇，同样也适用于对方。最惠国待遇最初只限于关税待遇，随后范围日益扩大，目前已适用于通商及航海的各个方面，如关税、配额、航运、港口使用、仓储、移民、投资、专利权等，但最惠国待遇仍以关税为主。最惠国待遇的适用范围很广，因此在签订条约或协定时，多对最惠国待遇的范围加以列举或限定，在列举或限定以外的商品，不适用最惠国待遇。

3. 差别关税

差别关税实际上是保护主义政策的产物，是保护一国产业所采取的特别手段。差别关税最早产生并运用于欧洲，在重商主义全盛时代曾广为流行，直至近代。由于新重商主义的出现和贸易保护主义的抬头，差别关税重新出现，并得到进一步发展。

一般意义上的差别关税主要分为加重关税（反补贴关税、反倾销关税）、报复关税等。

（1）加重关税。加重关税是指对某些输出国、生产国的进口货物，因某种原因（如歧视、报复、保护和经济方面的需要等），使用比正常税率较高的税率所征收的关税，也称歧视关税。在加重关税中，使用较多的是反补贴关税和反倾销关税。

①反补贴关税。反补贴关税又称抵销关税，它是对接受任何津贴或补贴的外国进口货物所附加征收的一种关税，是差别关税的重要形式之一。货物输出国为了加强本国输出产品在国际市场的竞争能力，往往对输出产品予以津贴、补贴或奖励，以降低成本，廉价销售于国外市场。输入国为防止他国补贴货物进入本国市场，威胁本国产业的正常发展，对凡接受政府、垄断财团补贴、津贴或奖励的他国输入产品，课征与补贴、津贴或奖励额相等的反补贴关税，以抵销别国输入货物因接受补贴、津贴或奖励所形成的竞争优势。

需要指出的是，目前许多国家对出口产品采取退还国内税的方法予以鼓励，对于这种属于已退还国内税（国内间接税）的出口货物，一般不作为接受补贴产品来看待，因为退税产品属于国内税种调整范畴，与他国没有直接利益关系。

②反倾销关税。反倾销关税即对外国的倾销商品，在征收正常进口关税的同时，附加征收的一种关税，它是差别关税的又一种重要形式。倾销是指以低于成本价向某地输入产品，利用价格优势压制当地产品的销售。反倾销关税是当地政府为保护本地贸易而对倾销商品所征收的惩罚性关税。一般是对倾销的外国商品除征收一般进口关税外，再增收附加税，使其不能廉价出售。

（2）报复关税。报复关税是指对违反与本国签订或者共同参加的贸易协定及相关协定，对本国在贸易方面采取禁止、限制、加征关税或者其他影响正常贸易的国家或地区所采取的一种进口附加税。即对方国政府以不公正、不平等、不友好的态度对待本国输出的货物时，为维护本国利益，报复该国对本国输出货物的不公正、不平等、不友好，对该国输入本国的货物加重征收的关税。

例如：2018年4月4日，美国政府依据"301调查"单方认定结果，宣布将对原产于中国的进口商品加征25%的关税，涉及约500亿美元中国对美出口商品。这一措施明显违反了世界贸易组织相关规则，严重侵犯了中国根据世界贸易组织规则享有的合法权益，威胁中国经济利益和安全。为捍卫自身合法权益，中国政府依据《中华人民共和国对外贸易法》等法律法规和国际法基本原则，决定对原产于美国的大豆、汽车、化工品等14类106项商品加征25%的关税，涉及2017年中国自美国进口金额约500亿美元的商品。

第二节

关税的基本法律规定

一、征税对象

关税的征税对象是准许进出境的货物和物品。货物是指贸易性商品；物品是指入境旅客随身携带的行李物品、个人邮递物品、各种运输工具上的服务人员携带进口的自用物品和馈赠物品，以及以其他方式入境的个人物品。

二、纳税人

进口货物的收货人、出口货物的发货人、进出境物品的所有人，是关税的纳税人。进出口货物的收、发货人是指依法取得对外贸易经营权，并进口或者出口货物的法人或其他社会团体。进出境物品的所有人包括该物品的所有人和推定为所有人的人。一般情况下，对于携带进境的物品，推定其携带人为其所有人；对分离运输的行李，推定相应的进出境旅客为其所有人；对以邮递方式进境的物品，推定其收件人为其所有人；以邮递或其他运输方式出境的物品，推定其寄件人或托运人为其所有人。

三、税率

关税的税率体现在海关进出口税则中。所谓海关进出口税则，是指一个国家通过一定的立法程序公布实施的进出口货物和物品应税的关税税率表。进出口税则以税率表为主体，通常还包括实施税则的法令、使用税则的有关说明和附录等。《中华人民共和国进出口税则》（以下简称《进出口税则》）是我国海关凭以征收关税的法律依据，也是我国关税政策的具体体现。

税率表作为税则主体，包括税则商品分类目录和税率栏两大部分。税则商品分类目录是把种类繁多的商品加以综合，按照其不同特点分门别类简化成数量有限的商品类目，分别编号按序排列，称为税则号码，简称税号，并逐个列出该税号中应列入的商品名称。税率栏是按商品分类目录逐项定出的税率栏目。我国现行进口税则为四栏税率，出口税则为一栏税率。从 1992 年 1 月起，我国开始实施以《商品名称及编码协调制度》为基础的进出口税则，适应了国内改革开放和对外经济贸易发展的需要。

（一）税则归类

税则归类，就是按照税则的规定，将每项具体进出口商品按其特性在税则中找出其最适合的某一个税号，即"对号入座"，以便确定其适用的税率，计算关税税负。税则归类错误会导致关税的计算错误，导致关税的多征或少征，影响关税作用的发挥。

《进出口税则》是确定商品归类、适用税率的法律文件。现行税则是以《商品名称及编码协调制度》为基础，结合我国进出口商品的实际情况而编排的。根据 2021 年版的《进出口税则》，全部应税商品共分为 21 大类。在 21 类商品之下，分为 97 章，每章商品又被细分为若干商品项数。为便于记忆和使用，这些商品项数分别被一个 8 位数字组成的代码表示，称为税则号列。每个税则号列后还要对商品进行基本描述，以及列出该税则号列商品适用的税率。《进出口税则》中税目的数目不是固定不变的，国家会随着经济发展和国际局势的变化以及国家对外经济政治政策需要不断调整。例如 2020 年底我国对部分税目进行了调整，调整后 2021 年版的《中华人民共和国进出口税则》中的税目共计 8 580 个。

（二）税率分类

1. 进口关税税率

在我国加入世界贸易组织（WTO）之前，进口关税的税率分为普通税率和优惠税率两种。我国加入 WTO 后，WTO 规则对关税制度的冲击最为直接。自 2002 年 1 月 1 日起，我国进口关税税率调整为最惠国税率、协定税率、特惠税率、普通税率四档，此外，还视需要规定了暂定税率和配额税率。

（1）最惠国税率。最惠国税率适用原产于与我国共同适用最惠国待遇条款的 WTO 成员方的进口货物，或原产于与我国签订有相互给予最惠国待遇条款的双边协定的国家或地区进口的货物，以及原产于我国境内的进口货物。

（2）协定税率。协定税率适用原产于我国参加的含有关税优惠条款的区域性贸易协定的有关缔约方的进口货物。目前，我国对原产于韩国、斯里兰卡和孟加拉国三个曼谷协定成员的 739 个税目进口商品实行协定税率（《曼谷协定》）。2022 年 4 月 8 日，国务院关税税则委员会关于对部分原产于新西兰的木材和纸制品实施协定税率发出公告。

（3）特惠税率。特惠税率适用原产于与我国签订有特殊优惠关税协定的国家或地区的进口货物，目前我国对原产于孟加拉国的 18 个税目进口商品实行特惠税率（《曼谷协定》）。

（4）普通税率。普通税率适用于原产于上述国家或地区以外的其他国家或地区的进口货物，以及原产地不明的进口货物。按照普通税率征税的进口货物，经国务院关税税则委员会特别批准，可以适用最惠国税率。

适用最惠国税率、协定税率、特惠税率的国家或者地区名单，由国务院关税税则委员会决定。

（5）暂定税率。暂定税率是在《进出口税则》规定的进口优惠税率和出口税率的基础上，对进口的某些重要的工农业生产原材料和机电产品关键部件（但只限于从与中国订有关税互惠协议的国家和地区进口的货物）以及出口的部分资源性产品实施的更为优惠的关税税率。这种税率一般按照年度制订，并且随时可以根据需要恢复按照法定税率征税。例如：国务院关税税制委员会印发《关于 2021 年关税调整方案的通知》，该通知明确规定，自 2021 年 1 月 1 日起，我国将对 883 项商品实施低于最惠国税率的进口暂定税率。其中，为减轻患者经济负担，改善人们生活品质，对第二批抗癌和罕见病药品原料、特殊患儿所需食品等实行零关税，降低人工心脏瓣膜、助听器等医疗器材以及乳清蛋白粉、乳铁蛋白等婴儿奶粉原料的进口关税。

（6）配额税率。关税配额制度是国际通行的惯例，这是一种在一定数量内进口实行低关税，超过规定数量就实行高关税的办法。日本采取的一次关税和二次关税就是依据不同数量规定实施不同税率的关税配额制度。配额是一种数量限制措施，超过限额数量后不能进口。而关税配额就有灵活性，对于必要的数量实行低关税；对于超过一定数量的进口则实行高关税，虽然这样关税高了，但还是允许进口，体现了关税杠杆的调节作用。这种办法许多国家都采用，关贸总协定和其后的世界贸易组织也没有对其加以限制。在亚太经济合作组织的讨论中，也是把关税配额作为关税手段加以保留的。这种措施既可以控制总量，也比较公开透明。

根据新的《中华人民共和国进出口关税条例》（以下简称《关税条例》）规定，对特定进出口货物，可以实行关税配额管理。实施关税配额管理的货物、税率、期限，由国务院关税税则委员会决定，海关总署公布。如 2002 年我国对小麦、玉米、豆油、羊毛等十种农产品和尿素等三种化肥实行了进口关税配额税率。

2. 出口关税税率

我国出口税则为一栏税率，即出口关税税率。国家仅对少数资源性产品及易于竞相杀价、盲目进口、需要规范出口秩序的半制成品征收出口关税。

3. 特别关税税率

特别关税包括报复关税、反倾销关税与反补贴关税、保障性关税。征收特别关税的货物、适用国别、税率、期限和征收办法，由国务院关税税则委员会决定，海关总署负责实施。

四、税率的适用

进口关税设普通税率和优惠税率。对原产于与我国未订有关税互惠协议的国家或者地区的进口货物，按照普通税率征税；对原产于与我国订有关税互惠协议的国家或者地区的进口货物，按照优惠税率征税。具体规定如下：

（一）税率适用的条件

我国《关税条例》规定，暂定税率优先于最惠国税率实施；按协定税率、特惠税率进口暂定税率商品时，取低计征关税；按国家优惠政策进口暂定最惠国税率商品时，按优惠政策计算确定的税率与暂定最惠国税率两者取低计征关税，但不得在暂定最惠国税率基础上再进行减免。按照普通税率征税的进口货物不适用进口关税暂定税率。

（二）税率适用中的几种特殊情况

（1）按照普通税率征税的进口货物，经国务院关税税则委员会特别批准，可以适用最惠国税率。

（2）对于无法确定原产国（地区）的进口货物，按普通税率征税。对于某些包装特殊的产品，例如以中性包装或裸装形式进口，经查验又无法确定原产国（地区）的货物，除申报时能提供原产地证明的可按原产地确定税率外，一律按普通税率计征关税。

（3）对于原产地是香港、澳门和台湾、澎湖、金马、马祖单独关税区的进境货物和我国大陆生产货物经批准复进口需征税的，按最惠国税率征收关税。

（三）税率适用的时间

《关税条例》规定，进出口货物应当按照收发货人或者他们的代理人申报进口或出口之日实施的税率征税。

对于退税和补税，一般按该进出口货物原申报进口或者出口之日所实施的税率计算。在实际运用时要区分以下不同情况：

（1）按照特定减免税办法批准予以减免税的进口货物，后因情况改变，经海关批准转让、出售或移作他用，需要补税时适用海关填发税款缴款书之日实施的税率。

（2）来料加工、进料加工的进口料件等属于保税性质的进口货物，经批准转为内销，适用海关接受该货物申报内销之日实施的税率征税；如未经批准擅自转内销的，则按海关查获日所施行的税则税率征税。

（3）需缴纳税款的暂准进出境货物、物品，适用海关填发税款缴款书之日实施的税率。

（4）分期缴纳税款的租赁进口货物，适用海关填发税款缴款书之日实施的税率。

（5）溢卸、误卸货物事后确定需予征税时，应按其原申报进口日期所施行的税则税率征税。如原进口日期无法查明，可适用海关填发税款缴款书之日实施的税率。

（6）对由于税则归类的改变，完税价格的审定或其他工作差错而需补征税款时，应按原征税日所施行的税则税率计算。

（7）对于批准缓税进口的货物，以后缴税时，不论是否分期还是一次缴清，都应按货物原进口日所施行的税率计征税款。

（8）查获的走私进口货物需予补税时，应按查获日所施行的税则税率计征税款。

（9）在上述有关条款中，如有发生退税的，都应按原征税或补税日期所适用的税率计算退税。

五、完税价格

完税价格是指海关规定的对进出口货物计征关税时使用的价格。《关税条例》规定：

（1）进口货物以进口货物运达我国输入地点货物起卸前的到岸价格为完税价格，也就是 CIF 价格；（2）出口货物完税价格是以出口商将货物运至出口港装货以前所有的费用作为计价基础的价格，也就是 FOB 价格。但只有当进出口商申报的价格被海关接受后才能成为进出口货物的完税价格。

在计算完税价格时，进出口公司以银行账单或者明细单、发票所列价格为依据；其他机关、单位均以有关票证上所列价格与银行账单、发票相符，作为依据。

《中华人民共和国海关法》（以下简称《海关法》）规定，进出口货物的完税价格，由海关以该货物的成交价格为基础审查确定。成交价格不能确定时，完税价格由海关依法估定。自我国加入 WTO 后，我国海关已全面实施《海关估价协定》，遵循客观、公平、统一的估价原则，并依据 2014 年 2 月 1 日起实施的《中华人民共和国海关审定进出口货物完税价格办法》（以下简称《完税价格办法》），审定进出口货物的完税价格。

（一）进口货物的完税价格

1. 一般进口货物的完税价格

（1）以成交价格为基础的完税价格。2014 年 1 月 2 日起实施的《完税价格办法》第五条规定，进口货物的完税价格由海关以该货物的成交价格为基础审查确定，并应当包括货物运抵中华人民共和国境内输入地点起卸前的运输及其相关费用、保险费。

其中，进口货物的成交价格是指卖方向中华人民共和国境内销售该货物时，买方为进口该货物，并按《完税价格办法》有关规定调整后的实付或应付价格。

（2）对实付或应付价格进行调整的有关规定。"实付或应付价格"是指买方为购买进口货物直接或间接支付的总额，即作为卖方销售进口货物的条件，由买方向卖方或为履行卖方义务向第三方已经支付或将要支付的全部款项。

以上所称的"调整"主要是指可以从成交价格中扣除或需要计入完税价格的各种款项。

（3）对买卖双方之间有特殊关系的规定。买卖双方之间有特殊关系的，经海关审定其特殊关系未对成交价格产生影响，该成交价格海关应当接受。

（4）进口货物海关估价方法。进口货物的价格不符合成交价格条件或者成交价格不能确定的，海关应当依次以相同货物成交价格方法、类似货物成交价格方法、倒扣价格方法、计算价格方法及其他合理方法确定的价格为基础。

导入案例解析：

　　该案例中，支付的买方佣金 3 万元、支付广州港至本企业的陆运费 5 万元不应计入完税价格；而支付的卖方佣金 4 万元、商标使用费 10 万元、运费 35 万元、保险费 8 万元，均应计入完税价格，即：

　　　关税完税价格＝520－3＋4＋10＋35＋8＝574（万元）

2. 特殊进口货物的完税价格

（1）运往境外加工的货物。运往境外加工的货物，出境时已向海关报明，并在海关规定期限内复运进境的，应当以加工后货物进境时的到岸价格与原出境货物或者相同、类似货物在进境时的到岸价格之间的差额作为完税价格。如上述原出境货物在进境时的到岸价格无法得到，可用原出境货物申报出境时的离岸价格替代。如采用上述两种方法后到岸价格仍无法得到，可用该出境货物在境外加工时支付的工料费加上运抵我国关境输入地点起卸前的包装费、运输费、保险费、其他劳务费等一切费用作为完税价格。

（2）运往境外修理的机器、工具等。运往境外修理的机器、器具、运输工具或者其他货物，出境时已向海关报明并在海关规定期限内复运进境的，应当以海关审查确定的正常的修理费和料件费作为完税价格。

（3）以租赁、租借方式进境的货物。以租赁、租借方式进境的货物，以海关审查确定的该项进口货物的成交价格作为完税价格。如租赁进境货物是一次性支付租金，则可以海关审定的该项进口货物的成交价格来确定完税价格。

（4）准予暂时进口的施工机械等。准予暂时进口的施工机械、工程车辆、供安装使用的仪器和工具、电视或电影摄制机械，以及盛装货物的容器，如超过半年仍留在国内使用的，应自第 7 个月起，按月征收进口关税。其完税价格按原货物进口时的到岸价格确定，货物每月的税额计算公式如下：

$$每月关税税额＝货物原到岸价格×关税税率×1/48$$

（5）留购的进口货样等。国内单位留购的进口货样、展览品和广告陈列品，以留购价格作为完税价格。但是，买方留购货样、展览品和广告陈列品后，除按留购价格付款外，又直接或间接给卖方一定利益的，海关可以另行确定上述货物的完税价格。

（6）转让出售的减免税货物。税法规定，按照特定减免税办法减税或免税进口的货物需予以补税时，其完税价格应仍按该项货物原进口时的成交价格确定。受海关监管的减免税进口货物，在管理年限内，经海关批准出售、转让或移作他用时，按其使用年限折旧的新旧程度折算确定完税价格。

3. 进境物品的完税价格确定原则

进口物品的完税价格由海关遵循《中华人民共和国进境物品完税价格表》（以下简称《完税价格表》）确定，确定原则如下：

（1）《完税价格表》已列明完税价格的物品，按照《完税价格表》确定。

（2）《完税价格表》未列明完税价格的物品，按照相同物品相同来源地的主要市场零售价格确定其完税价格。

（3）实际购买价格是《完税价格表》列明完税价格的 2 倍及以上，或是《完税价格表》列明完税价格的 1/2 及以下的物品，进境物品所有人应向海关提供销售方依法开具的真实交易的购物发票或收据，并承担相关责任。海关可以根据物品所有人提供的上述相关凭证，依法确定应税物品完税价格。

（4）边疆地区民族特需商品的完税价格按照海关总署另行审定的完税价格表执行。

（二）出口货物的完税价格

2014 年 2 月 1 日起实施的《完税价格办法》规定，出口货物的完税价格由海关以该货物的成交价格为基础审查确定，并应当包括货物运至中华人民共和国境内输出地点装载前的运输费及其相关费用、保险费，但其中包含的出口关税税额，应当扣除。

1. 以成交价格为基础的完税价格

出口货物的成交价格是指该货物出口销售到我国境外时买方向卖方实付或应付的价格。下列税收、费用不计入出口货物的完税价格：

（1）出口关税。

（2）在货物价款中单独列明的货物运至中华人民共和国境内输出地点装载后的运输费及其相关费用、保险费。

（3）在货物价款中单独列明由卖方承担的佣金。

2. 海关估价方法确定的完税价格

出口货物的成交价格不能确定的，海关经了解有关情况，并与纳税义务人进行价格磋商后，依次以下列价格审查确定该货物的完税价格：

（1）同时或者大约同时向同一国家或者地区出口的相同货物的成交价格。

（2）同时或者大约同时向同一国家或者地区出口的类似货物的成交价格。

（3）根据境内生产相同或者类似货物的成本、利润和一般费用（包括直接费用和间接费用）、境内发生的运输费及其相关费用和保险费计算所得的价格。

（4）按照合理方法估定的价格。

（5）倒扣价格估价方法，即以与该货物进口的同时或者大约同时，将该进口货物、相同或者类似进口货物在第一级销售环节销售给无特殊关系买方最大销售总量的单位价格来估定完税价格，但应当扣除同等级或者同种类货物在中华人民共和国境内第一级销售环节销售时通常的利润和一般费用以及通常支付的佣金，进口货物运抵境内输入地点起卸后的运输及其相关费用、保险费，以及进口关税及国内税收。

六、税收优惠

关税减免是对某些纳税人和征税对象给予鼓励和照顾的一种特殊调节手段。关税减免分为法定减免税、特定减免税和临时减免税。根据《海关法》的规定，除法定减免税外的其他减免税均由国务院决定。

（一）法定减免税

符合税法规定可予减免税的进出口货物，纳税义务人无须提出申请，海关可按规定直接予以减免。海关对法定减免税货物一般不进行后续管理。下列货物、物品予以减免关税：

（1）关税税额在人民币 50 元以下的一票货物。

（2）无商业价值的广告品和货样。

（3）外国政府、国际组织无偿赠送的物资。

（4）进出境运输工具装载的途中必需的燃料、物资和饮食用品。

（5）经海关核准暂时进境或者暂时出境，并在 6 个月内复运出境或者复运进境的货样、展览品、施工机械、工程车辆、工程船舶、供安装的设备等，在货物收、发货人向海关缴纳相当于税款的保证金或提供担保后，可予暂时减免。

（6）为境外厂商加工、装配成品和为制造外销产品而进口的原料、辅料、零部件和包装物料，海关按照实际加工出口的成品数量免征进口关税，或者对进口料、件先征进口关税，再按照实际加工出口的成品数量予以退税。

（7）因故退还的中国出口货物，经海关审查属实，可予免征进口关税，但已征收的出口关税不予退还。

（8）因故退还的境外进口货物，经海关审查属实，可予免征出口关税，但已征收的进口关税不予退还。

（9）进口货物如有以下情形，经海关查明属实，可酌情减免进口关税：

①在境外运输途中或者在起卸时，遭受损坏或者损失的。

②起卸后海关放行前因不可抗力遭受损坏或者损失的。

③海关查验时已经破漏、损坏或者腐烂经证明不是保管不慎造成的。

（10）无代价抵偿货物可以免税，但有残损或质量问题的原进口货物如未退运国外，其进口的无代价抵偿货物应照章征税。无代价抵偿货物是指进口货物在征税放行后，发现货物残损、短少或品质不良，而由国外承运人、发货人或保险公司免费补偿或更换的同类货物。

（11）我国缔结或者参加的国际条约规定减征、免征关税的货物、物品按照规定予以减免关税。

（二）特定减免税

特定减免税也称政策性减免税，是在法定减免税之外，国家按照国际通行规则和我国实际情况，制定发布的有关进出口货物减免关税的政策。

特定减免税货物一般有地区、企业和用途的限制，海关需要进行后续管理，也需要进行减免税统计。

（三）临时减免税

临时减免税是指以上法定减免税以外的其他减免税，即由国务院根据《海关法》对某个单位、某类商品、某个项目或某批进出口货物的特殊情况，给予特别照顾，一案一批，专文下达的减免税。

关税应纳税额的计算

一、从价计征应纳税额的计算

从价计征应纳税额的计算公式为：

$$\text{应纳关税税额} = \text{进（出）口应税货物数量} \times \text{单位完税价格} \times \text{适用税率}$$

二维码6：
关税应纳税额计算

上述公式中的"单位完税价格"如果是以外汇表示的，则应先将其折合成人民币，外币折合率由海关按照填发税款缴款书之日国家外汇管理部门公布的人民币外汇牌价表的买卖中间价计算。

实务操作1：

国内某进出口公司从美国进口一批货物，该批货物的美国成交价格折合人民币为850万元，运抵我国关境内输入地点起卸前的包装费、运输费、保险费和其他劳务费用折合人民币共计130万元，支付货物运抵境内输入地点之后的运输费用12万元。海关核定该批货物适用的进口税率为20%。计算该进出口公司需要缴纳的关税税额。

解析：根据规定，进口货物的完税价格由海关以该货物的成交价格为基础审查确定，并应当包括货物运抵中华人民共和国境内输入地点起卸前的运输费及其相关费用、保险费，但不包括货物运抵境内输入地点之后的费用。

关税完税价格＝850＋130＝980（万元）

应纳关税税额＝980×20%＝196（万元）

实务操作2：

某公司2018年以230万元的价格进口了一台设备。2021年6月因出现故障运往德国修理（出境时已向海关报明）。2021年10月，按海关规定的期限复运进境，此时，该设备的国际市场价格已为 480 万元。若经海关审定的修理费和辅料费为 85 万元，进口运费 2 万元，进口关税税率为 6%。计算该设备复运进境时应纳的关税税额。

解析：按照规定，运往境外修理的设备，出境时已向海关报明，并按海关规定的期限复运进境的，应以海关审定的境外修理费和辅料费以及该货物复运进境的运费及其相关的费用、保险费估定完税价格。

$$应纳关税税额=(85+2)×6\%=5.22（万元）$$

实务操作 3：

A 公司进口一批货物，海关审定的货价为人民币 3 200 万元，运费和保险费为 23 万元，该批货物适用关税税率为 5%。请计算该批货物的关税税额。

解析：

$$应纳关税税额=(3 200+23)×5\%=161.15（万元）$$

实务操作 4：

某公司向境外出口应纳关税的货物一批，成交价格为境外口岸到岸价格，折合人民币 240 万元。另支付运费 15 万元、保险费 8 万元。该批货物出口关税税率为 20%。计算该公司应纳关税税额。

解析：出口货物成交价格如为境外口岸的到岸价格，应先扣除运费、保险费，再按公式计算完税价格。

$$关税完税价格=\frac{到岸价格}{1+出口税率}=\frac{240-15-8}{1+20\%}=180.83（万元）$$

$$应纳关税税额=180.83×20\%=36.17（万元）$$

二、从量计征应纳税额的计算

从量计征应纳税额的计算公式为：

$$应纳关税税额=进（出）口应税货物数量×单位货物税额$$

实务操作 5：

某进出口贸易公司从德国进口了 2 000 箱啤酒，规格为 24×500 毫升/箱，申报 CIF 价格为 9 000 美元。计算该批啤酒应纳的进口关税（100 美元=650 人民币元，关税普通税率 5.5/升)。

解析:

进口应税货物总量＝24×500×2 000÷1 000＝24 000(升)

应纳关税税额＝24 000×5.5＝132 000(元)

三、复合计征应纳税额的计算

我国目前实行的复合计征关税都是先从量计征关税,再从价计征关税,计算公式为:

$$\begin{matrix} 应纳 \\ 税额 \end{matrix} = \begin{matrix} 进(出)口 \\ 应税货物数量 \end{matrix} \times \begin{matrix} 单位货物 \\ 税额 \end{matrix} + \begin{matrix} 进(出)口 \\ 应税货物数量 \end{matrix} \times \begin{matrix} 单位完税 \\ 价格 \end{matrix} \times \begin{matrix} 适用 \\ 税率 \end{matrix}$$

实务操作 6:

某公司进口 4 台韩国产电器,CIF 价格折合人民币 128 000 元,计算应纳关税(适用优惠税率:定额税率为 3 400 元/台,比例税率为 5%)。

解析:该进口电器使用复合计征关税。

应纳关税税额＝4×3 400＋128 000×5%＝20 000(元)

实务操作 7:

某进出口贸易公司系一般纳税人,2021 年 6 月,从美国自营进口排气量 2.5 升的小轿车一批,CIF 价格折合人民币 4 000 万元,进口关税税率为 25%。当月取得海关完税凭证,以银行存款付讫税款。该批小轿车在境内销售,取得销售额 9 600 万元(注:消费税税率 9%,增值税税率 13%)。

要求:计算该公司应缴纳的流转税。

解析:在计算涉及关税、消费税和增值税时,要注意计算的顺序,先计算关税,再计算消费税,最后计算增值税。

应纳关税税额＝4 000×25%＝1 000(万元)

$$应纳消费税税额 = \frac{4\ 000 + 1\ 000}{1 - 9\%} \times 9\% = 494.51(万元)$$

应纳增值税税额＝(4 000＋1 000＋494.51)×13%＝714.29(万元)

境内应纳增值税税额＝9 600×13%－714.29＝533.71(万元)

第四节

关税的征收管理

一、关税的申报与缴纳

进口货物自运输工具申报进境之日起 14 日内，出口货物在货物运抵海关监管区后装货的 24 小时以前，应由进出口货物的纳税人向货物进（出）境地海关申报缴纳关税。海关根据税则归类和完税价格计算应缴纳的关税和进口环节代征税，并填发税款缴款书。纳税义务人应当自海关填发税款缴款书之日起 15 日内，向指定银行缴纳税款。如关税缴纳期限的最后 1 日是周末或法定节假日，则关税缴纳期限顺延至周末或法定节假日过后的第 1 个工作日。为方便纳税人，经申请且海关同意，进（出）口货物的纳税义务人可以在设有海关的指运地（起运地）办理海关申报、纳税手续。

关税纳税义务人因不可抗力或者在国家税收政策调整的情形下，不能按期缴纳税款的，经海关批准，可以延期缴纳税款，但最长不得超过 6 个月。

实务操作 8：

某公司 2021 年 8 月从国外购入 10 台设备，经海关审核的关税完税价格为 87 562 元，该种设备的进口关税税率为 8%，增值税税率为 13%。计算该公司应缴纳的进口关税和增值税。

解析：

进口关税税额＝关税完税价格×关税税率＝87 562×8%＝7 004.96（元）

增值税税额＝组成计税价格×增值税税率＝（关税完税价格＋关税）×增值税税率

＝（87 562＋7 004.96）×13%＝12 293.70（元）

二、关税的强制执行

纳税人未在关税缴纳期限内缴纳税款，即构成关税滞纳。为保证海关征收关税决定的有效执行和国家财政收入的及时入库，《海关法》赋予海关对滞纳关税的纳税人强制执行的权力。强制执行措施主要有下述两类。

(一) 征收关税滞纳金

自关税缴纳期限届满之日起，至纳税义务人缴纳关税之日止，海关按日征收滞纳税款的万分之五的滞纳金，周末或法定节假日不予扣除。其计算公式为：

关税滞纳金＝滞纳关税税额×滞纳金征收率×滞纳天数

(二) 强制征收

如纳税人自海关填发税款缴款书之日起3个月仍未缴纳税款，经海关关长批准，海关可以采取强制扣缴、变价抵缴等强制措施。强制扣缴即海关从纳税人在开户银行或者其他金融机构的存款中直接扣缴税款。变价抵缴即海关将应税货物依法变卖，以变卖所得抵缴税款。

三、关税税收保全措施

为了保证国家的关税收入，海关需要依法采取税收保全措施。

(一) 采取税收保全措施的对象和权限

这是指进出口货物的纳税义务人在规定的纳税期限内有明显的转移、藏匿其应税货物以及其他财产迹象的，海关可以责令纳税义务人提供担保；纳税义务人不能提供纳税担保的，经直属海关关长或者其授权的隶属海关关长批准，海关可以采取税收保全措施。

(二) 税收保全措施的内容

《海关法》对税收保全措施规定：一是书面通知纳税义务人开户银行或者其他金融机构暂停支付纳税义务人相当于应纳税款的存款；二是扣留纳税义务人价值相当于应纳税款的货物或者其他财产。

四、关税的退还

关税的退还是指关税纳税义务人按海关核定的税额缴纳关税后，因某种原因，海关将实际征收多于应当征收的税额（称为溢征关税）退还给原纳税义务人的一种行政行为。根据《海关法》的规定，对于多征的税款，海关发现后应当立即退还。根据我国《关税条例》的规定，有下列情形之一的，进出口货物的纳税义务人可以自缴纳税款之日起1年内，书面声明理由，连同原纳税收据向海关申请退税并加算银行同期活期存款利息，逾期不予受理：

（1）因海关误征，多纳税款的。

（2）海关核准免验进口的货物，在完税后，发现有短缺情况经海关审查认可的。

（3）已征出口关税的货物，因故未将其运输出口，申报退关，经海关查验属实的。

对已征出口关税的出口货物和已征进口关税的进口货物，因货物品种或规格原因（非其他原因）原状复运进境或出境的，经海关查验属实的，也应退还已征关税。海关应当自受理退税申请之日起30日内，做出书面答复并通知退税申请人。此处强调的是"因货物品种或规格原因，原状复运进境或出境的"可以申请退还关税，如果属于其他原因且不能以原状复运进境或出境的，不能退税。

五、关税的补征和追征

补征和追征是指海关在关税纳税人按海关核定的税额缴纳关税后，发现实际征收税额少于应当征收的税额（称为短征关税）时，责令纳税人补征所差税款的一种行政行为。根据造成少征关税的原因的不同，分为关税的补征和追征。因纳税人违反海关规定造成的，称为关税的追征，非因纳税人违反海关规定造成的，称为关税的补征。

根据《海关法》的规定，进出境货物和物品放行后，海关发现少征或者漏征税款，应当自缴纳税款或者货物、物品放行之日起1年内，向纳税人补征；因纳税人违反规定而造成的少征或者漏征，海关在3年内可以追征，并从缴纳税款之日起按日加收少征或者漏征税款万分之五的滞纳金。

实务操作9：

某公司进口货物一批，CIF成交价格为人民币500万元，含单独计价并经海关审核属实的进口后装配调试费用28万元，该货物进口关税税率为15%，海关填发税款缴款书期为2021年1月10日，该公司于1月25日缴纳税款。

要求：计算其应纳关税及滞纳金。

解析：

（1）关税完税价格＝500－28＝472（万元）

关税税额＝472×15%＝70.8（万元）

（2）纳税人应当自海关填发税款缴款书之日起15日内完税，该公司应于1月24日前纳税，该公司25日纳税滞纳1天，滞纳金为：

滞纳金＝708 000×0.5‰＝354（元）

六、海关暂不予放行的情形

旅客携运进出境的物品有下列情形之一的，海关暂不予放行：

（1）旅客不能当场缴纳进境物品税款的；

（2）进出境的物品属于许可证件管理的范围，但旅客不能当场提交的；

（3）进出境的物品超出自用合理数量，按规定应当办理货物报关手续或其他海关手续，其尚未办理的；

（4）进出境物品的属性、内容存疑，需要由有关主管部门进行认定、鉴定、验核的；

（5）按规定暂不予以放行的其他行李物品。

七、进出口货物的税款担保

（1）有下列情形之一，纳税义务人要求海关先放行货物的，应当按照海关初步确定的应纳税额向海关提供足额税款担保：

①海关尚未确定商品归类、完税价格、原产地等征税要件的；

②正在海关办理减免税审批手续的；

③申请延期缴纳税款的；

④暂时进出境的；

⑤进境修理和出境加工的，按保税货物实施管理的除外；

⑥因残损、品质不良或者规格不符，纳税义务人申报进口或者出口无代价抵偿货物时，原进口货物尚未退运出境或者尚未放弃交由海关处理的，或者原出口货物尚未退运进境的；

⑦其他按照有关规定需要提供税款担保的。

（2）除另有规定外，税款担保期限一般不超过 6 个月，特殊情况经直属海关关长或者其授权人批准可以酌情延长。税款担保一般应为保证金、银行或者非银行金融机构的税款保函，但另有规定的除外。银行或者非银行金融机构的税款保函，其保证方式应当是连带责任保证。税款保函明确规定保证期间的，保证期间应当不短于海关批准的担保期限。

（3）在海关批准的担保期限内，纳税义务人履行纳税义务的，海关应当自纳税义务人履行纳税义务之日起 5 个工作日内办结解除税款担保的相关手续。在海关批准的担保期限内，纳税义务人未履行纳税义务，对收取税款保证金的，海关应当自担保期限届满之日起 5 个工作日内完成保证金转为税款的相关手续；对银行或者非银行金融机构提供税款保函的，海关应当自担保期限届满之日起 6 个月内或者在税款保函规定的保证期间内要求担保人履行相应的纳税义务。

八、关税的纳税争议

为保护纳税义务人合法权益，我国《海关法》和《关税条例》都规定了纳税义务人对海关确定的进出口货物的征税、减税、补税或者退税等有异议时，有提出申诉的权利。在纳税义务人同海关发生纳税争议时，可以向海关申请复议，但同时应当在规定期限内按海关核定的税额缴纳关税，逾期则构成滞纳，海关有权按规定采取强制执行措施。

（一）纳税争议的一般内容

纳税争议的一般内容为进出境货物和物品的纳税义务人对海关在原产地认定、税则归类、税率或汇率适用、完税价格确定以及关税的减征、免征、追征、补征和退还等征税行为是否合法或适当，是否侵害了纳税义务人的合法权益，而对海关征收关税的行为表示异议。

以原产地认定为例。确定进境货物原产地的主要原因之一，是便于正确运用进口税则的各栏税率，对产自不同国家或地区的进口货物适用不同的关税税率。我国原产地规定基本上采用了"全部产地生产标准""实质性加工标准"两种国际上通用的原产地标准。

（1）全部产地生产标准是指进口货物"完全在一个国家内生产或制造"，生产或制造国即为该货物的原产国。

（2）实质性加工标准是适用于确定有两个或两个以上国家参与生产的产品的原产国的标准，其基本含义是，经过几个国家加工、制造的进口货物以最后一个对货物进行经济上可以视为实质性加工的国家作为有关货物的原产国。

（3）其他情况：对机器、仪器、器材或车辆所用零件、部件、配件、备件及工具，如与主件同时进口且数量合理的，其原产地按主件的原产地确定，分别进口的则按各自的原产地确定。

（二）纳税争议的申诉程序

纳税义务人自海关填发税款缴款书之日起30日内，向原征税海关的上一级海关书面申请复议。逾期申请复议的，海关不予受理，海关应当自收到复议申请之日起60日内做出复议决定，并以复议决定书的形式正式答复纳税义务人，纳税义务人对海关复议决定仍然不服的，可以自收到复议决定书之日起15日内，向人民法院提起诉讼。

育人园地

对进口抗癌药实施零关税，顺应民生期盼，使患者更多受益

国务院总理李克强2018年4月12日主持召开国务院常务会议，确定发展"互联网＋医疗健康"措施，缓解看病就医难题、提升人民健康水平；决定对进口抗癌药实施零关税并鼓励创新药进口，顺应民生期盼使患者更多受益。

会议决定从2018年5月1日起，将包括抗癌药在内的所有普通药品、具有抗癌作用的生物碱类药品及有实际进口的中成药进口关税降至零，使我国实际进口的全部抗癌药实现零关税，较大幅度降低抗癌药生产、进口环节增值税税负。

2020年12月23日，国务院关税税则委员会印发《2021年关税调整方案》，决定从

2021 年 1 月 1 日开始，对 883 项商品实施低于最惠国税率的进口暂定税率，抗癌药原料、助听器、婴幼儿奶粉原料等跟百姓生活密切相关的商品均在其中。同时，随着中国对外开放持续扩大，部分协定税率、最惠国税率也将在降低。

本章小结

关税是海关依法对进出关境或国境的货物与物品征收的一种税，由进境货物的收货人、出境货物的发货人以及进出境物品的所有人缴纳。现行关税采用从价关税、从量关税、复合关税和滑动关税计税。一般情况下，关税的计税依据为关税完税价格，由海关依据进出口货物的成交价格为基础审查确定。

课后练习

一、单项选择题

1. 关税的征税主体是（　　）。

A. 税务部门　　　　B. 海关　　　　C. 财政部门　　　　D. 国务院

2. 当几个国家组成关税同盟时，成员国之间相互取消关税，对外实行共同的关税税则，对成员国而言（　　）。

A. 关境等于国境　　　　　　　　B. 关境小于国境

C. 关境大于国境　　　　　　　　D. 无法确定关境和国境的大小

3. 一国根据其与别国签订的贸易条约或协定而制定的关税税率是（　　）。

A. 最惠国税率　　B. 协定税率　　C. 特惠税率　　D. 普通税率

4. 不应计入关税完税价格的进口货物的费用是（　　）。

A. 由买方负担的购货佣金

B. 由买方负担的购货佣金以外的佣金和经纪费

C. 由买方负担的在审查确定完税价格时与该货物视为一体的容器的费用

D. 由买方负担的包装材料费用和包装劳务费用

5. 某进出口公司进口货物一批，经海关审定的货价为 100 万元（人民币，下同），另外，还有运抵我国关境内输入地点起卸前发生的包装费 6 万元，运输费 4 万元，保险费 2 万元，购货佣金 3 万元，则该公司进口该批货物的关税完税价格为（　　）万人民币。

A. 100　　　　　B. 112　　　　　C. 115　　　　　D. 110

6. 属于从量计征关税应纳税额的计算公式的是（　　）。

A. 应纳关税税额＝进（出）口应税货物数量×单位完税价格×适用税率

B. 应纳关税税额＝进（出）口应税货物数量×单位货物税额

C. 应纳关税税额＝进（出）口应税货物数量×单位货物税额＋进（出）口应税货物数量×单位完税价格×适用税率

D. 应纳关税税额＝进（出）口应税货物数量×单位完税价格×滑准税税率

7. 出口货物的完税价格不应该包括（　　）。

A. 向境外销售的成交价格

B. 货物运至我国境内输出地点装载前的运输及其相关费用

C. 货物运至我国境内输出地点装载前的保险费用

D. 离境口岸至境外口岸之间的运输、保管费

8. 《关税条例》规定，关税税额在人民币（　　）元以下的一票货物，经海关审查无误，可以免税。

A. 50　　　　　　　B. 100　　　　　　　C. 1 000　　　　　　　D. 10 000

9. 对原产地不明的进口货物，适用的关税税率是（　　）。

A. 关税配额税率　　B. 普通税率　　　　C. 暂定税率　　　　D. 协定税率

10. 下列各项中，符合进口关税完税价格规定的是（　　）。

A. 留购的进口货样，以海关审定的留购价格为完税价格

B. 留购的租赁货物，以租赁期间审定的租金作为完税价格

C. 准予暂时进口的施工机械，按同类货物的价格为完税价格

D. 运往境外加工的货物，以加工后入境时的到岸价格为完税价格

11. 根据关税法律制度的规定，进出口货物完税后，如因收货人违反规定而造成少征或漏征税款的，海关在一定期限内可以追缴，该期限为（　　）。

A. 6 年　　　　　　B. 5 年　　　　　　C. 4 年　　　　　　D. 3 年

二、多项选择题

1. 下列属于关税特征的有（　　）。

A. 纳税上的统一性和一次性　　　　　B. 征收上的过"关"性

C. 税率上的复式性　　　　　　　　　D. 对进出口贸易的调节性

2. 下列关于关税的说法中，正确的有（　　）。

A. 进出口货物，应当按照收发货人或者他们的代理人申报进口或者出口之日实施的税率征税

B. 进口货物到达前，经海关核准先行申报的，应当按照装卸次货物的运输工具申报进境之日实施的税率征税

C. 对原产于我国的进口货物，按普通税率征税

D. 对从境外采购进口的原产于中国境内的货物，不征收进口关税

3. 优惠关税包括（　　）。

A. 最惠国待遇　　　B. 互惠关税　　　C. 特定优惠关税　　　D. 普遍优惠关税

4. 进境物品的纳税义务人是指（　　）。

A. 携带物品进境的入境人员　　　　　B. 进境邮递物品的收件人

C. 以其他方式进口物品的收件人　　　D. 进境物品的邮寄人

5. 属于关税应纳税额计算公式的有（　　）。

A. 应纳关税税额＝进（出）口应税货物数量×单位完税价格×适用税率

B. 应纳关税税额＝进（出）口应税货物数量×单位货物税额

C. 应纳关税税额＝进（出）口应税货物数量×单位货物税额＋进（出）口应税货物数量×单位完税价格×适用税率

D. 应纳关税税额＝进（出）口应税货物数量×单位完税价格×滑准税税率

6. 报关需用的资料有（   ）。

A. 税款缴款书　　　B. 提货单　　　C. 正本发票　　　D. 进口货物报关单

7. 我国《海关法》规定，减免进出口关税的权限属中央政府，关税的减免形式有（   ）。

A. 法定减免税　　　　　　　B. 特定减免税

C. 临时减免税　　　　　　　D. 因难减免税

8. 下列出口货物完税价格确定方法中，符合《海关法》规定的有（   ）。

A. 海关依法估价确定的完税价格

B. 以成交价格为基础确定的完税价格

C. 根据境内生产类似货物的成本、利润和费用计算出的完税价格

D. 以相同或类似的进口货物在境内销售价格为基础估定的完税价格

9. 关于关税的减免税，下列表述正确的有（   ）。

A. 无商业价值的广告品视同货物进口征收关税

B. 外国企业赠送的物资免征关税

C. 保税区内加工运输出境的产品免征进口关税和进口环节税

D. 关税税额在人民币 50 元以下的货物免征关税

10. 关于完税价格，下列说法正确的有（   ）。

A. 加工贸易进口料件及制成品反内销需补税的，要按一般进口货物的完税价格规定来审定完税价格

B. 以租赁方式进口的留购货物，应以该同类货物进口时到岸价格作为完税价格

C. 接受捐赠进口的货物如有类似货物成交价格的，应按该类似货物成交价格作为完税价格

D. 出口的货物一般以境外买方向卖方实付或应付的货价作为完税价格

11. 下列各项中，属于到岸价格的有（   ）。

A. 货价

B. 为了在境内制造的目的而向境外支付与该货物有关的计算机软件和资料费用

C. 货物运抵我国关境内输入地点起卸后的通关费

D. 货物运抵我国关境内输入地点起卸前的劳务费

三、判断题

（   ）1. 关税是指由税务部门根据国家制定的有关法律，对进出国境的或关境的货物和物品征收的一种税。

（   ）2. 保护关税是指以增加财政收入为主要目的而征收的关税。

（　　）3. 关税的征税对象是贸易性商品，不包括入境旅客随身携带的个人行李物品和个人邮递物品。

（　　）4. 进出口货物的完税价格是指海关根据有关规定进行审定或估定后通过估价确定的价格。

（　　）5. 关税的计税依据只有关税完税价格。

（　　）6. 关税滞纳金自关税缴纳期限届满之日起，至纳税义务人缴纳关税之日止，按滞纳税款万分之五的比例按日征收，周末或法定节假日可予扣除。

（　　）7. 我国的关税按照统一的关税税则征收一次后，就可以在整个关境内流通，不再征收。

（　　）8. 进口货物以海关审定的成交价格为基础的到岸价格作为完税价格，到岸价格就是货价。

（　　）9. 运往境外加工的货物，出境时向海关报明，并在海关规定期限内复运进境的，应当以加工后的货物进境时的到岸价格作为完税价格。

（　　）10. 出口货物的完税价格，是由海关以该货物向境外销售的成交价格为基础审查确定，包括货物运至我国境内输出地点装卸前的运输费、保险费，但不包括出口关税。

（　　）11. 对原产于与我国签订含有关税优惠条款的区域性贸易协定的国家或地区的进口货物，按特惠税率征税。

（　　）12. 根据关税法律制度的规定，在货物成交过程中，进口人在成交价格外另支付给出口人的佣金，应从成交价格中扣除。

四、实务训练

1. 某进出口公司从德国进口货物一批，成交价折合人民币 8 900 万元（包括向境外采购代理人支付的买方佣金 42 万元）。另支付运费 160 万元，保险费 70 万元。假设该货物适用的关税税率为 50%。

要求：计算该批货物运抵我国口岸后应缴纳的关税税额。

2. 上海某进出口公司从英国进口货物一批，货物实际成交价格折合人民币 1 410 万元（包括单独计价并经海关审查属实的向采购代理人支付的买方佣金 20 万元，但不包括因使用该货物而向境外支付的软件费 55 万元），另支付货物运抵我国上海港的运费、保险费等 45 万元。假设该批货物适用的关税税率为 20%，增值税税率为 13%，消费税税率为 10%。

要求：分别计算该公司该笔业务的关税、消费税和增值税应纳税额。

3. 某公司进口电视机 1 000 台，单位完税价格为人民币 3 000 元，假定关税税率为 20%。

要求：计算进口这批电视机应缴纳的关税税额。

4. 某进出口公司进口 10 吨化工原料，货物以境外口岸离岸价格成交，单价为人民币 20 000 元，已知该货物运抵我国关境输入地点起卸前的包装、运输、保险费用为每吨

3 000 元人民币，关税税率为 10%。

要求：计算该公司进口该批货物应缴纳的关税税额。

5. 某外贸公司进口一批化妆品，成交价为 350 万元人民币，支付途中运输费 40 万元，保险费 10 万元。该批化妆品在境内销售取得不含增值税销售额 580 万元。假定关税税率为 10%，消费税税率为 15%，增值税税率为 13%。

要求：计算该公司应缴纳的流转税。

6. 某进出口公司出口一批货物，向境外销售的成交价格共计人民币 122 万元，出口关税税率为 20%。

要求：计算该公司出口该批货物应缴纳的关税税额。

7. 某进出口公司进口一批设备，经海关审定的成交价为 500 万美元。另支付货物运抵我国境内输入地点起卸前的运输费 25 万美元，保险费 35 万美元，由买方负担的购货佣金 6 万美元，包装劳务费 4 万美元。已知市场汇率为 1 美元＝6.7 元人民币，该设备适用关税税率为 12%。

要求：

(1) 该进出口公司在进口该批设备过程中发生的哪些费用应计入货物的完税价格？

(2) 计算进口该批设备应缴纳的关税。

(3) 说明该进出口公司进口该批设备申报缴纳关税的期限。

8. 2021 年 6 月，某进出口公司代理 A 公司进口商品一批，进口货款人民币 3 400 000 元，已预先汇入公司存款户。该进口商品我国口岸 CIF 价格折合人民币 2 168 300 元，进口关税税率为 20%，代理手续费按货价 2% 收取。该批商品运达后，受托单位向委托单位办理结算。

要求：根据上述资料，计算该进出口公司应代缴关税和应收手续费。

第五章

企业所得税实务

【知识目标】

1. 熟识企业所得税的概念和特点；
2. 熟悉企业所得税的纳税义务人、征税对象、税率和税收优惠政策；
3. 熟悉企业所得税的征收管理。

【能力目标】

1. 能够准确计算企业所得税应纳税所得额、应纳所得税额。
2. 能够填写企业所得税年度纳税申报表。
3. 熟悉企业所得税的纳税年度、预缴与汇算清缴以及纳税地点的相关规定。

导入案例

　　某企业 2021 年取得主营业务收入 2 800 万元，其他业务收入 200 万元。当年营业成本 2 200 万元，税金及附加 130 万元，其他业务成本 120 万元，财务费用 20 万元，管理费用 200 万元，销售费用 300 万元，会计利润为 30 万元。某税务师事务所审查该企业账目，得到如下信息：

　　（1）支付工资总额 230 万元（税务机关认定该企业支付的工资属于合理的工资薪金支出，可以全额在税前扣除）。

　　（2）向工会组织拨付了 4.6 万元职工工会经费，实际支出了 25 万元职工福利费，发生了 19.8 万元职工教育经费。

　　（3）支付财产保险费和运输保险费共计 15 万元。

　　（4）管理费用中支付业务招待费 50 万元。

　　（5）销售费用中列支广告费 300 万元。

　　（6）营业外支出中，通过中国减灾委员会向贫困地区捐款 5 万元。

　　问题：根据以上事实，请计算该企业 2021 年应纳的企业所得税。

第一节

企业所得税概述

一、企业所得税的概念

　　企业所得税是指国家以在中国境内企业和其他取得收入的组织的生产经营所得和其他所得（包括来源于中国境内、境外的所得）为征税对象而依法征收的一种税。"企业"是指按国家规定注册、登记的企业。"有生产经营所得和其他所得的其他组织"，是指经国家有关部门批准，依法注册、登记的，有生产经营所得和其他所得的事业单位、社会团体等组织。

二、我国企业所得税的历史沿革

　　按照建立社会主义市场经济体制的要求，更好地为企业创造公平竞争的税收环境，国务院于 1993 年 11 月 26 日发布了《中华人民共和国企业所得税暂行条例》，并于 1994 年 1 月 1 日起施行。国务院之前发布的《中华人民共和国国营企业所得税条例（草案）》《国营企业调节税征收办法》《中华人民共和国集体企业所得税暂行条例》和《中华人民共和国私营企业所得税暂行条例》同时废止。自 1994 年起，我国各种类型的内资企业开始适用统一的《中华人民共和国企业所得税暂行条例》，这使我国的企业所得税制向前迈进了一大步。在此之前，为了进一步适应对外开放的需要，按照税负从轻、优惠从宽、手续从简原则，1991 年 4 月 9 日，第七届全国人大第 4 次会议通过了《中华人民共和国外商投资企业和外国企业所得税法》，代替了原有两个涉外企业所得税法，自同年 7 月 1 日起施行。

随着我国经济体制改革的不断深入和经济的快速发展，企业所得税内资和外资企业两套税制并行的格局带来了许多新问题。特别是 2001 年我国加入 WTO 以后，内资企业面临越来越大的竞争压力，继续实行内外有别的企业所得税制，将使内资企业处于不平等的竞争地位。根据党的十六届三中全会关于"统一各类企业税收制度"的精神，我国启动了企业所得税"两税合并"改革，并于 2007 年 3 月 16 日在第十届全国人大第 5 次会议通过了《中华人民共和国企业所得税法》（以下简称《企业所得税法》），《中华人民共和国企业所得税法实施条例》（以下简称《企业所得税法实施条例》）也于 2007 年 11 月 28 日由国务院通过，于 2008 年 1 月 1 日起施行。我国《企业所得税法》的施行，进一步为各类企业提供了公平竞争的税收环境，同时其法律层次也得到了提升，制度体系更加完善，制度规定更加符合我国经济发展的基本要求。

三、现行企业所得税的特点

1. 计税依据为应纳税所得额

企业所得税的计税依据是纳税人的收入总额扣除各项成本、费用、税金、损失等支出后的净所得额，它既不等于企业实现的会计利润额，也不是企业的增值额。因此，企业所得税是一种不同于商品劳务税的税种。

2. 计征比较复杂

企业所得税的计税依据是净所得额，因此应纳税所得额的计算必然涉及一定时期的成本、费用的归集与分配，与流转额征税相比，计算和征收的难度要大，加上政府为了堵塞税收漏洞，法律规定了税前扣除与非扣除项目，企业所得税的计征就更加复杂。

3. 体现量能负担原则

企业所得税对净所得征税，所得多多征，所得少少征，无所得不征，照顾了纳税人的负担能力。凡所得多的，说明负税能力强，应规定较重的税收负担；凡所得少的，说明负税能力弱，应规定较轻的税收负担或者不纳税。量能负担原则认为税收的征纳不应以形式上实现依法征税，满足财政需要为目的，而应在实质上实现税收负担在全体纳税人之间的公平分配，使所有的纳税人按照其实质纳税能力负担其应缴纳的税收额度。

4. 按年计征，分期预缴

企业所得税税款征收采用按年计征、分期预缴的办法。

四、企业所得税的作用

1. 有利于企业公平竞争

现行《企业所得税法》实现了"五个统一"，即内资、外资企业适用统一的企业所得税法；统一并适当降低企业所得税率；统一和规范税前扣除办法和标准；统一税收优惠政策，实行"产业优惠为主、区域优惠为辅"的新税收优惠体系；统一并强化所得税征收管理。《企业所得税法》使各类企业在同一税收待遇的起跑线上平等竞争。现行税法统一实行25％的税率，统一和规范税前扣除办法和标准、统一税收优惠政策，消除了差别待遇，降低了内资企业税收负担，使各类企业享受同等的税收待遇，促进了各类企业公平竞争。

2. 有利于经济结构的调整和经济增长方式的转变

我国经济结构矛盾突出，经济增长方式粗放。虽然原有的内资企业所得税和外资企业所得税都制定了一些鼓励向弱势产业投资的税收优惠政策，但是导向作用不明显。现行《企业所得税法》实行鼓励节约资源能源、保护环境、发展高新技术，鼓励基础设施建设和农业发展，支持安全生产，促进公益事业和照顾弱势群体等税收优惠，将进一步发挥税收的调控作用，有利于引导我国经济增长方式由粗放型向集约型转变，推动我国产业结构的优化升级，促进我国国民经济全面、协调、可持续发展。

3. 有利于增强企业的国际竞争力。

"扩大税基、降低税率"是20世纪末以来税制改革的潮流。我国1994年税制改革时，内资企业所得税选择的税率是33％，当时属于世界中等偏下水平。实行25％的企业所得税税率，在降低法定税率的同时，提高内资企业的税前扣除标准。从总体上看，统一企业所得税是减税为主的改革，既保持了我国税制的国际竞争力，又增强了我国企业的国际竞争力。

4. 有利于进一步统一和规范税制

内、外资企业所得税统一以后，我国税制体系中主体税种都实现了内、外资企业的税收同等待遇，内、外资企业税收待遇上的差别将进一步缩小，为进一步实现全面内、外资企业无差别待遇奠定了良好的基础。在现行税制中，尚有房地产税、城市维护建设税以及个人所得税存在内外差别。按照党的十六届三中全会确定的"分步实施税制改革的指导思想"，建立内外一致、统一规范的税收制度将不会再有大的障碍。

5. 有利于国际税收协调

随着世界经济一体化的发展，国际间的货物流动、资本流动和人员流动日益频繁且范围扩大。我国也开始由单方面地引进外资为主，转变为引进外资与鼓励企业海外投资和合作相结合。内、外资企业所得税统一以后，使我国向简化税制的方向迈出了一大步，有利于我国开展国际税收的协调和合作。

企业所得税的基本法律规定

一、纳税人

(一) 纳税人的基本规定

现行《企业所得税法》实行法人所得税制，以"在中华人民共和国境内，企业和其他取得收入的组织"为企业所得税的纳税人。换言之，具有法人资格的企业和其他取得收入的组织应该缴纳企业所得税。依照中国法律设立的个人独资企业、合伙企业由于不具有法人资格，不适用企业所得税法，而是适用个人所得税法，其投资者个人的生产经营所得依照个人所得税法中"经营所得"项目，按照3%~35%的超额累进税率缴纳个人所得税。

(二) 居民企业和非居民企业的划分

现行《企业所得税法》将纳税人分为居民企业和非居民企业。居民企业和非居民企业的划分直接与税收管辖权相关。多数国家同时实行地域税收管辖权和居民税收管辖权，并将纳税人分为居民纳税人和非居民纳税人。

1. 居民企业

居民企业是指依法在中国境内成立，或者依照外国（地区）法律成立但实际管理机构在中国境内的企业。

（1）登记注册地标准。依法在中国境内成立的企业，包括依照中国法律、行政法规在中国境内成立的企业、事业单位、社会团体以及其他取得收入的组织，属于居民企业。

（2）实际管理机构标准。实际管理机构是指对企业的生产经营、人员、账务、财产等实施实质性全面管理和控制的机构。虽然未在中国注册登记，但在中国境内设有实际管理机构，也属于居民企业。

2. 非居民企业

非居民企业是指依照外国（地区）法律成立且实际管理机构不在中国境内，但在中国境内设立机构、场所的，或者在中国境内未设立机构、场所，但有来源于中国境内所得的企业。

（三）居民企业和非居民企业的纳税义务

在《企业所得税法》中，划分居民企业与非居民企业的主要目的是确定纳税人的纳税义务。

1. 居民企业承担无限纳税义务

居民企业就其来源于中国境内、境外的所得缴纳企业所得税。

2. 非居民企业承担有限纳税义务

非居民企业仅就其来源于中国境内所得部分纳税。具体规定如下：

（1）非居民企业在中国境内设立机构、场所的，应当就其所设机构、场所取得的来源于中国境内的所得，以及发生在中国境外但与其所设机构、场所有实际联系的所得，缴纳企业所得税。其中，实际联系是指非居民企业在中国境内设立的机构、场所拥有据以取得所得的股权、债权以及拥有、管理、控制据以取得所得的财产等。

（2）非居民企业在中国境内未设立机构、场所的，或者虽设立机构、场所但取得的所得与其所设机构、场所没有实际联系的，应当就其来源于中国境内的所得缴纳企业所得税。在这种情况下，征收的企业所得税被称为预提所得税。预提所得税不是一个单独的税种，而是一种税款的缴纳方式。

（四）所得来源地的确定原则

来源于中国境内、境外的所得，按照以下原则确定所得来源地：
（1）销售货物所得，按照交易活动发生地确定。
（2）提供劳务所得，按照劳务发生地确定。
（3）转让不动产所得，按照不动产所在地确定。
（4）转让动产所得，按照转让动产的企业或者机构、场所所在地确定。
（5）转让权益性投资资产所得，按照被投资企业所在地确定。
（6）股息、红利等权益性投资所得，按照分配所得的企业所在地确定。
（7）利息所得、租金所得、特许权使用费所得，按照负担、支付所得的企业或者机构、场所所在地确定，或者按照负担、支付所得的个人的住所地确定。
（8）其他所得，由国务院财政、税务主管部门确定。

实务操作1：

美国某公司2015年对中国某企业进行投资，拥有该中国企业36%的股份。2021年2月，该美国公司将其股份转让给一家英国公司。请问：其转让所得是否需要向中国政府缴纳企业所得税？

解析：根据现行《企业所得税法》的规定，转让权益性投资资产所得按照被投资企业所在地确定其所得来源地，因此该项权益性投资资产转让所得属于来源于中国境内的所得，应该向中国政府缴纳企业所得税。

二、征税对象

企业所得税的征税对象是企业的生产经营所得和其他所得，包括销售货物所得、提供劳务所得、转让财产所得、股息红利等权益性投资所得、利息所得、租金所得、特许权使用费所得、接受捐赠所得和其他所得。

三、税率

（一）法定税率

居民企业适用的企业所得税法定税率为 25%。

非居民企业在中国境内设立机构、场所，取得的所得与其机构场所有联系的，也适用 25% 的企业所得税率。

（二）预提所得税税率

税法规定预提所得税（源泉扣缴的所得税的习惯叫法）税率为 20%，在《企业所得税法实施条例》中规定："非居民企业在中国境内未设立机构、场所的，或者虽设立机构、场所但取得的所得与其所设机构、场所没有实际联系的，减按 10% 税率征收企业所得税。"

四、税收优惠

企业享受优惠事项采取"自行判别、申报享受、相关资料留存备查"的办理方式。企业应当根据经营情况以及相关税收规定自行判断是否符合优惠事项规定的条件，符合条件的可以按照规定的时间自行计算减免税额，并通过填报企业所得税纳税申报表享受税收优惠。同时，按照规定归集和留存相关资料备查。

企业所得税的税收优惠具体规定如下：

（1）企业综合利用资源的项目享受税收优惠。企业综合利用资源，生产符合国家产业政策规定的产品所取得的收入，可以在计算应纳税所得额时减计收入。

（2）企业安置残疾人员支付的工资可以加计扣除。企业安置符合《中华人民共和国残疾人保障法》有关规定的残疾人员，在按照支付给残疾职工工资据实扣除的基础上，再按照支付给残疾职工工资的 100% 加计扣除。同时对企业安置国家鼓励安置的其他就业人员所支付的工资也允许按相关规定加计扣除。

（3）企业开发新技术、新产品、新工艺发生的研究开发费用可以加计扣除。企业为开发新技术、新产品、新工艺发生的研究开发费用，未形成无形资产计入当期损益的，在按照规定据实扣除的基础上，按照研究开发费用的 50% 加计扣除；形成无形资产的，按照无形资产成本的 150% 摊销。

（4）企业的固定资产由于技术进步等原因，确需加速折旧的，可以缩短折旧年限或者采取加速折旧的方法。企业可以采取缩短折旧年限或者采取加速折旧的固定资产，主要包括：由于技术进步，产品更新换代较快的固定资产；常年处于强震动、高腐蚀状态的固定资产。但采取缩短折旧年限方法的，最低折旧年限不得低于税法中固定资产原规定折旧年限的 60%；采取加速折旧方法的，可以采取双倍余额递减法或者年数总和法。而其他固定资产只能按不少于规定的最低折旧年限，采用直线法计算折旧额。

（5）创业投资企业从事国家需要重点扶持和鼓励的创业投资，可以按投资额的一定比例抵扣应纳税所得额。创业投资企业采取股权投资方式投资于未上市的中小高新技术企业 2 年以上的，可以按照其投资额的 70% 在股权持有满 2 年的当年抵扣该创业投资企业的应纳税所得额；当年不足抵扣的，可以在以后纳税年度结转抵。

（6）对小型微利企业年应纳税所得额不超过 100 万元的部分，自 2021 年 1 月 1 日至 2022 年 12 月 31 日，减按 12.5% 计入应纳税所得额，按 20% 的税率缴纳企业所得税。对小型微利企业年应纳税所得额超过 100 万元但不超过 300 万元的部分，自 2019 年 1 月 1 日至 2021 年 12 月 31 日，减按 50% 计入应纳税所得额，按 20% 的税率缴纳企业所得税；自 2022 年 1 月 1 日至 2024 年 12 月 31 日，减按 25% 计入应纳税所得额，按 20% 的税率缴纳企业所得税。

（7）对国家需要重点扶持的高新技术企业，减按 15% 的税率征收企业所得税。国家需要重点扶持的高新技术企业，是指拥有核心自主知识产权，并同时符合下列条件的企业：①产品（服务）属于《国家重点支持的高新技术领域》规定的范围；②研究开发费用占销售收入的比例不低于规定比例；③高新技术产品（服务）收入占企业总收入的比例不低于规定比例；④科技人员占企业职工总数的比例不低于规定比例；⑤高新技术企业认定管理办法规定的其他条件。

（8）对非居民企业的下列两类所得减按 10% 的税率征收企业所得税：①非居民企业在中国境内设立机构、场所的，对其所设机构、场所取得的来源于中国境内的所得，以及发生在中国境外但与其所设机构、场所有实际联系的所得。②非居民企业在中国境内未设立机构、场所的，或者虽设立机构、场所但取得的所得与其所设机构、场所没有实际联系的，对其来源于中国境内的所得。但在涉外税收中，对以下三类收入免征企业所得税：外国政府向中国政府提供贷款取得的利息所得；国际金融组织向中国政府和居民企业提供优惠贷款取得的利息所得；经国务院批准的其他所得。

（9）对企业从事农、林、牧、渔业项目的所得免征、减征企业所得税。其中免征企业所得税的对象主要包括：蔬菜、谷物、薯类、油料、豆类、棉花、麻类、糖料、水果、坚果的种植；农作物新品种的选育；中药材的种植；林木的培育和种植；牲畜、家禽的饲养；林产品的采集；灌溉、农产品初加工、兽医、农技推广、农机作业和维修等农、林、牧、渔服务业项目；远洋捕捞。减半征收企业所得税的对象主要包括：花卉、茶以及其他饮料作物和香料作物的种植；海水养殖、内陆养殖。

（10）企业购置用于环境保护、节能节水、安全生产等专用设备的投资额，可以按一定比例实行税额抵免。企业购置并实际使用《环境保护专用设备企业所得税优惠目录》《节能节水专用设备企业所得税优惠目录》和《安全生产专用设备企业所得税优惠目录》规定的环境保护、节能节水、安全生产等专用设备的，该专用设备的投资额的10%可以从企业当年的应纳所得税额中抵免；当年不足抵免的，可以在以后5个纳税年度结转抵免。

（11）企业的技术转让所得享受免征、减征企业所得税优惠政策。在一个纳税年度内，居民企业技术转让所得不超过500万元的部分，免征企业所得税；超过500万元的部分，减半征收企业所得税。

（12）企业从事国家重点扶持的公共基础设施项目投资经营的所得，享受免征、减征企业所得税。企业从事《公共基础设施项目企业所得税优惠目录》规定的港口码头、机场、铁路、公路、城市公共交通、电力、水利等项目时，对其投资经营的所得，自项目取得第一笔生产经营收入所属纳税年度起，第一年至第三年免征企业所得税，第四年至第六年减半征收企业所得税。但企业承包经营、承包建设和内部自建自用此类项目，不得享受此类企业所得税优惠。

（13）对于民族自治地方的自治机关对本民族自治地方的企业应缴纳的企业所得税中属于地方分享的部分，可以决定减征或者免征。自治州、自治县决定减征或者免征的，须报省、自治区、直辖市人民政府批准。根据国民经济和社会发展的需要，或者由于突发事件等原因对企业经营活动产生重大影响，国务院可以制定企业所得税专项优惠政策，报全国人民代表大会常务委员会备案。

第三节

企业所得税应纳税额的计算

一、企业所得税应纳税额计算公式

企业所得税应纳税额（以下称"应纳所得税额"）的计算公式为：

$$\text{应纳所得税额} = \text{应纳税所得额} \times \text{税率} - \text{减免税额} - \text{抵免税额}$$

二维码7：企业所得税的计算（1）

从公式可以看出，应纳所得税额的多少，主要取决于应纳税所得额和税率两个因素。在实际工作中，应纳税所得额的计算有以下两种方法。

（一）直接计算法

在直接计算法下，应纳税所得额为企业每一纳税年度的收入总额，减除不征税收入、免税收入、扣除项目金额以及允许弥补的以前年度亏损后的余额。应纳税所得额的计算公式为：

$$\frac{应纳税}{所得额}=\frac{收入}{总额}-\frac{不征税}{收入}-\frac{免税}{收入}-\frac{扣除}{项目金额}-\frac{允许弥补的}{以前年度亏损}$$

其中，"允许弥补的以前年度亏损"是指企业根据《企业所得税法》及《企业所得税法实施条例》的规定将每一纳税年度的收入总额减除不征税收入、免税收入和各项扣除以后小于零的数额，换言之，此处的亏损是指税法中的亏损，而非会计中的亏损。

企业应纳税所得额的计算以权责发生制为原则。属于当期的收入和费用，不论款项是否收付，均作为当期的收入和费用；不属于当期的收入和费用，即使款项已经在当期收付，均不作为当期的收入和费用。

（二）间接计算法

间接计算法即会计利润调整方法。应纳税所得额与会计利润是两个不同的概念，两者既有联系又有区别。应纳税所得额是一个税收概念，是根据《企业所得税法》规定的标准确定的，也是纳税人在一个时期内企业所得税的计税依据。而会计利润则是一个会计核算概念，反映的是企业一定时期内生产经营的财务成果。会计利润是确定应纳税所得额的基础，但是不等同于应纳税所得额。企业按照财务会计制度的规定进行核算得出的会计利润，根据税法规定做相应的纳税调整后，才能作为应纳税所得额。计算公式为：

$$应纳税所得额＝会计利润＋纳税调整增加数－纳税调整减少数$$

二、计税收入

（一）收入总额的范围

企业所得税中的收入总额是指企业以货币形式和非货币形式从各种来源取得的收入。企业取得收入的货币形式，包括现金、存款、应收账款、应收票据、准备持有至到期的债券投资以及债务的豁免等。企业取得收入的非货币形式，包括存货、固定资产、生物资产、无形资产、股权投资、不准备持有至到期的债券投资、劳务以及有关权益等。企业以非货币形式取得的收入，应当按照公允价值确定收入额。公允价值是指按照市场价格确定的价值。

企业的收入具体包括销售货物收入、提供劳务收入、转让财产收入、股息和红利等权益性投资收益、利息收入、租金收入、特许权使用费收入、接受捐赠收入、其他收入等。

（二）不征税收入和免税收入

1. 不征税收入

不征税收入本身不构成企业所得税应税收入，具体包括：

（1）财政拨款。财政拨款是指各级政府对纳入预算管理的事业单位、社会团体等组织拨付的财政资金，但国务院以及国务院财政、税务主管部门另有规定的除外。

（2）依法收取并纳入财政管理的行政事业性收费、政府性基金。

（3）国务院规定的其他不征税收入。国务院规定的其他不征税收入是指企业取得的，经国务院批准的国务院财政、税务主管部门规定专项用途的财政性资金。

2. 免税收入

企业的下列收入为企业所得税免税收入：

（1）国债利息收入。国债利息收入是指企业持有国务院财政部门发行的国债取得的利息收入。

（2）地方债利息收入。地方债利息收入是指企业持有 2012 年及以后年度发行的地方政府债券利息收入。地方政府债券是指经国务院批准同意，以省、自治区、直辖市和计划单列市政府为发行和偿还主体的债券。

（3）符合条件的居民企业之间的股息、红利等权益性投资收益。符合条件的居民企业之间的股息、红利等权益性投资收益是指居民企业直接投资于其他居民企业取得的投资收益。

（4）在中国境内设立机构、场所的非居民企业从居民企业取得与该机构、场所有实际联系的股息、红利等权益性投资收益。

（5）符合条件的非营利组织取得的捐赠收入、会费收入、不征税收入和免税收入孳息的银行存款利息收入。

3. 免征、减征企业所得税

企业的下列所得免征、减征企业所得税：

（1）从事农、林、牧、渔业项目的所得，但不包括企业从事国家限制和禁止发展的项目。

（2）从事国家重点扶持的公共基础设施项目投资经营的所得。

（3）从事符合条件的环境保护、节能节水项目的所得。

（4）符合条件的技术转让所得。

（5）外国政府向中国政府提供贷款取得的利息所得。

（6）国际金融组织向中国政府和居民企业提供优惠贷款取得的利息所得。

（7）经国务院批准的其他所得。

（8）民族自治地方的自治机关对本民族自治地方的企业应缴纳的企业所得税中属于地方分享的部分，可以决定减征或者免征。自治州、自治县决定减征或者免征企业所得税的，需报省、自治区、直辖市人民政府批准。

（三）计税收入的确认

1. 销售商品收入的确认

在计算应纳税所得额时，除《企业所得税法》及《企业所得税法实施条例》另有规定外，企业销售收入的确认必须遵循权责发生制原则和实质重于形式原则。企业销售商品同时满足下列条件的，应确认收入的实现：

（1）以分期收款方式销售货物的，应当按照合同约定的收款日期确认收入的实现。

（2）采取产品分成方式取得收入的，以企业分得产品的时间确认收入的实现。

（3）销售商品采用托收承付方式的，在办妥托收手续时确认收入。

（4）销售商品采取预收款方式的，在发出商品时确认收入。

（5）销售商品需要安装和检验的，在购买方接受商品以及安装和检验完毕时确认收入。如果安装程序比较简单，可在发出商品时确认收入。

（6）销售商品采用支付手续费方式委托代销的，在收到代销清单时确认收入。

（7）采用售后回购方式销售商品的，销售的商品按售价确认收入，回购的商品作为购进商品处理。有证据表明不符合销售收入确认条件的，如以销售商品方式进行融资，收到的款项应确认为负债；回购价格大于原售价的，差额应在回购期间确认为利息费用。

（8）采用以旧换新方式销售商品的，销售的商品应当按照销售商品收入确认条件确认收入，回收的商品作为购进商品处理。

（9）企业为促进商品销售而在商品价格上给予的价格扣除属于商业折扣（又名折扣销售）。商品销售涉及商业折扣的，应当按照扣除商业折扣后的金额确定销售商品收入金额。

债权人为鼓励债务人在规定的期限内付款而向债务人提供的债务扣除属于销售折扣。销售商品涉及销售折扣的，应当按扣除销售折扣前的金额确定销售商品收入金额，销售折扣在实际发生时作为财务费用扣除。

企业因售出商品的质量不合格等原因而在售价上给予的减让属于销售折让，企业因售出商品质量、品种不符合要求等原因而发生的退货属于销售退回。企业已经确认销售收入的售出商品发生销售折让和销售退回，应当在发生当期冲减当期销售商品收入。

（10）企业以"买一赠一"等方式组合销售本企业商品的，不属于捐赠，应将总的销售金额按各项商品的公允价值的比例来分摊确认各项商品的销售收入。

实务操作 2：

某商场（一般纳税人）采用"买一赠一"的方式销售手机，规定以每部 1 800 元（不含增值税价格，下同）购买手机的客户可获赠一副耳机，手机正常销售价格为每部

1 800元，耳机正常销售价格为每副 200 元。当期该商场销售手机 100 部，收入180 000元。

　　请计算：（1）该商场手机销售收入是多少？

　　　　　　（2）该商场耳机销售收入是多少？

　　解析：

$$手机销售收入=\frac{180\ 000\times1\ 800}{1\ 800+200}=162\ 000（元）$$

$$耳机销售收入=\frac{180\ 000\times200}{1\ 800+200}=18\ 000（元）$$

　　2. 提供劳务收入的确认

　　企业在各个纳税期末，提供劳务交易的结果能够可靠估计的，应采用完工进度（完工百分比）法确认提供的劳务收入。例如：《企业所得税法实施条例》规定，企业受托加工制造大型机械、设备、船舶、飞机，以及从事建筑、安装、装配工程业务或者提供劳务等，持续时间超过 12 个月的，应当按照纳税年度内完工进度或者完成的工作量确认收入。下列提供劳务满足收入确认条件的，应按规定确认收入：

　　（1）安装费。应根据安装完工进度确认收入。安装工作是商品销售附带条件的，安装费在确认商品销售实现时确认收入。

　　（2）宣传媒介的收费。应在相关的广告或商业行为出现于公众面前时确认收入。广告的制作费，应根据制作广告的完工进度确认收入。

　　（3）软件费。为特定客户开发软件的收费，应根据开发的完工进度确认收入。

　　（4）服务费。包含在商品售价内可区分的服务费，在提供服务的期间分期确认收入。

　　（5）艺术表演、招待宴会和其他特殊活动的收费。收费涉及几项活动的，预收的款项应合理分配给每项活动，分别确认收入。

　　（6）会员费。申请入会或成为会员，只允许取得会籍，所有其他服务或商品都要另行收费的，在取得该会员费时确认收入。

　　（7）特许权费。应当按照合同约定的特许权使用人应付特许权使用费的日期确认收入的实现；属于提供设备和其他有形资产的特许权费，在交付资产或转移资产所有权时确认收入；属于提供初始及后续服务的特许权费，在提供服务时确认收入。

　　（8）劳务费。长期为客户提供重复的劳务收取的劳务费，在相关劳务活动发生时确认收入。

三、扣除项目

（一）税前扣除应遵循的原则

　　企业在生产经营活动中所发生的费用支出必须严格区分为收益性支出和资本性支出。

收益性支出在发生当期直接扣除，资本性支出应当按照税收法律、行政法规的规定分期扣除或者计入有关资产的成本，不得在发生当期直接扣除。纳税人申报的扣除项目要真实、合法。一般而言，税前扣除的确认应遵循以下原则：

（1）权责发生制原则。纳税人应在费用发生时而不是实际支付时确认扣除。

（2）配比原则。纳税人发生的费用应在费用应配比或应分配的当期申报扣除，纳税人某一纳税年度应申报的可扣除费用不得提前或滞后申报扣除。

（3）确定性原则。纳税人可扣除的费用不论何时支付，其金额必须是确定的。

（4）相关性原则。企业实际发生的与取得收入有关的支出，是指与取得收入直接相关的支出。企业以取得的不征税收入用于支付所形成的费用或财产，不得扣除或计算折旧扣除。

（5）合理性原则。合理的支出是指符合生产经营活动常规，应计入资产成本或当期损益的必要与正常的支出。此外，除《企业所得税法》及《企业所得税法实施条例》另有规定外，企业实际发生的成本、费用、税金、损失和其他支出，不得重复扣除。

（二）扣除的内容

企业实际发生的与取得收入有关的、合理的支出，包括成本、费用、税金、损失和其他支出，准予在计算应纳税所得额时扣除。

1. 成本

成本是指企业在生产经营活动过程中发生的销售成本、销货成本、业务支出以及其他耗费。

2. 费用

费用是指企业在生产经营活动过程中发生的销售费用、管理费用和财务费用。

3. 税金

税金是指企业实际发生的除企业所得税和允许抵扣的增值税以外的各项税金及附加。

4. 损失

损失是指企业经营活动中实际发生的固定资产和存货的盘亏、毁损、报废净损失、转让财产损失、呆账损失、坏账损失，以及由自然灾害等不可抗力造成的非正常损失及其他损失。税前允许扣除的损失是净损失，即资产盘亏、毁损、报废损失减除责任人赔偿和保险赔款后的余额。企业已作为损失处理的资产，在以后年度全部或部分收回时，应计入当期收入。

5. 其他支出

其他支出是指除成本、费用、税金与损失外，企业经营活动中发生的与收入有关的、合理的支出。

（三）部分准予扣除的项目及标准

1. 工资薪金支出

企业发生的合理的工资、薪金支出准予据实扣除。工资、薪金支出是指纳税人每一纳税年度支付给在本企业任职或者受雇的员工的所有现金和非现金形式的劳动报酬，包括基本工资、奖金、津贴、补贴、年终加薪、加班工资，以及与员工任职或者受雇有关的其他支出。

2. 职工福利费、职工工会经费和职工教育经费

（1）企业发生的职工福利费支出，不超过工资薪金总额14％的部分，准予扣除。

（2）企业拨缴的职工工会经费支出，不超过工资薪金总额2％的部分，准予扣除。

（3）除国务院财政、税务主管部门另有规定外，企业发生的职工教育经费支出，不超过工资薪金总额8％的部分，准予扣除；超过部分，准予在以后纳税年度结转扣除。超过部分的职工教育经费准予在以后纳税年度结转扣除，因此会计与税法在职工教育经费中的年度差异为时间性差异。

> **实务操作 3：**
>
> 某企业2021年支出合理的职工工资120万元，职工福利费20万元，职工工会经费5万元，职工教育经费10万元，本年利润总额为300万元，请计算该企业当年的应纳税所得额。
>
> 解析：
>
> 超标准支出的职工福利费＝20－120×14％＝3.2（万元）
>
> 超标准支出的职工工会经费＝5－120×2％＝2.6（万元）
>
> 超标准支出的职工教育经费＝10－120×8％＝0.4（万元）
>
> 应纳税所得额＝300＋3.2＋2.6＋0.4＝306.2（万元）

3. 基本社会保险费和住房公积金

（1）企业按照国务院有关主管部门或者省级人民政府规定的范围和标准为职工缴纳的基本养老保险费、基本医疗保险费、失业保险费、工伤保险费、生育保险费等基本社会保险费和住房公积金，准予扣除。

二维码8：企业所得税的计算（2）

（2）企业为投资者或者职工支付的补充养老保险费、补充医疗保险费，分别在不超过工资薪金总额5％的范围内，准予扣除。

（3）除企业依照国家有关规定为特殊工种职工支付的人身安全保险费和国务院财政税务主管部门规定可以扣除的其他商业保险费外，企业为投资者或者

职工支付的商业保险费，不得扣除。

（4）企业参加财产保险，按照规定缴纳的保险费，准予扣除。

4. 借款费用

借款费用是纳税人为经营活动的需要承担的、与借入资金相关的利息费用。

（1）借款费用资本化。企业为购置、建造和生产固定资产、无形资产和经过12月以上的建造才能达到预定可销售状态的存货发生的借款，以及在有关资产购建期间发生的合理的借款费用，应作为资本性支出计入有关资产的成本。

（2）不需要资本化的借款费用。非金融企业在生产经营期间，向金融企业借款的利息支出和经批准发行债券的利息支出，准予扣除。

（3）向非金融企业借款的利息支出，不高于按照金融企业同期同类贷款利率计算的数额的部分，准予扣除。

（4）金融企业的储蓄利息支出和同业拆借利息支出、经批准发行债券的利息支出，准予扣除。

实务操作 4：

某企业于2021年3月1日向另一企业借款200万元用于生产经营，借款期限为6个月，年利率为10%（同期银行贷款利率为8%），该企业2021年计算应纳税所得额时可扣除多少利息费用？

解析：

$$可在税前扣除的利息费用 = 200 \times 8\% \times \frac{6}{12} = 8（万元）$$

实务操作 5：

2021年市A企业从银行贷款500万元，年利率8%；从B企业借入资金400万元，年利率为10%。本年度利润总额200万元。计算A企业本年的应纳税所得额。

解析：从银行借入资金支付的利息可全额在税前扣除。

不得扣除的利息支出 = 400 × （10% − 8%） = 8（万元）

应纳税所得额 = 200 + 8 = 208（万元）

5. 汇兑损失

企业在货币交易中，以及纳税年度终了时将人民币以外的货币性资产、负债按照期末即期人民币汇率中间价折算为人民币时产生的汇兑损失，除已经计入资产成本以及与向所有者进行利润分配相关的部分外，准予扣除。

6. 业务招待费

纳税人发生的与生产经营活动有关的业务招待费支出，按照发生额的60%扣除，但最高不得超过当年销售（营业）收入的5‰。

企业在筹建期间，发生的与筹建活动有关的业务招待费支出，可按实际发生额的60%计入企业筹办费，并按有关规定在税前扣除。

对从事股权投资业务的企业（包括集团公司总部、创业投资企业等），其从被投资企业所分配的股息、红利以及股权转让收入，可以按规定的比例计算业务招待费扣除限额。

实务操作6：

某企业2021年的销售收入为6 000万元，实际支出的业务招待费为80万元。计算允许税前扣除的业务招待费。

解析：

业务招待费扣除额＝80×60%＝48（万元）

可扣除的最高限额＝6 000×5‰＝30（万元）

由于业务招待费发生额的60%大于当年销售收入的5‰，因此在计算应纳税所得额时按照30万元扣除，实际支出的业务招待费80万元和税前扣除的业务招待费30万元之间的差额50万元做纳税调增处理。

实务操作7：

某汽车厂年度销售收入为5 000万元，发生的与生产经营活动有关的业务招待费支出额为80万元。计算在税前可扣除的业务招待费。

解析：

可扣除的业务招待费＝80×60%＝48（万元）

可扣除的最高限额＝5 000×5‰＝25（万元）

两数比较择其小者，当年可在税前扣除的业务招待费是25万元。

7. 广告费和业务宣传费

企业每一纳税年度发生的符合条件的广告费和业务宣传费，除国务院财政、税务主管部门另有规定外，不超过当年销售（营业）收入15%的部分，准予扣除；超过部分，准予在以后纳税年度结转扣除。因此，会计与税法在广告费和业务宣传费中的年度差异为时间性差异。

烟草企业的广告费和业务宣传费，一律不得在计算应纳税所得额时扣除。

企业在筹建期间发生的广告费和业务宣传费可按实际发生额计入企业筹办费，并按有关规定在税前扣除。

实务操作 8：

某企业 2021 年取得销售货物收入 2 000 万元，让渡专利使用权收入 200 万元，包装物出租收入 60 万元，视同销售货物收入 40 万元，接受捐赠 30 万元，当年实际发生业务招待费 30 万元。计算该企业当年可在企业所得税前扣除的业务招待费。

解析：捐赠收入属于营业外收入，不能作为计算业务招待费的基数。

　　　确定业务招待费的基数＝2 000＋200＋60＋40＝2 300（万元）

　　　可扣除的业务招待费＝30×60％＝18（万元）

　　　可扣除的最高限额＝2 300×5‰＝11.5（万元）

两数比较后择其小者，当年可在企业所得税前扣除的业务招待费是 11.5 万元。

8. 公益性捐赠

公益性捐赠是指企业通过公益性社会团体或者县级以上人民政府及其部门，用于《中华人民共和国公益事业捐赠法》规定的公益事业的捐赠。

纳税人当期实际发生的公益性捐赠支出在年度利润总额 12％ 以内（含）的，准予扣除。其中，年度利润总额是指企业按照国家统一会计制度的规定计算的年度会计利润。纳税人向受赠人的直接捐赠不允许扣除。

实务操作 9：

某企业为居民企业，2021 年发生经营业务如下：

（1）取得产品销售收入 4 000 万元；

（2）发生产品销售成本 2 600 万元，发生销售费用 770 万元、管理费用 480 万元、财务费用 60 万元、附加税金 40 万元；

（3）营业外收入 80 万元；

（4）营业外支出 50 万元（其中通过公益性社会团体向灾区捐款 30 万元，直接向灾民捐款 10 万元）。

要求：调整捐赠支出。

解析：公益性捐款 30 万元限额扣除，公益性捐赠支出扣除限额的计算如下：

　　　利润总额＝4 000－2 600－770－480－60－40＋80－50＝80（万元）

公益性捐赠支出扣除限额为利润总额的 12％，即：

　　　可扣除的最高限额＝80×12％＝9.6（万元）＜实际捐赠数 30 万元

故：

纳税调增＝30－9.6＝20.4（万元）

非公益性捐款 10 万元不得扣除，全额调增。

9. 专项资金

企业依照法律、行政法规的有关规定提取的用于环境保护、生态恢复等方面的专项资金，准予扣除；上述专项资金提取后改变用途的，不得扣除。

10. 保险费用

企业参加财产保险，按照规定缴纳的保险费，准予扣除。

11. 固定资产租赁费

企业根据生产经营活动的需要租入固定资产支付的租赁费按照以下方法扣除：

（1）以经营租赁方式租入固定资产发生的租赁费支出，按照租赁期限平均扣除。

（2）以融资租赁方式租入固定资产发生的租赁费支出，按照规定构成融资租入固定资产价值的部分应当提取折旧费用，分期扣除。

12. 劳动保护支出

企业发生的合理的劳动保护支出，准予扣除。

企业根据员工的工作性质和特点，由企业统一制作并要求员工工作时统一着装所发生的工作服饰费用，可以作为企业合理的支出给予税前扣除。

13. 总机构管理费用

非居民企业在中国境内设立的机构、场所，就其中国境外总机构发生的与该机构、场所生产经营有关的费用，能够提供总机构出具的费用汇集范围、定额、分配依据和方法等证明文件，并合理分摊的，准予扣除。

（四）不得扣除的项目

（1）向投资者支付的股息、红利等权益性投资收益款项。

（2）企业所得税税款。

（3）税收滞纳金。

（4）罚金、罚款和被没收财物的损失。

（5）超标的捐赠支出。

（6）赞助支出。不得扣除的赞助支出是指企业发生的与生产经营活动无关的各种非广告性质的支出。

（7）未经核定的准备金支出。未经核定的准备金支出是指不符合国务院财政、税务主管部门规定的各项资产减值准备、风险准备等准备金支出。

（8）与取得收入无关的其他支出。

（9）企业之间支付的管理费、企业内营业机构之间支付的租金和特许权使用费，以及非银行企业内营业机构之间支付的利息。

导入案例解析：

根据上述规定我们可以采用间接计算法计算"导入案例"中该企业的应纳所得税额。

(1) 该企业会计利润为 30 万元。

(2) 纳税调整情况如下：

①工资支出。经税务机关认定该公司支付的 230 万元工资属于合理的工资薪金支出，可以在税前扣除，因此无须进行纳税调整。

②职工工会经费、职工福利费和职工教育经费。

税前准予扣除的职工工会经费限额＝230×2％＝4.6（万元）

该企业向工会组织拨付了 4.6 万元职工工会经费，未超过限额，可以在税前全额扣除，无须进行纳税调整。

税前准予扣除的职工福利费限额＝230×14％＝32.2（万元）

该企业实际支出了 25 万元职工福利费，未超过限额，可以在税前全额扣除，无须进行纳税调整。

税前准予扣除的职工教育经费限额＝230×8％＝18.4（万元）

该企业实际发生了 19.8 万元职工教育经费，超过限额，超过部分 1.4 万元需要进行纳税调增，同时可以无限期向以后年度结转。

③支付的 15 万元财产保险费和运输保险费可以全额在税前扣除，无须进行纳税调整。

④业务招待费。

业务招待费扣除额＝50×60％＝30（万元）

税前准予扣除的业务招待费限额＝(2 800＋200)×5‰＝15（万元）

业务招待费发生额的 60％大于当年销售收入的 5‰，因此在计算应纳税所得额时按照 15 万元扣除，实际支出的业务招待费 50 万元和税前扣除的业务招待费 15 万元之间的差额 35 万元做纳税调增处理。

⑤广告费。

税前准予扣除的广告费扣除限额＝(2 800＋200)×15％＝450（万元）

由于实际支出的广告费小于扣除限额，可以全额在税前扣除，无须进行纳税调整。

⑥公益性捐赠。

税前准予扣除的公益性捐赠扣除限额＝30×12％＝3.6（万元）

该企业通过中国减灾委员会向贫困地区捐款 5 万元，大于扣除限额，须进行纳税调整

调增额＝5－3.6＝1.4（万元）

综上：

应纳税所得额＝30＋1.4＋35＋1.4＝67.8（万元）

适用的企业所得税税率为 25％，故：

应纳所得税额＝67.8×25％＝16.95（万元）

四、亏损弥补

亏损是指依照《企业所得税法》及其实施条例的规定将企业每一纳税年度的收入总额减除不征税收入、免税收入和扣除项目金额后小于零的数额。

企业在汇总计算所得税时，其境外营业机构的亏算不得抵减境内营业机构的盈利。

（一）时间要求

企业纳税年度发生的亏损准予向以后年度结转，用以后年度的所得弥补，但结转年限最长不得超过 5 年。5 年内无论是盈利还是亏损，都作为实际弥补期限计算。

自 2018 年 1 月 1 日起，当年具备高新技术企业或科技型中小企业资格的企业，弥补亏损年限为 10 年。

（二）范围要求

企业在汇总计算缴纳企业所得税时，其境外营业机构的亏损不得抵减境内营业机构的盈利，企业境外业务之间的盈亏可以互相弥补。

这一规定的目的是保护国内税基。企业境外业务之间的盈亏可以互相弥补是指同一个国家内的盈亏可以互相弥补，不同国家的盈亏不能互相弥补。我国境外所得已纳税额抵免限额是分国不分项计算的。

实务操作 10：

某中国居民公司在 A、B 两个国家设有分支机构，其应纳税所得额情况见表 5-1。该公司在 A 国分支机构的亏损能否用其他应纳税所得额弥补？

表 5-1　　　　　　　　　某公司应纳税所得　　　　　　　　　单位：万元

年份	境内应纳税所得	A 国应纳税所得	B 国应纳税所得
2020 年	1 500	−300	500
2021 年	2 000	500	300

解析：按照规定，2020 年该公司在 A 国分支机构的亏损 300 万元不得用境内应纳税所得额 1 500 万元弥补，也不得用该公司在 B 国分支机构的应纳税所得额弥补，只能用该公司在 A 国分支机构以后年度的盈利弥补。

实务操作 11：

某企业 2021 年生产经营情况如下：主营业务收入 600 万元；出租房屋租金收入 60 万元；购买国家债券利息收入 10 万元；主营业务成本 450 万元；出租房屋相关支出 18

万元；发生销售费用50万元；缴纳消费税、城市维护建设税和教育费附加共计40万元；发生管理费用47万元（其中，业务招待费用7万元）；发生财务费用15万元（其中支付向企业职工集资100万元的年息13万元，同期银行贷款利率为8%）。企业适用的企业所得税税率为25%。计算该企业当年应纳税所得额和应纳所得税额。

解析：根据该企业资料，计算应纳税所得额应采用直接计算法：

（1）国家债券利息收入免税。

收入总额＝600＋60＝660（万元）

（2）扣除项目金额＝450＋18＋50＋40＝558（万元）

（3）业务招待费允许扣除限额＝660×5‰＝3.3（万元）

扣除额＝7×60%＝4.2（万元）

扣除额超过允许扣除限额，按允许扣除限额3.3万元扣除，因此：

准予扣除的管理费用＝47－（7－3.3）＝43.3（万元）

（4）利息费用允许扣除限额＝100×8%＝8（万元）

支付企业职工集资的年息13万元超过允许扣除限额，按允许扣除限额8万元扣除，因此：

准予扣除的财务费用＝15－（13－8）＝10（万元）

（5）应纳税所得额＝660－558－43.3－10＝48.7（万元）

（6）应纳所得税额＝48.7×25%＝12.18（万元）

五、非居民企业应纳税所得额的计算

非居民企业在中国境内未设立机构、场所的，或者虽设立机构、场所，但取得的所得与其所设机构、场所没有实际联系的，按照下列方法计算其应纳税所得额：

（1）股息、红利等权益性投资收益和利息、租金、特许权使用费所得，以收入全额为应纳税所得额。

（2）转让财产所得，以收入全额减除财产净值后的余额为应纳税所得额。净值是指企业按资产的计税基础扣除按税法规定计提的资产的折旧、摊销、折耗、坏账准备后的余额。

（3）其他所得，参照前文介绍的方法计算应纳税所得额。

六、境外所得已纳税额的抵免

（一）抵免范围

企业取得的下列所得已在境外缴纳或负担的所得税额，可以从其当期应纳税额中抵免：

（1）居民企业来源于中国境外的应税所得。

（2）非居民企业在中国境内设立机构、场所取得发生在中国境外但与该机构、场所有实际联系的应税所得。

（3）居民企业从其直接或者间接控制的外国企业分得的来源于中国境外的股息、红利等权益性投资收益，外国企业在境外实际缴纳的所得税税额中属于该项所得负担的部分，可以作为该居民企业的可抵免境外所得税额，在抵免限额内抵免。

由居民企业直接或间接控制的外国企业是指：①直接控制，是指居民企业直接持有外国企业 20％以上的股份。②间接控制，是指居民企业以间接持股方式持有外国企业 20％以上的股份，具体认定办法由国务院财政、税务主管部门另行制定。居民企业抵免境外所得税额中由其负担的税额的，应在符合规定持股比例的企业之间，从最低一层企业起逐层计算由上一层企业负担的税额。

企业在依照税法的规定抵免税款时，应当提供境外税务机关填发的税款所属年度的纳税凭证。

（二）抵免限额的计算

我国对居民企业来源于境外的所得，在境外已经缴纳或负担的所得税额实行限额抵免。抵免限额是指企业来源于中国境外的所得，依照我国税法的规定计算的应纳税所得额。该抵免限额应当分国（地区），不分项计算。抵免限额的计算公式为：

$$\begin{array}{c}\text{境外所得税额}\\\text{的抵免限额}\end{array}=\begin{array}{c}\text{中国境内、境外所得按}\\\text{税法计算的应纳税总额}\end{array}\times\begin{array}{c}\text{来源于某国（地区）}\\\text{的应纳税所得额}\end{array}\div\begin{array}{c}\text{中国境内、境外}\\\text{应纳税所得总额}\end{array}$$

也可以简化为：

$$\text{抵免限额}=\text{来源于某国（地区）的应纳税所得额}\times\text{《企业所得税法》规定的税率}$$

纳税人来源于境外所得在境外实际缴纳的税款，低于按上述公式计算的抵免限额的，可以从应纳税额中据实扣除；超过抵免限额的，其超过部分不得在本年度的应纳税额中扣除，也不得列为费用支出，但可用以后年度抵免限额抵免当年应抵免税额后的余额进行抵补，抵补期限最长不得超过 5 个年度。5 个年度是指从企业取得的来源于中国境外的所得已经在中国境外缴纳的企业所得税性质的税额超过自抵免限额的当年的次年起连续 5 个纳税年度。

上述规定说明我国对境外所得已纳税额的处理方针是"多不退、少要补"。

实务操作 12：

某国有公司 2021 年度境内应纳税所得额为 2 000 万元，其在 A、B 两国设有分支机构，A 国分支机构当年应纳税所得额为 600 万元，其中生产经营所得为 500 万元，税率为 40％，特许权使用费所得为 100 万元，税率为 20％；B 国分支机构当年应纳税所得额为 400 万元，其中生产经营所得为 250 万元，税率为 30％，租赁所得为 150 万元，税率为 10％。请计算该公司境内、境外所得汇总后的应纳所得税额。

解析：

（1）公司境内、境外所得应纳所得税总额＝（2 000＋600＋400）×25％＝750（万元）

（2）A国分支机构在境外已纳税款＝500×40％＋100×20％＝220（万元）

来源于A国所得税款抵免限额＝（500＋100）×25％＝150（万元）

因为境外已纳税款220万元大于抵免限额150万元，所以应该按抵免限额抵免，即汇总纳税时抵免150万元。

（3）B国分支机构在境外已纳税款＝250×30％＋150×10％＝90（万元）

来源于B国所得税款抵免限额＝（250＋150）×25％＝100（万元）

因为境外已纳税款90万元小于抵免限额100万元，所以应该按境外实际缴纳税款抵免，即汇总纳税时抵免90万元。

（4）境内、境外汇总应纳所得税额＝750－150－90＝510（万元）

七、资产的税务处理

企业资产包括固定资产、无形资产、长期股权投资、流动资产等。企业资产的价值如何处理，直接关系到应纳税所得额的多少。因此，为了规范和统一应纳税所得额的计算，税法对企业资产的处理做出了相应规定。

（一）固定资产的税务处理

所称固定资产，是指使用期限超过12个月的机器、机械、运输工具以及其他与生产经营有关的设备、工具、器具等。在计算应纳税所得额时，企业按照规定计算的固定资产折旧准予扣除。

1. 计提折旧的范围

下列固定资产不得计提折旧：

（1）房屋、建筑物以外未投入使用的固定资产。

（2）以经营租赁方式租入的固定资产。

（3）以融资租赁方式租出的固定资产。

（4）已足额提取折旧仍继续使用的固定资产。

（5）与经营活动无关的固定资产。

（6）单独估价作为固定资产入账的土地。

（7）财政部和国家税务总局规定的其他不得计算折旧扣除的固定资产。

2. 计提折旧的方法

固定资产应采用直线法计提折旧，但特殊原因确需加速折旧的，可缩短折旧年限或采取加速折旧的方法。

企业应当根据固定资产的性质和使用情况，合理确定固定资产的预计净残值。固定资产的预计净残值一经确定，不得变更。

固定资产从投入使用月份的次月起计提折旧，停止使用的固定资产，从停止使用月份的次月起停止计提折旧。

3. 计提折旧的年限

固定资产的折旧年限，除另有规定外，不得短于以下规定年限：

（1）房屋、建筑物为 20 年。

（2）飞机、火车、轮船、机器、机械和其他生产设备为 10 年。

（3）与生产经营活动有关的器具、工具、家具等为 5 年。

（4）飞机、火车、轮船以外的运输工具为 4 年。

（5）电子设备为 3 年。

（二）无形资产的税务处理

无形资产包括纳税人长期使用的专利权、商标权、土地使用权、非专利技术、著作权、商誉等。

在计算应纳税所得额时，无形资产按照直线法计算的摊销费用准予扣除。

无形资产的摊销年限不得低于 10 年。作为投资或者受让的无形资产，有关法律规定或者合同约定了使用年限的，可以按照规定或者约定的使用年限分期摊销。

外购商誉的支出，在企业整体转让或者清算时，准予扣除。

下列无形资产不得计算摊销费用扣除：

（1）自行开发的支出已在计算应纳税所得额时扣除的无形资产。

（2）自创商誉。

（3）与经营活动无关的无形资产。

（4）财政部和国家税务总局规定的其他不得计算摊销费用扣除的无形资产。

（三）长期待摊费用的税务处理

在计算应纳税所得额时，企业发生的下列支出作为长期待摊费用，按照规定摊销的，准予扣除：

（1）已足额提取折旧的固定资产的改建支出，按照固定资产预计尚可使用年限分期摊销。

（2）租入固定资产的改建支出，按照合同约定的剩余租赁期限分期摊销。

（3）固定资产的大修理支出。大修理支出是指同时符合下列条件的支出：修理支出达到取得固定资产时计税基础的 50% 以上；修理后固定资产的使用年限延长 2 年以上。固定资产的大修理支出按照固定资产尚可使用年限分期摊销。

（4）财政部和国家税务总局规定的其他应当作为长期待摊费用的支出。自支出发生月份的次月起分期摊销，摊销年限不得低于 3 年。

（四）生产性生物资产的税务处理

生产性生物资产按照直线法计算的折旧准予扣除。

生产性生物资产最短折旧年限规定如下：林木类生产性生物资产，为 10 年；畜类生产性生物资产，为 3 年。

（五）对外投资资产的税务处理

企业对外投资期间，投资资产的成本在计算应纳税所得额时不得扣除。在处置对外投资资产时，按取得时的实际成本扣除。

（六）存货的税务处理

企业使用或销售存货，按照规定计算的存货成本，准予在计算应纳税所得额时扣除。

存货发出的计价方法有先进先出法、加权平均法和个别计价法。存货发出计价可以在上述方法中任选一种，计价方法一经选定，不得随意变更。

八、税款的预缴和汇算清缴

企业所得税实行按年计征，分月或季预缴，年终汇算清缴，多退少补的办法。

（一）分期预缴企业所得税额的计算

纳税人分期预缴的企业所得税额，可按上年实际缴纳的所得税额的平均额进行计算，也可将当年实际取得的会计利润作为应纳税所得额进行计算。

（1）按上年实际缴纳所得税额计算预缴所得税额。计算公式为：

$$\frac{\text{分月（或季）}}{\text{预缴税额}} = \frac{\text{上年全年实际}}{\text{缴纳所得税额}} \div \frac{\text{全年月数}}{\text{（或季数）}}$$

（2）按当年实际取得的会计利润计算预缴所得税额。计算公式为：

$$\text{当月（或季）累计应纳所得税额} = \text{当月（或季）累计会计利润} \times 25\%$$

$$\frac{\text{本月（或季）}}{\text{应纳所得税额}} = \frac{\text{当月（或季）累计}}{\text{应纳所得税额}} - \frac{\text{以前月度（或季度）}}{\text{累计已预缴所得税额}}$$

实务操作 13：

某企业 2021 年第一季度取得利润 10 万元，第二季度亏损 7 万元，第三季度取得利润 8 万元。该企业按季度预缴企业所得税。请计算该企业三个季度需要预缴的企业所得税。

解析：

第一季度预缴所得税额＝100 000×25％＝25 000（元）

第二季度是亏损，因此不需要计算预缴所得税额。

第三季度累计预缴所得税额＝(100 000−70 000＋80 000)×25％＝27 500（元）

第三季度预缴所得税额＝27 500−25 000＝2 500（元）

（二）年终汇算清缴企业所得税额的计算

年终汇算清缴企业所得税时应用的计算公式为：

全年应纳所得税额＝全年应纳税所得额×适用税率−减免税额−抵免税额

年终应补（或退）所得税额＝全年应纳所得税额−全年累计预缴所得税额

公式中的"减免税额"和"抵免税额"，是指依照《企业所得税法》和国务院的税收优惠规定减征、免征和抵免的应纳税额。

九、其他特别纳税调整措施

（一）一般反避税条款

企业实施其他不具有合理商业目的的安排而减少其应纳税收入或者所得额的，税务机关有权按照合理方法进行调整。上述所称不具有合理商业目的，是指以减少、免除和推迟缴纳税款等税收利益为主要目的。

（二）补征税款、加收罚息的规定

税务机关根据税法对纳税人在《企业所得税法实施条例》施行以后的纳税事项进行调整，对补征的税款，自税款所属年度的次年6月1日起至补缴税款之日止的补税期间，按日计算加收利息。企业在税务机关做出纳税调整决定之前补缴税款的，该提前补缴税款部分的利息计算截止日为提前补缴税款日。

加收的利息，不得在计算应纳税所得额时扣除。利息应当按照税款所属纳税年度中国人民银行公布的与补税期间同期的人民币贷款基准利率加5％计算。

企业能够有效地按照税法的相关规定提供有关资料的，利息可减按税款所属纳税年度中国人民银行公布的与补税期间同期的人民币贷款基准利率计算。企业与其关联方之间的业务往来，不符合独立交易原则，或者企业实施其他不具有合理商业目的安排的，税务机关有权在该业务发生的纳税年度起10年内进行纳税调整。

第四节

企业所得税的纳税申报

一、纳税期限

企业所得税按年计征，分月或者分季预缴，年终汇算清缴，多退少补。

按月或按季预缴的，应当自月份或者季度终了之日起 15 日内，向税务机关报送预缴企业所得税纳税申报表、预缴税款。自年度终了之日起 5 个月内，向税务机关报送年度企业所得税纳税申报表。少缴的所得税税款，应在下一年度内补缴；多预缴的所得税税款，可在下一年度抵缴。

企业在报送企业所得税纳税申报表时，应当按照规定附送财务会计报告和其他有关资料。

所得以人民币以外的货币计算的，应当折合成人民币计算并缴纳税款。

二、纳税地点

（一）居民企业纳税地点

居民企业以企业登记注册地为纳税地点，登记注册地在境外的，以实际管理机构所在地为纳税地点。

居民企业汇总计算并缴纳企业所得税时，应当统一核算应纳税所得额，具体办法由国务院财政、税务主管部门另行制定。

（二）非居民企业纳税地点

（1）非居民企业在中国境内设立机构、场所而取得来源于中国境内的所得，以及发生在中国境外但与其在中国境内所设机构、场所有实际联系的所得，其纳税地点为所设的境内机构、场所所在地。

（2）非居民企业在中国境内有两个或者两个以上机构、场所的，经税务机关审核批准，可以选择由其主要机构、场所汇总缴纳企业所得税。

（3）非居民企业在中国境内未设立机构、场所或者虽设立机构、场所但所得与其所设机构、场所没有实际联系的来源于中国境内的所得，以扣缴义务人所在地为纳税地点。

三、货币计量

依法缴纳的企业所得税，以人民币计算。所得以人民币以外的货币计算的，应当折合成人民币计算并缴纳税款。

企业所得税以人民币以外的货币计算的，预缴企业所得税时，应当按照月度或者季度最后一日的人民币汇率中间价，折合成人民币计算应纳税所得额。年度终了汇算清缴时，对已经按照月度或者季度预缴税款的，不再重新折合计算，只就该纳税年度内未缴纳企业所得税的部分，按照纳税年度最后一日的人民币汇率中间价，折合成人民币计算应纳税所得额。

经税务机关检查确认，企业少计或者多计前款规定的所得的，应当按照检查确认补税或者退税时的上一个月最后一日的人民币汇率中间价，将少计或者多计的所得折合成人民币计算应纳税所得额，再计算应补缴或者应退的税款。

四、纳税申报

企业按月或按季预缴企业所得税的，应当自月份或者季度终了之日起15日内，向税务机关报送预缴企业所得税纳税申报表、预缴税款。

五、企业所得税纳税申报表的填写

企业所得税年度纳税申报表由封面、填报表单、基础信息表、主表和39张附表组成。其中，封面、填报表单、基础信息表和主表是必填表。第一步，纳税人填写封面；第二步，纳税人需要根据企业的涉税业务，选择"填报"或"不填报"，填写企业所得税年度纳税申报表填报表单；第三步，纳税人根据企业的基本情况填报企业所得税年度纳税申报基础信息表；第四步，纳税人填写附表；第五步，纳税人根据附表填写企业所得税年度纳税申报表主表。

纳税人在企业所得税年度纳税申报时应当向税务机关申报或者报告与确定应纳税额相关的信息，如表5-2所示。本表包括基本经营情况、有关涉税事项情况、主要股东及分红情况三部分内容。

表 5－2　　　　　　　　　A000000 企业所得税年度纳税申报基础信息表

基本经营情况（必填项目）			
101 纳税申报企业类型（填写代码）		102 分支机构就地纳税比例（%）	
103 资产总额（填写平均值，单位：万元）		104 从业人数（填写平均值，单位：人）	
105 所属国民经济行业（填写代码）		106 从事国家限制或禁止行业	□是□否
107 适用会计准则或会计制度（填写代码）		108 采用一般企业财务报表格式（2019 年版）	□是□否
109 小型微利企业	□是 □ 否	110 上市公司　是（□境内 □境外）	□否

有关涉税事项情况（存在或者发生下列事项时必填）			
201 从事股权投资业务	□是	202 存在境外关联交易	□是
203 境外所得信息	203－1 选择采用的境外所得抵免方式	□分国（地区）不分项 □不分国（地区）不分项	
	203－2 新增境外直接投资信息	□是（产业类别：□旅游业 □现代服务业 □高新技术产业）	
204 有限合伙制创业投资企业的法人合伙人	□是	205 创业投资企业	□是
206 技术先进型服务企业类型（填写代码）		207 非营利组织	□是
208 软件、集成电路企业类型（填写代码）		209 集成电路生产项目类型	□130 纳米 □65 纳米 □28 纳米
210 科技型中小企业	210－1 ＿＿＿＿年（申报所属期年度）入库编号 1		210－2 入库时间 1
	210－3 ＿＿＿＿年（所属期下一年度）入库编号 2		210－4 入库时间 2
211 高新技术企业申报所属期年度有效的高新技术企业证书	211－1 证书编号 1		211－2 发证时间 1
	211－3 证书编号 2		211－4 发证时间 2
212 重组事项税务处理方式	□一般性□特殊性	213 重组交易类型（填写代码）	
214 重组当事方类型（填写代码）		215 政策性搬迁开始时间	＿＿年＿＿月
216 发生政策性搬迁且停止生产经营无所得年度	□是	217 政策性搬迁损失分期扣除年度	□是
218 发生非货币性资产对外投资递延纳税事项	□是	219 非货币性资产对外投资转让所得递延纳税年度	□是
220 发生技术成果投资入股递延纳税事项	□是	221 技术成果投资入股递延纳税年度	□是
222 发生资产（股权）划转特殊性税务处理事项	□是	223 债务重组所得递延纳税年度	□是
224 研发支出辅助账样式		□2015 版 □2021 版 □自行设计	

主要股东及分红情况（必填项目）					
股东名称	证件种类	证件号码	投资比例（%）	当年（决议日）分配的股息、红利等权益性投资收益金额	国籍（注册地址）
其余股东合计	——	——			——

本表为企业所得税年度纳税申报表的主表，纳税人应当根据《中华人民共和国企业所得税法》及其实施条例、相关税收政策，以及国家统一会计制度（企业会计准则、小企业会计准则、企业会计制度、事业单位会计准则和民间非营利组织会计制度等）的规定，计算填报利润总额、应纳税所得额和应纳税额等有关项目。

纳税人在计算企业所得税应纳税所得额及应纳税额时，会计处理与税收规定不一致的，应当按照税收规定计算。税收规定不明确的，在没有明确规定之前，暂按国家统一会计制度计算。

纳税人在汇算清缴期内发现当年企业所得税申报有误的，可在汇算清缴期内重新办理企业所得税年度申报。此时，必须重新填报企业所得税年度申报表，到主管税务机关征收前台进行更正申报。在原申报表上涂改进行更正申报的，税务机关不予受理。更正后的申报表（整套、一式两份）由征收前台交纳税人和数据处理中心。

育人园地

统一企业所得税法，为各类企业提供公平竞争的税收环境

按照建立社会主义市场经济体制的要求，更好地为企业创造公平竞争的税收环境，国务院于1993年11月26日发布了《中华人民共和国企业所得税暂行条例》，并于1994年1月1日起施行。国务院之前发布的《中华人民共和国国营企业所得税条例（草案）》《国营企业调节税征收办法》《中华人民共和国集体企业所得税暂行条例》和《中华人民共和国私营企业所得税暂行条例》同时废止。自1994年起，我国各种类型的内资企业开始适用统一的《企业所得税暂行条例》，这使我国的企业所得税制向前迈进了一大步。在此之前，为了进一步适应对外开放的需要，按照税负从轻、优惠从宽、手续从简原则，1991年4月9日，第七届全国人大第4次会议通过了《中华人民共和国外商投资企业和外国企业所得税法》，代替了原有两个涉外企业所得税法，自同年7月1日起施行，自2008年1月1日起废止。

随着我国经济体制改革的不断深入和经济的快速发展，企业所得税内资和外资企业两套税制并行的格局带来了许多新问题，特别是2001年我国加入WTO以后，内资企业面临越来越大的竞争压力，继续实行内外有别的企业所得税制，将使内资企业处于不平等的竞争地位。根据党的十六届三中全会关于"统一各类企业税收制度"的精神，我国启动了企业所得税"两税合并"改革，并于2007年3月16日在第十届全国人大第5次会议通过了《中华人民共和国企业所得税法》，其实施条例也于2007年11月28日由国务院通过。我国统一企业所得税法的施行，进一步为各类企业提供了公平竞争的税收环境，同时其法律层次也得到了提升，制度体系更加完善，制度规定更加符合我国经济发展的基本要求。

本章小结

企业所得税依据企业是否在中国境内设立和实际管理机构是否在中国境内，将纳税人分为居民企业和非居民企业，分别规定了不同的纳税义务。企业所得税以应纳税所得额为计税依据，采用比例税率计算应纳税额。应纳税所得额的确定有直接计算法和间接计算法（会计利润的调整），基本税率为 25%，优惠税率有 20% 和 15%。企业所得税按纳税年度计算，分月（季）预缴，年终汇算清缴，多退少补。

课后练习

一、单项选择题

1. 企业所得税的特点不包括（   ）。

A. 通常以利润总额为征税对象

B. 通常以经过计算得出的应纳税所得额为计税依据

C. 纳税人和实际负担人通常是一致的

D. 通常以净所得为征税对象

2. 下列关于企业所得税纳税人的说法中，不正确的是（   ）。

A. 居民企业，是指依法在中国境内成立，或者依照外国（地区）法律成立但实际管理机构在中国境内的企业

B. 非居民企业，是指依照外国（地区）法律成立但实际管理机构在中国境内的企业

C. 依照中国法律、行政法规成立的个人独资企业、合伙企业，不属于企业所得税纳税人，不缴纳企业所得税

D. 企业所得税纳税人包括各类企业、事业单位、社会团体、民办非企业单位和从事经营活动的其他组织

3. 依法在我国境内成立，或者依照外国法律成立但实际管理机构在我国境内的企业是（   ）。

A. 居民企业   B. 非居民企业   C. 外国企业   D. 本国企业

4. 在我国境内未设立机构、场所的，或者虽设立机构、场所但取得的所得与其机构、场所没有实际联系的企业，适用的企业所得税税率为（   ）。

A. 10%   B. 15%   C. 20%   D. 25%

5. 某企业本年利润总额为 160 万元，当年向灾区捐款 10 万元，在计算企业本年度应纳税所得额时，可扣除（   ）万元。

A. 10   B. 19.2   C. 9.2   D. 0

6. 应纳税所得额就是（   ）。

A. 企业所得税的计税依据   B. 应缴纳的企业所得税额

C. 企业所得税的征收对象   D. 企业的税后所得

7. 属于企业所得税应税收入的是（   ）。

A. 银行存款利息收入

B. 国债利息收入

C. 符合条件的居民企业之间的股息、红利等权益性投资收益

D. 符合条件的非营利组织的收入

8. 企业发生的公益性捐赠支出，准予在计算企业所得税应纳税所得额时扣除的是（　　）。

A. 当年销售收入12%以内的部分　　　B. 当年销售收入15%以内的部分

C. 年度利润总额12%以内的部分　　　D. 年度利润总额15%以内的部分

9. 纳税人取得的（　　），不应计入企业所得税应纳税所得额。

A. 银行存款利息收入　　　　　　　　B. 金融债券利息收入

C. 国债利息收入　　　　　　　　　　D. 国家重点建设债券利息收入

10. 计算企业所得税应纳税所得额时，允许从收入总额中扣除的是（　　）。

A. 高于银行同期定期存款的利息支出　B. 财产保险费用

C. 直接对希望小学捐赠的款项　　　　D. 企业之间相互拆借的利息支出

二、多项选择题

1. 下列属于企业所得税特点的有（　　）。

A. 通常以净所得为征税对象

B. 通常以经过计算得出的应纳税所得额为计税依据

C. 纳税人和实际负担人通常是一致的

D. 可以直接调节纳税人的收入

2. 国家重点扶持的高新技术企业需要符合的条件有（　　）。

A. 产品属于《国家重点支持的高新技术领域》文件规定的范围

B. 科技人员占企业职工总数的比例不低于规定比例

C. 高新技术产品收入占企业总收入的比例不低于规定比例

D. 研究开发费用占销售收入的比例不低于规定比例

3. 关于企业所得税扣除项目的表述，正确的有（　　）。

A. 发生的与生产经营活动有关的业务招待费，不超过销售收入的5‰的部分，准予扣除

B. 发生的职工福利费支出，不超过工资薪金总额14%的部分，准予扣除

C. 为投资者或者职工支付的补充养老保险费和补充医疗保险费，在规定标准内的，准予扣除

D. 为投资者或者职工支付的商业保险费，不得扣除

4. 在计算企业所得税应纳税所得额时，可以税前扣除的项目有（　　）。

A. 企业所得税税款　　　　　　　　　B. 缴纳的消费税

C. 合理分配的材料成本　　　　　　　D. 销售固定资产的损失

5. 企业所得税应纳税所得的收入总额包括（　　）。

A. 销售货物收入   B. 转让财产收入

C. 财政拨款   D. 国债利息收入

6. 计算企业所得税时允许扣除的项目包括（   ）。

A. 职工福利费   B. 住房公积金   C. 商业保险费   D. 汇兑损失

7. 计算企业所得税时不得扣除的项目包括（   ）。

A. 企业所得税税款   B. 公益性以外的捐赠

C. 非广告性赞助支出   D. 行政罚款

8. 以下属于非居民企业的有（   ）。

A. 依中国法律在中国境内成立的企业

B. 依照外国（地区）法律成立但实际管理机构在中国境内的企业

C. 依照外国（地区）法律成立且实际管理机构不在中国境内，但在中国境内设立机构、场所的企业

D. 在中国境内未设立机构、场所，但有来源于中国境内所得的企业

9. 关于居民企业征税对象确定原则的说法，正确的有（   ）。

A. 销售货物所得，按照交易活动发生地确定

B. 提供劳务所得，按照劳务发生地确定

C. 利息所得，按照负担、支付所得的企业或机构、场所所在地确定

D. 租金所得，按照负担、支付所得的企业或机构、场所所在地确定

10. 关于企业所得税纳税申报的说法，正确的有（   ）。

A. 企业所得税按月或按季预缴

B. 企业所得税只能按月预缴

C. 企业应当自月份或季度终了之日 15 日内向税务机关报送预缴企业所得税纳税申报表

D. 企业应当自月份或季度终了之日 10 日内向税务机关报送预缴企业所得税纳税申报表

三、判断题

（   ）1. 企业所得税是指在我国境内，对企业和其他取得收入的组织来源于生产经营的所得和其他所得征收的一种税。

（   ）2. 企业所得税在征收过程中，贯彻量能负担原则，即所得多的多征，所得少的少征，无所得的不征。

（   ）3. 居民企业是指依法在我国境内成立，或者依照外国法律成立但实际管理机构在我国境内的企业。

（   ）4. 非居民企业在我国境内设立机构、场所的，应当就其所设机构、场所取得的来源于我国境内的所得缴纳企业所得税。

（   ）5. 国务院规定的其他不征税收入是指企业取得的，由国务院财政和税务主管部门规定专项用途并经国务院批准的财政性资金。

（　　）6. 企业发生的公益性捐赠支出，在年度利润总额 12% 以内的部分，准予在计算应纳税所得额时扣除。

（　　）7. 企业发生的合理的劳动保护支出，准予扣除。

（　　）8. 向投资者支付的股息、红利等权益性投资收益款项，在计算应纳税所得额时允许扣除。

（　　）9. 预缴方法一经确定，则该纳税年度内不得随意变更。

（　　）10. 企业所得税必须按季预缴。

（　　）11. 根据企业所得税法律制度的规定，提供劳务所得，按照提供劳务的企业所在地确定是来源于中国境内或者境外的所得。

（　　）12. 根据企业所得税法律制度的规定，采用售后回购方式销售商品的，销售的商品按售价确认收入，回购的商品作为购进商品处理。

（　　）13. 企业为投资者或职工支付的商业保险费，一律不得在计算应纳税所得额时扣除。

（　　）14. 企业发生的合理的劳动保护支出，在计算企业所得税应纳所得额时，准予扣除。

（　　）15. 根据企业所得税法律制度的规定，企业以"买一赠一"等方式组合销售本企业商品的，赠送的商品应当作视同销售处理，确认商品收入。

四、实务训练

1. 宏远公司是国有企业，属于一般纳税人，2021 年度发生如下业务：

（1）取得产品销售收入 9 000 万元，债券利息收入 540 万元（其中国债利息收入 50 万元）。

（2）应税前扣除销售成本 5 200 万元，缴纳增值税 700 万元，计提城市维护建设税及教育费附加 70 万元。

（3）发生销售费用 2 100 万元，其中，广告费和业务宣传费 1 200 万元；发生财务费用 300 万元，其中支付向某企业流动资金周转借款 1 000 万元的 1 年期利息 160 万元（同类同期金融机构贷款利率为 6%）。

（4）发生管理费用 1 100 万元，其中业务招待费 110 万元。

要求：

（1）计算准予在税前扣除的销售费用、财务费用和管理费用。

（2）计算 2021 年企业所得税应纳税额。

2. 某企业 2021 年度实现产品销售收入 900 万元，劳务收入 50 万元，出租固定资产租金收入 14 万元。该企业全年发生产品销售成本 510 万元，销售费用 90 万元，管理费用 30 万元，财务费用 15 万元，营业外支出 2 万元（其中税收滞纳金 1 万元），按税法规定缴纳增值税 78 万元，其他税金 20 万元。已知该企业适用所得税税率为 25%。

要求：计算该企业 2021 年度应纳税所得额及应纳所得税额。

3. 某居民企业 2021 年度会计利润为 80 000 元，自行向其主管税务机关申报的应纳税所得额 80 000 元，申报缴纳所得税 20 000 元（企业所得税税率为 25%）。经某注册会计师年终审查，发现与应纳税所得额有关的业务内容如下：

（1）企业全年实发工资总额 2 116 400 元，并按规定的 2%、14% 和 8% 的比例分别提取了职工工会经费、职工福利费和职工教育经费。

（2）自行申报应纳税所得额中含 2021 年度的国库券利息收入 12 000 元。

（3）营业外支出账户列支有税收滞纳金 1 000 元，向其关联企业赞助 30 000 元。

（4）管理费用账户中实际列支了全年的与生产经营有关的业务招待费 265 000 元，经核定企业全年的主营业务收入总额为 6 500 万元。

要求：根据上述资料，计算该企业 2021 年度应缴纳的企业所得税及应补缴的企业所得税税额。

4. 某企业 2021 年度境内总机构的应纳税所得额为 540 万元。其设在 A 国分支机构应税所得 380 万元，其中生产经营所得 300 万元，该国规定的税率为 40%；利息和特许权使用费所得 50 万元，税率 20%。

要求：计算该企业 2021 年度应纳所得税额。

5. 某企业为居民企业，2021 年经营业务如下：

（1）取得销售收入 2 600 万元。

（2）销售成本 1 200 万元。

（3）发生销售费用 770 万元（其中广告费 550 万元）、管理费用 450 万元（其中业务招待费 18 万元）、财务费用 70 万元。

（4）销售税金 180 万元（含增值税 130 万元）。

（5）营业外收入 80 万元，营业外支出 60 万元（含通过公益性社会团体向贫困山区捐款 40 万元，支付税收滞纳金 8 万元）。

（6）计入成本、费用中的实发工资总额 160 万元，拨缴职工工会经费 4 万元，支出职工福利费 26 万元和职工教育经费 5 万元。

要求：计算该居民企业 2021 年度实际应纳的企业所得税税额。

6. 某公司为居民企业，2021 年度实际发生的工资支出为 500 万元，职工福利费支出为 80 万元，工会经费为 8 万元，职工教育经费为 55 万元。

要求：计算该公司 2021 年度应调整的应纳税所得额。

第六章

个人所得税实务

【知识目标】

1. 能够理解个人所得税的概念和特点；
2. 熟悉个人所得税的纳税义务人、征税对象、税率和税收优惠政策；
3. 能够熟练计算个人所得税应纳税额；
4. 了解个人所得税的征收管理。

【能力目标】

1. 会判断居民个人纳税人、非居民个人纳税人；
2. 能根据业务资料计算个人所得税应纳税额；
3. 能根据个人所得税资料填制个人所得税申报表；
4. 能办理个人所得税代扣代缴业务。

导入案例

某作家（居民个人纳税人）2021年10月将自己一本未出版的著作手稿拍卖，通过竞价，最终由某出版社买走，作家取得所得50万元，付款单位在为该作家预扣预缴个人所得税时，按稿酬所得的税目、税率扣缴了个人所得税。

问题：这样预扣预缴征税项目对吗？

第一节
个人所得税概述

一、个人所得税的相关概念和我国个人所得税的改革历程

（一）个人所得税的概念

个人所得税是一个国家对居民个人的境内境外、非居民个人的境内取得的各项应税所得征收的一种所得税。

二维码9：个人
所得税概述

（二）个人所得税法的概念

个人所得税法是国家以个人（自然人）取得的各项应税所得为对象征收的一种税，是调整征税机关与自然人（居民、非居民）之间在个人所得税的征纳与管理过程中所发生的社会关系的法律规范的总称。

（三）我国个人所得税的改革历程

1980年9月10日由第五届全国人民代表大会第三次会议通过《中华人民共和国个人所得税法》。为了适应对内搞活、对外开放的政策，我国相继制定了《中华人民共和国城乡个体工商业户所得税暂行条例》以及《中华人民共和国个人收入调节税暂行条例》。上述三个税收法规发布实施以后，对于调节个人收入水平、增加国家财政收入、促进对外经济技术合作与交流起到了积极作用，但也暴露出一些问题，主要是按内外个人分设两套税制、税政不统一、税负不合理。为了统一税政、公平税负、规范税制，1993年10

月 31 日，第八届全国人民代表大会常务委员会第四次会议通过了《全国人大常委会关于修改〈中华人民共和国个人所得税法〉的决定》，同日发布了新修改的《中华人民共和国个人所得税法》（简称《个人所得税法》），1994 年 1 月 28 日国务院配套发布了《中华人民共和国个人所得税法实施条例》（简称《个人所得税法实施条例》）。1999 年 8 月 30 日，第九届全国人民代表大会常务委员会第十一次会议决定第二次修正，并于当日公布生效。第十届全国人民代表大会常务委员会第十八次会议于 2005 年 10 月 27 日通过《全国人民代表大会常务委员会关于修改〈中华人民共和国个人所得税法〉的决定》，自 2006 年 1 月 1 日起施行。第十一届全国人大常委会第二十一次会议于 2011 年 6 月 30 日下午表决通过了全国人大常委会关于修改《个人所得税法》的决定。

2018 年 10 月 20 日，《中华人民共和国个人所得税法实施条例（修订草案征求意见稿）》公开征求意见。新《个人所得税法》于 2019 年 1 月 1 日起施行。

2022 年 3 月 19 日国务院发出通知，对 3 岁以下婴幼儿照护费用纳入个人所得税专项附加扣除，自 2022 年 1 月 1 日起执行。

二、我国现行《个人所得税法》的特点

我国现行的《个人所得税法》主要有以下六个特点：

（一）综合所得税制与分类所得税制相结合

世界各国的所得税制主要分为三种类型：综合所得税制、分类所得税制和混合所得税制。我国现行《个人所得税法》采用了综合所得税制与分类所得税制相结合的税制，划分为 9 个税目，采用分项扣除、分项定率、分项征收与综合征收的模式，对不同类型的所得分别设计不同的税率，规定不同的费用扣除标准，在征收手续上也分别规定不同的纳税期限和报缴方法，从而对不同性质的所得区别对待。

（二）多项支出可抵税

现行《个人所得税法》规定：居民个人的综合所得，每一纳税年度的收入额可以减除费用 6 万元（5 000 元/月×12 个月）。每月在扣除基本减除费用标准（每月 5 000 元）和"三险一金"等专项扣除外，还增加了包括子女教育、继续教育、大病医疗、住房贷款利息或者住房租金、赡养老人、婴幼儿照护费用等专项附加扣除项目。

（三）减税向中低收入倾斜

现行《个人所得税法》规定，历经此次修法，个人所得税的部分税率级距进一步优化调整，扩大 3%、10%、20% 三档低税率的级距，缩小 25% 税率的级距，30%、35%、45% 三档较高税率级距不变。

（四）超额累进税率与比例税率并用

现行的个人所得税税率有两类：超额累进税率和比例税率。对工资、薪金所得、劳务报酬所得、稿酬所得和特许权使用费所得实行七级超额累进税率，对经营所得实行五级超额累进税率，除上述应税所得以外的其他应税所得实行比例税率，从而实现了个人所得税对个人收入差距的合理调节作用。

（五）费用扣除差异化

现行个人所得税的费用扣除针对不同的税目，采用不同的费用扣除办法和标准。费用扣除类别主要有定额扣除办法、定额与定率相结合扣除办法、核算扣除办法和无费用扣除办法四类。对于不同税目采用不同的费用扣除办法，可以更好地发挥个人所得税的收入调节作用。

（六）采取源泉扣缴和自行申报两种征税方法

现行《个人所得税法》规定，对纳税人的应纳税额分别采取由支付单位源泉扣缴和纳税人自行申报两种方法，既便于税收征管，又利于增强纳税人的纳税意识。

三、个人所得税的作用

个人所得税作为一个重要的税收范畴，其最为重要的作用就是组织财政收入、收入分配、经济调节（或资源配置与宏观调控）。

（一）个人所得税具有组织财政收入的作用

个人所得税以个人所获取的各项所得为征税对象，只要有所得就可以征税，税基广阔，因此个人所得税便成为政府税收收入的重要组成部分，是财政收入的主要来源。

（二）个人所得税具有收入分配的作用

市场经济是有效的资源配置方式，但由于在分配上是按照要素的质量和多少进行分配，往往会造成收入分配的巨大差距，从而影响社会协调和稳定，进而损害效率。个人所得税是调节收入分配，促进公平的重要工具。个人所得税调节收入分配主要是通过超额累进税率进行的，在超额累进税率下，随着个人收入的增加，个人所得税适用的边际税率不断提高，低收入者适用较低的税率，而对高收入者则按较高的税率征税。这有利于改变个人收入分配结构，缩小高收入者和低收入者之间的收入差距。

（三）个人所得税具有经济调节的作用

微观上，个人所得税对个人的劳动与闲暇、储蓄与投资、消费等的选择都会产生影响。宏观上，个人所得税具有稳定经济的作用：其一，自动稳定功能或"内在稳定器"

功能，指个人所得税可以不经过税率的调整，即可与经济运行自行配合，并借这种作用对经济发生调节作用；其二，相机抉择调节，即在经济萧条或高涨时，采取与经济风向相逆的税收政策，对个人所得税的税率、扣除、优惠等进行调整，实行减税或增税的政策，从而使经济走出萧条或平抑经济的过度繁荣，保持经济的稳定。

第二节

个人所得税的基本法律规定

一、纳税人

个人所得税的纳税人是指在中国境内有住所，或者无住所而一个纳税年度内在中国境内居住满 183 天的个人，为居民个人纳税人（也称居民个人）；以及无住所又不居住，或无住所而一个纳税年度内在中国境内居住累计不满 183 天的个人，为非居民个人纳税人（也称非居民个人），包括中国公民、个体工商户、在中国有所得的外籍人员（包括无国籍人员，下同）以及我国香港、澳门和台湾同胞。上述纳税人依据住所和居住时间两个标准，区分为居民个人纳税人和非居民个人纳税人，分别承担不同的纳税义务。

（一）居民个人及其纳税义务

居民个人是指在中国境内有住所，或者无住所而一个纳税年度内在中国境内居住满 183 天的个人。居民个人从中国境内和境外取得的所得，依据我国《个人所得税法》的规定均要缴纳个人所得税。

所谓在中国境内有住所的个人，是指因户籍、家庭、经济利益关系而在中国境内习惯性居住的个人。

所谓一个纳税年度，是指自公历 1 月 1 日起至 12 月 31 日止。

居民个人负有无限纳税义务，其所取得的应纳税所得，无论是来源于中国境内还是境外，都要在中国缴纳个人所得税。

（二）非居民个人及其纳税义务

非居民个人是指不符合居民个人判定标准（条件）的纳税人。我国《个人所得税法》

规定，非居民个人是在中国境内无住所又不居住，或无住所而一个纳税年度内在中国境内居住累计不满 183 天的个人。非居民个人从中国境内所得，依据我国《个人所得税法》的规定缴纳个人所得税。

非居民个人承担有限纳税义务，即仅就其来源于中国境内的所得，向中国政府缴纳个人所得税。在计算居住天数时，对在中国境内无住所的个人，在一个纳税年度内居住累计不超过 90 天的，其来源于境外所得，免予缴纳个人所得税。

在中国境内无住所的个人，在中国境内居住累计满 183 天的年度连续不满 6 年的，经向主管税务机关备案，其来源于中国境外且由境外单位或者个人支付的所得，免予征收个人所得税；在中国境内居住累计满 183 天的任一年度中有一次离境超过 30 天的，其在中国境内居住累计满 183 天的年度的连续年限重新起算。

实务操作 1：

　　某公司 2021 年 1 月 1 日新聘日籍员工佐藤，2021 年 1 月 1 日到 7 月 15 日，其往返日本东京和中国上海 3 次。

第 1 次，2021 年 1 月 1 日入境，2021 年 3 月 30 日出境。

第 2 次，2021 年 4 月 1 日入境，2021 年 5 月 31 日出境。

第 3 次，2021 年 6 月 11 日入境，2021 年 7 月 15 日出境。

要求：

（1）请判断 2021 年佐藤在中国境内居住的天数。

（2）请判断 2021 年佐藤在中国境内是居民个人纳税人还是非居民个人纳税人。

解析：我国现行《个人所得税法》规定，对在中国境内无住所的个人，需要计算确定其在中国境内居住天数，均应以该个人实际在华逗留天数计算。入境、离境当日，均按一天计算其在华实际逗留天数。

（1）佐藤在中国境内实际居住 182 天。

（2）2021 年度佐藤为我国《个人所得税法》规定的非居民个人。

（三）所得来源地的确定

非居民个人仅就其来源于中国境内的所得征税，因此判断其所得来源地十分重要。下列所得，不论支付地点是否在中国境内，均为来源于中国境内的所得：

（1）因任职、受雇、履约等而在中国境内提供劳务取得的所得；

（2）将财产出租给承租人在中国境内使用而取得的所得；

（3）转让中国境内的建筑物、土地使用权等财产或者在中国境内转让其他财产取得的所得；

（4）许可各种特许权在中国境内使用而取得的所得；

（5）从中国境内的公司、企业以及其他经济组织或者个人取得的利息、股息、红利所得。

实务操作 2：

　　外籍人员史密斯受雇于我国境内某合资企业做长驻总经理，合同期三年。合同规定其月薪 6 000 美元，其中 2 000 美元在中国境内支付，4 000 美元由境外母公司支付给其家人。

　　要求：请判断史密斯在中国境内的所得是多少。

　　解析：按我国《个人所得税法》规定，"因任职、受雇、履约等而在中国境内提供劳务取得的所得"均属于境内所得，故史密斯来源于我国境内的所得是每月 6 000 美元。

二、征税范围

（一）工资、薪金所得

　　工资、薪金所得是指个人因任职或者受雇而取得的工资、薪金、奖金、年终加薪、劳动分红、津贴、补贴以及与任职或者受雇有关的其他所得。根据我国目前个人收入的构成情况，税法规定对于一些不属于工资、薪金性质的补贴、津贴或者不属于纳税人本人的工资、薪金所得项目的收入，不予征税。这些项目包括：（1）独生子女补贴。（2）执行公务员工资制度未纳入基本工资总额的补贴、津贴差额和家属成员的副食补贴。（3）托儿补助费。（4）差旅费津贴、误餐补助。其中，误餐补助是指按照财政部规定，个人因公在城区、郊区工作，未能在工作单位或返回就餐的，根据实际误餐顿数，按规定的标准领取的误餐费。单位以误餐补助名义发放的补助、津贴不能包括在内。

　　此外，公司职工取得的用于购买企业国有股权的劳动分红，按工资、薪金所得项目计征个人所得税。

（二）劳务报酬所得

　　劳务报酬所得是指个人独立从事各种非雇佣的各种劳务所取得的所得，包括设计、安装、医疗、会计、咨询、讲学、新闻、翻译、书画等项目。

　　在实际操作过程中，工资、薪金所得与劳务报酬所得易于混淆。两者最主要的区别在于是否存在雇佣与被雇佣关系。劳务报酬所得是个人独立从事某种技艺、独立提供某种劳务而取得的所得，例如会计兼职所得、教师外出授课所得都属于劳务报酬所得；工资、薪金所得则是个人从事非独立劳动，从所在单位领取的报酬，例如某会计从所在单位领取工资、某教师从所在学校领取工资就属于工资、薪金所得。

个人在公司（包括关联公司）任职、受雇，同时兼任董事、监事的，应将董事费、监事费与个人工资收入合并，统一按工资、薪金所得项目缴纳个人所得税。但不在公司任职、受雇的个人，担任公司董事、监事取得的董事费、监事费按劳务报酬所得征收个人所得税。

（三）稿酬所得

稿酬所得是指个人因其作品以图书、报刊形式出版、发表而取得的所得。这里所说的作品，包括文学作品、书画作品、摄影作品以及其他作品。

（四）特许权使用费所得

特许权使用费所得是指个人提供专利权、商标权、著作权、非专利技术以及其他特许权的使用权取得的所得。提供著作权的使用权取得的所得，不包括稿酬所得，作者将自己的文字作品手稿原件或复印件公开拍卖（竞价）取得的所得，属于提供著作权的使用所得，因此应按特许权使用费所得项目征收个人所得税。

导入案例解析：

根据我国《个人所得税法》的规定，作者将自己的文字作品手稿原件或复印件公开拍卖（竞价）取得的所得，应按特许权使用费所得项目征收个人所得税。因此，该作家拍卖手稿所得应适用特许权使用费所得的税目、税率征收个人所得税，而不是适用稿酬所得项目。

《个人所得税法》规定：工资、薪金所得，劳务报酬所得，稿酬所得，特许权使用费所得等 4 项劳动性所得，纳入综合征税范围，适用 3%～45% 的七级超额累进税率，居民个人按年合并计算个人所得税。

非居民个人取得工资、薪金所得，劳务报酬所得，稿酬所得和特许权使用费所得，依照个人所得税税率表三计算应纳税额。

（五）经营所得

（1）个体工商户从事生产、经营活动的所得，个人独资企业投资人、合伙企业的个人合伙人来源于境内注册的个人独资企业、合伙企业生产、经营所得；

（2）个人依法从事办学、医疗、咨询以及其他有偿服务活动取得的所得；

（3）个人对企业、事业单位承包经营、承租经营以及转包、转租取得的所得；

（4）个人从事其他生产、经营活动取得的所得。

个人独资企业和合伙企业投资者的生产经营所得，比照个体工商户的生产、经营所得项目征收个人所得税。

（六）利息、股息、红利所得

利息、股息、红利所得是指个人拥有债权、股权而取得的利息、股息、红利所得。其中，利息一般是指存款、贷款和债券的利息；个人拥有股权取得的公司、企业分红，按照一定的比率派发的每股息金，称为股息；根据公司、企业应分配的、超过股息部分的利润，按股派发的红股，称为红利。

（七）财产租赁所得

财产租赁所得是指个人出租不动产、机器设备、车船以及其他财产取得的所得。

（八）财产转让所得

财产转让所得是指个人转让有价证券、股权、合伙企业中的财产份额、不动产、机器设备、车船以及其他财产取得的所得。

我国为鼓励股票市场的发展，规定个人转让股票所得暂免征收个人所得税。除此之外，转让其他财产的所得应当依法缴纳个人所得税。

（九）偶然所得

偶然所得是指个人得奖、中奖、中彩以及其他偶然性质的所得。偶然所得应缴纳的个人所得税一律由发奖单位或机构代扣代缴。

个人取得的所得，难以界定应纳税所得项目的，由国务院主管部门确定。

无论是纳税人自行纳税申报，还是由支付所得的单位和个人代扣代缴个人所得税，首先都须确定应税项目的归属，这是正确核算应纳个人所得税的基础。

实务操作 3：

中国公民张某 2021 年 11 月从单位取得职工集资利息 6 100 元。计算张某应缴纳的个人所得税税额。

解析：

集资利息所得应纳税额＝6 100×20％＝1 220（元）

三、税率

个人所得税的税率按所得项目不同分别确定为：

（1）工资、薪金所得，适用 3％～45％的七级超额累进预扣率（见表 6-1）。

表 6-1   个人所得税预扣率表一

（居民个人工资、薪金所得预扣预缴适用）

级数	累计预扣预缴应纳税所得额	预扣率	速算扣除数
1	不超过 36 000 元的部分	3%	0
2	超过 36 000 元至 144 000 元的部分	10%	2 520
3	超过 144 000 元至 300 000 元的部分	20%	16 920
4	超过 300 000 元至 420 000 元的部分	25%	31 920
5	超过 420 000 元至 660 000 元的部分	30%	52 920
6	超过 660 000 元至 960 000 元的部分	35%	85 920
7	超过 960 000 元的部分	45%	181 920

（注：本表所称全年应纳税所得额是指依照税法的规定，居民个人取得综合所得以每一纳税年度收入额减除 6 万元以及专项扣除、专项附加扣除和依法确定的其他扣除后的余额。）

（2）劳务报酬按次征收时适用个人所得税预扣率表二（见表 6-2）。对劳务报酬所得一次收入畸高的，实行加成征收。根据《个人所得税法实施条例》的规定，"劳务报酬所得一次收入畸高"是指个人一次取得劳务报酬，其应纳税所得额超过 20 000 元。对应纳税所得额超过 20 000 元至 50 000 元的部分，依照税法规定计算应纳税额后再按照应纳税额加征五成；超过 50 000 元的部分，加征十成。因此，劳务报酬所得实际上适用 20%、30%、40% 的三级超额累进税率。

表 6-2   个人所得税预扣率表二

（居民个人劳务报酬所得预扣预缴适用税率）

级数	每次应纳税所得额	税率	速算扣除数
1	不超过 20 000 元的部分	20%	0
2	超过 20 000 元至 50 000 元的部分	30%	2 000
3	超过 50 000 元的部分	40%	7 000

（3）稿酬所得按次征收时适用预扣率，为 20%，所得的收入额减按 70% 计算。

（4）特许权使用费所得按次征收时适用预扣率，为 20%。

（5）非居民个人工资、薪金所得，劳务报酬所得、稿酬所得、特许权使用费所得适用七级超额累进税率（见表 6-3）。

表 6-3   个人所得税税率表三

（非居民个人工资、薪金所得，劳务报酬所得、稿酬所得、特许权使用费所得适用）

级数	应纳税所得额	税率	速算扣除数
1	不超过 3 000 元的部分	3%	0
2	超过 3 000 元至 12 000 元的部分	10%	210
3	超过 12 000 元至 25 000 元的部分	20%	1 410
4	超过 25 000 元至 35 000 元的部分	25%	2 660
5	超过 35 000 元至 55 000 元的部分	30%	4 410
6	超过 55 000 元至 80 000 元的部分	35%	7 160
7	超过 80 000 元的部分	45%	15 160

（注：本表所称全月应纳税所得额是指依照税法，非居民个人取得工资、薪金收入按月减除 5 000 元的余额。劳务报酬所得、稿酬所得、特许权使用费所得，以每次收入额为应纳税所得额。）

（6）个体工商户的生产、经营所得和对企事业单位的承包经营、承租经营所得，适用 5%～35% 的超额累进税率（见表 6-4）。

表 6-4　　　　　　　　**个人所得税税率表四**
（个体工商业户生产、经营所得和对企事业单位承包经营、承租经营所得适用）

级数	全年应纳税所得	税率	速算扣除数
1	不超过 30 000 元的	5%	0
2	超过 30 000 元至 90 000 元	10%	1 500
3	超过 90 000 元至 300 000 元	20%	10 500
4	超过 300 000 元至 500 000 元	30%	40 500
5	超过 500 000 元的部分	35%	65 500

（注：本表所称全年应纳税所得额是指依照税法规定，以每一纳税年度的收入总额减除成本、费用以及损失后的余额。）

（7）利息、股息、红利所得、财产租赁所得、财产转让所得和偶然所得适用比例税率，税率为 20%。

四、税收优惠

（一）免征个人所得税的优惠

（1）省级人民政府、国务院部委和中国人民解放军军以上单位，以及外国组织颁发的科学、教育、技术、文化、卫生、体育、环境保护等方面的奖金。

（2）国债和国家发行的金融债券利息。国债利息，是指个人持有中华人民共和国财政部发行的债券而取得的利息所得，以及 2009 年、2010 年和 2011 年发行的地方政府债券利息所得；国家发行的金融债券利息，是指个人持有经国务院批准发行的金融债券而取得的利息所得。

（3）按照国家统一规定发给的补贴、津贴。按照国家统一规定发给的补贴、津贴，是指按照国务院规定发给的政府特殊津贴、院士津贴以及国务院规定免纳个人所得税的补贴、津贴。如对中国科学院院士的院士津贴，按每人每月 200 元发给，并免征个人所得税；对中国科学院资深院士和中国工程院资深院士每人每年 1 万元的资深院士津贴免征个人所得税；向在江苏的中国科学院院士和中国工程院院士发放"江苏省政府院士津贴"每人每月 800 元，免征个人所得税。

（4）福利费、抚恤金、救济金。福利费，是指根据国家有关规定，从企业、事业单位、国家机关、社会团体提留的福利费或者工会经费中支付给个人的生活补助费；救济金，是指国家民政部门支付给个人的生活困难补助费。

（5）保险赔款。

（6）军人的转业费、复员费。

（7）按照国家统一规定发给干部、职工的安家费、退职费、退休工资、离休工资、离休生活补助费。

（8）依照我国有关法律规定应予免税的各国驻华使馆、领事馆的外交代表、领事官员和其他人员的所得。上述"所得"，是指依照《中华人民共和国外交特权与豁免条例》和《中华人民共和国领事特权与豁免条例》规定免税的所得。

（9）中国政府参加的国际公约以及签订的协议中规定免税的所得。

（10）国务院规定的其他免税所得。

（二）减征个人所得税的优惠

（1）残疾、孤老人员和烈属的所得。这些人员的具体所得项目为：工资、薪金所得，个体工商户的生产经营所得，对企事业单位的承包经营、承租经营所得，劳务报酬所得，稿酬所得，特许权使用费所得。

（2）因严重自然灾害造成重大损失的。

上述减税项目的减征幅度和期限，由省、自治区、直辖市人民政府规定，并报同级人民代表大会常务委员会备案。此外，国务院可以规定其他减税情形，报全国人民代表大会常务委员会备案。

（三）暂时免征个人所得税的优惠

（1）奖金。个人举报、协查各种违法、犯罪行为而获得的奖金；

（2）手续费。个人办理代扣代缴税款手续费，按规定取得的扣缴手续费；

（3）转让房产所得。个人转让自用达5年以上、并且是惟一的家庭生活用房取得的所得；

（4）延期离退休工薪所得。达到离、退休年龄，但因工作需要，适当延长离退休年龄的高级专家，其在延长离退休期间的工资、薪金所得，视同离、退休工资免征个人所得税。

第三节
个人所得税应纳税额的计算

一、居民个人的综合所得应纳税额的计算方法

我国现行《个人所得税法》采用扣缴义务人对居民个人的工作、薪金所得，劳务报酬所得，稿酬所得，特许权使用费所得累计

二维码10：个人所得税的计算（1）

预扣预缴个人所得税的计算方法，年度预扣预缴税额与年度应纳税额不一致的，由居民个人于次年 3 月 1 日至 6 月 30 日向主管税务机关办理综合所得年度汇算清缴，税款多退少补。

累计预扣法主要是通过各月累计收入减去对应扣除，对照综合所得税率表计算累计应缴税额，再减去已缴税额，确定本期应缴税额的一种方法。以工资、薪金所得为例：扣缴义务人在一个纳税年度内预扣预缴税款时，以纳税人在本单位截至当前月份工资、薪金所得累计收入减除累计免税收入、累计基本减除费用、累计专项扣除、累计专项附加扣除和累计依法确定的其他扣除后的余额为累计预扣预缴应纳税所得额，适用个人所得税预扣率表一（见表 6-1），计算累计应预扣预缴税额，再减除累计减免税额和累计已预扣预缴税额，其余额为本期应预扣预缴税额。余额为负数时，暂不退税。纳税年度终了后余额仍为负值时，由纳税人通过办理综合所得年度汇算清缴，税款多退少补。

这种方法，对于大部分只有一处工资薪金所得的纳税人，纳税年度终了时预扣预缴的税款基本上等于年度应纳税款，因此无须再办理自行纳税申报、汇算清缴；对需要补退税的纳税人，预扣预缴的税款与年度应纳税款差额相对较小，不会占用纳税人过多资金。

（一）工资、薪金所得预扣预缴应纳税额的计算

$$\begin{array}{c}\text{本期应预扣}\\\text{预缴税额}\end{array} = \left(\begin{array}{c}\text{累计预扣预缴}\\\text{应纳税所得额}\end{array} \times \text{税率} - \begin{array}{c}\text{速算}\\\text{扣除数}\end{array}\right) - \begin{array}{c}\text{累计减}\\\text{免税额}\end{array} - \begin{array}{c}\text{累计已预}\\\text{扣预缴税额}\end{array}$$

$$\begin{array}{c}\text{累计预扣预缴}\\\text{应纳税所得额}\end{array} = \begin{array}{c}\text{累计}\\\text{收入}\end{array} - \begin{array}{c}\text{累计免}\\\text{税收入}\end{array} - \begin{array}{c}\text{累计基本}\\\text{减除费用}\end{array} - \begin{array}{c}\text{累计专}\\\text{项扣除}\end{array} - \begin{array}{c}\text{累计专项}\\\text{附加扣除}\end{array} - \begin{array}{c}\text{累计依法确定的}\\\text{其他扣除}\end{array}$$

本期应预扣预缴税额，余额为负值时，暂不退税。纳税年度终了后余额仍为负值时，由纳税人通过办理综合所得年度汇算清缴，多退少补。

1. 累计收入

月工资、薪金、奖金、年终加薪、劳动分红、津贴、补贴以及与任职或受雇有关的其他收入，按照工资、薪金收入/月乘以纳税人当年截至本月在本单位的任职受雇月份数计算。2020 年 12 月国家税务总局发布《关于进一步简便优化部分纳税人个人所得税预扣预缴方法的公告》（以下简称《公告》），自 2021 年 1 月 1 日起施行。《公告》明确，在纳税人累计收入不超过 6 万元的月份，暂不预扣预缴个人所得税；在其累计收入超过 6 万元的当月及年内后续月份，再预扣预缴个人所得税。同时，依据税法规定扣缴义务人仍应按全员全额扣缴申报。

2. 累计免税收入

累计免税收入，按照免税收入/月乘以纳税人当年截至本月在本单位的任职受雇月份数计算。

3. 累计基本减除费用

累计基本减除费用，按照 5 000 元/月乘以纳税人当年截至本月在本单位的任职受雇

月份数计算。

4. 累计专项扣除

累计专项扣除，包括居民个人按照国家规定的范围和标准缴纳的基本养老保险、基本医疗保险、失业保险等社会保险费和住房公积金等，即"三险一金"。按照"三险一金"/月乘以纳税人当年截至本月在本单位的任职受雇月份数计算。

5. 专项附加扣除

2019年1月1日起我国个人所得税增加了6项专项附加扣除，即纳税人有发生子女教育、继续教育、大病医疗、住房贷款利息、住房租金、赡养老人的支出，即可享受税费减免；2022年1月1日起又增加了一项3岁以下婴幼儿照护专项附加扣除项目。

（1）子女教育。纳税人的子女接受全日制学历教育的相关支出，夫妻一方按照每个子女1000元/月（也可选择夫妻双方分别按每孩500元/月扣除）的标准定额扣除。学历教育包括义务教育（小学、初中教育）、高中教育（普通高中、中等职业、技工教育）、高等教育（大学专科、大学本科、硕士研究生、博士研究生教育），以及子女年满3岁至小学入学前处于学前教育阶段的支出。

注意事项：

①子女在境内或境外接受学历（学位）教育，接受公办或民办教育均可享受。

②子女接受学历教育需为全日制学历教育。

③具体扣除方式在一个纳税年度内不能变更。

（2）继续教育。纳税人在中国境内接受继续教育发生的支出，其中属于学历（学位）继续教育的支出，按本人每月400元定额扣除，扣除期限不能超过48个月（4年）；属于技能人员职业资格继续教育和专业技术人员职业资格继续教育的支出，在本人取得相关证书的当年定额扣除3600元。

注意事项：

①（学历继续教育支出）同一教育事项，不得重复扣除。

②学历继续教育支出，个人接受本科（含）以下学历（学位）继续教育，可以选择由其父母扣除。

（3）大病医疗。一个纳税年度内，由纳税人负担的医药费用支出超过1.5万元的部分，在每年8万元的限额内据实扣除。可扣除的医药费用支出包括纳税人本人或其配偶、未成年子女发生的医药费用支出。

注意事项：次年汇算清缴时享受扣除。

（4）住房贷款利息。纳税人本人或其配偶购买中国境内住房发生的首套住房贷款利息支出，可以选择由夫妻一方按每月1000元定额扣除，扣除期限最长不超过240个月（20年）。

注意事项：

①不得与住房租金专项附加扣除同时享受。

②纳税人未婚，本人扣除；纳税人已婚，夫妻双方可选一方扣除。

③纳税人本人或其配偶所购买住房需为中国境内住房。

（5）住房租金。纳税人在主要工作城市没有自有住房而发生的住房租金支出，在直辖市、省会（首府）城市、计划单列市及国务院确定的其他城市的，按每月1 500元定额扣除；除上述城市外，市辖区户籍人口超过100万的城市，按每月1 100元定额扣除；市辖区户籍人口不超过100万的城市，按每月800元定额扣除。夫妻双方主要工作城市相同的，只能由一方扣除。

注意事项：不得与住房贷款利息专项附加扣除同时享受。

（6）赡养老人。纳税人赡养年满60岁父母的支出，或者祖父母、外祖父母的子女已经去世，纳税人赡养年满60岁的祖父母或外祖父母的支出可以扣除。纳税人属于独生子女的，按每月2 000元定额扣除；属于非独生子女的，与其兄弟姐妹分摊每月2 000元的定额扣除额度，其中每人分摊的扣除额度不得超过1 000元。

注意事项：

①指定分摊与约定分摊必须签订书面协议。

②指定分摊与约定分摊不一致的，以指定分摊为准。

③具体分摊方式和额度在一个纳税年度内不能变更。

（7）3岁以下婴幼儿照护。纳税人照护3岁以下婴幼儿子女的相关支出，按照每个婴幼儿每月1 000元的标准定额扣除。婴幼儿的父母可以选择由其中一方按扣除标准的100％扣除，也可以选择由双方分别按扣除标准的50％扣除，具体扣除方式在一个纳税年度内不能变更。

实务操作4：

秦某2022年每月应发工资均为10 000元，每月基本减除费用5 000元，"三险一金"等专项扣除为1 500元，假设秦某从1月起享受3岁以下婴幼儿照护专项附加扣除1 000元，没有减免收入及减免税额等情况。

要求：计算秦某3月应预扣预缴的个人所得税。

解析：

1月应预扣预缴应纳税所得额＝10 000－5 000－1 500－1 000＝2 500（元）

1月应预扣预缴税额＝2 500×3％＝75（元）

2月应预扣预缴应纳税所得额＝10 000×2－5 000×2－1 500×2－1 000×2

＝5 000（元）

2月应预扣预缴税额＝5 000×3％－75＝75（元）

3月应预扣预缴应纳税所得额＝10 000×3－5 000×3－1 500×3－1 000×3

＝7 500（元）

3月应预扣预缴税额＝7 500×3％－75－75＝75（元）

实务操作 5：

　　若秦某 2022 年每月应发工资均为 30 000 元，每月基本减除费用 5 000 元，"三险一金"等专项扣除为 4 500 元，享受子女教育、3 岁以下婴幼儿照护两项专项附加扣除共计 2 000 元，没有减免税收及减免税额等。

　　要求：计算秦某 3 月应预扣预缴的个人所得税。

　　解析：

　　　　1 月应预扣预缴应纳税所得额＝30 000－5 000－4 500－2 000＝18 500（元）

　　　　1 月应预扣预缴税额＝18 500×3％＝555（元）

　　　　2 月应预扣预缴应税所得额＝30 000×2－5 000×2－4 500×2－2 000×2
　　　　　　　　　　　　　　　　　＝37 000（元）

　　　　2 月应预扣预缴税额＝37 000×10％－2 520－555＝625（元）

　　　　3 月应预扣预缴应税所得额＝30 000×3－5 000×3－4 500×3－2 000×3
　　　　　　　　　　　　　　　　　＝55 500（元）

　　　　3 月应预扣预缴税额＝55 500×10％－2 520－555－625＝1 850（元）

（二）劳务报酬所得、稿酬所得和特许权使用费所得预扣预缴应纳税额的计算

　　扣缴义务人向居民个人支付劳务报酬所得、稿酬所得、特许权使用费所得，按次或者按月预扣预缴所得税，年终时按综合所得汇算清缴。具体预扣预缴方法如下。

　　1. 劳务报酬所得预扣预缴应纳税额的计算

$$\text{预扣预缴应纳税额} = \text{预扣预缴应纳税所得额} \times \text{预扣率} - \text{速算扣除数}$$

　　劳务报酬所得适用 20％～40％的超额累进预扣率（见表 6-2）。

　　劳务报酬所得，根据不同劳务项目的特点，分别规定为：

　　第一种：只有一次性收入的，以取得该项收入为一次。例如从事设计、安装、装帧、制图、化验、测试等劳务，往往是接受客户的委托，按照客户的要求，完成一次劳务后取得收入。因此，这些所得属于只有一次性的收入，应以每次提供劳务取得的收入为一次。

二维码 11：个人所得税的计算（2）

　　第二种：属于同一事项连续取得收入的，以一个月内取得的收入为一次。例如某歌手与某酒吧签约，在 2022 年一年内每周到酒吧演唱两次，每次演出后付酬 1 000 元。在计算该歌手的劳务报酬所得时，应视为同一事项的连续性收入，以其一个月内取得的收入为一次计征个人所得税，而不能以每天取得的收入为一次计征个人所得税。

　　（1）劳务报酬所得每次收入≤4 000 元时，减除费用 800 元，则：

　　　　预扣预缴应税所得额＝每次收入－800 元

　　（2）劳务报酬所得每次收入＞4 000 元时，按每次收入的 20％减除费用，则：

　　　　预扣预缴应税所得额＝每次收入×（1－20％）

实务操作 6：

王教授到某公司做专题讲座三场，共取得报酬 35 000 元。计算王教授预扣预缴个人所得税额。

解析：

预扣预缴应纳税所得额＝35 000×(1－20％)＝28 000（元）

预扣预缴应纳税额＝28 000×30％－2 000＝6 400（元）

2. 稿酬所得预扣预缴应纳税额的计算

预扣预缴应纳税额＝预扣预缴应纳税所得额×70％×20％

稿酬所得减按 70％计算，适用 20％的预扣率。稿酬所得，以每次出版、发表取得的收入为一次。具体又可细分为：

第一种：同一作品再版取得的所得，应视作另一次稿酬所得计征个人所得税。

第二种：同一作品先在报刊上连载然后出版，或先出版再在报刊上连载的，应视为两次稿酬所得征税。即连载作为一次，出版作为另一次。

第三种：同一作品在报刊上连载取得收入的，以连载完成后取得的所有收入合并为一次计征个人所得税。

第四种：同一作品在出版和发表时，以预付稿酬或分次支付稿酬等形式取得的稿酬收入，应合并计为一次。

第五种：同一作品出版、发表后因添加印数而追加稿酬的应与以前出版、发表时取得的稿酬合并为一次计征个人所得税。

（1）稿酬所得每次收入≤4 000 元时，减除费用 800 元，则：

预扣预缴应纳税所得额＝每次收入－800 元

（2）稿酬所得每次收入＞4 000 元时，按每次收入的 20％减除费用，则：

预扣预缴应纳税所得额＝每次收入×(1－20％)

实务操作 7：

2021 年某作家的一篇小说在某日报上连载两个月，第一个月月末报社支付稿酬 4 000元，第二个月月末报社支付稿酬 8 000 元。请计算该作家两个月所获稿酬应预扣预缴税额。

解析：该作家符合"同一作品在报刊上连载取得收入的，以连载完成后取得的所有收入合并为一次计征个人所得税"，则：

预扣预缴应纳税所得额＝(4 000＋8 000)×(1－20％)＝9 600（元）

预扣预缴应纳税额＝9 600×70％×20％＝1 344（元）

3. 特许权使用费所得预扣预缴应纳税额的计算

$$预扣预缴应纳税额＝预扣预缴应纳税所得额×20\%$$

特许权使用费所得适用20%的预扣率。特许权使用费所得，以某项使用权的一次转让所取得的收入为一次。一个纳税人，可能不仅拥有一项特许权利，每一项特许权的使用权也可能不止一次地向他人提供。因此，对特许权使用费所得明确为每一项使用权的每次转让所取得的收入为一次。如果该次转让取得的收入是分笔支付的，则应将各笔收入相加为一次收入计征个人所得税。

（1）特许权使用费所得每次收入≤4 000元时，减除费用800元，则：

$$预扣预缴应纳税所得额＝每次收入－800元$$

（2）特许权使用费所得每次收入＞4 000元时，按每次收入的20%减除费用，则：

$$预扣预缴应纳税所得额＝每次收入×（1－20\%）$$

实务操作8：

陈先生2021年4月取得两项专利，其中一项专利许可给A公司使用，获得特许权使用费3 000元；另外一项专利许可给B公司使用，获得特许权使用费8 000元。计算陈先生上述两项特许权使用费应预扣预缴税额。

解析：

第一笔特许权使用费预扣预缴应纳税所得额＝3 000－800＝2 200（元）

第一笔特许权使用费预扣预缴应纳税额＝2 200×20%＝440（元）

第二笔特许权使用费预扣预缴应纳税所得额＝8 000×（1－20%）＝6 400（元）

第二笔特许权使用费预扣预缴应纳税额＝6 400×20%＝1 280（元）

陈先生4月两项特许权使用费所得共预扣预缴税额＝440＋1 280＝1 720（元）

（三）综合所得年度汇算清缴

综合所得年度汇算清缴是指纳税人在纳税年度终了后规定时期内，依照税法规定，自行汇总计算全年取得的综合所得（工资、薪金所得，劳务报酬所得，稿酬所得，特许权使用费所得）收入额，汇总后适用统一的扣除规定，按照适用的税率计算应纳税额，结合已扣缴税款，确定该年度应补或应退税额，并填写个人所得税年度纳税申报表，向主管税务机关办理年度纳税申报、结清全年税款的行为。

（1）取得综合所得需要办理汇算清缴的情形包括：

①从两处以上取得综合所得，且综合所得年收入额减除专项扣除的余额超过6万元；②取得劳务报酬所得、稿酬所得、特许权使用费所得中一项或者多项所得，且综合所得收入额减除专项扣除的余额超过6万元；③纳税年度内预缴税额低于应纳税额；④纳税人申请退税。纳税人申请退税，应当提供其在中国境内开设的银行账户，并在汇算清缴

地办理税款退库。汇算清缴的具体办法由国务院税务主管部门制定。

（2）居民个人取得综合所得，需要办理汇算清缴的，应当在取得所得的次年 3 月 1 日至 6 月 30 日办理汇算清缴。

（3）非居民个人取得工资、薪金所得，劳务报酬所得，稿酬所得，特许权使用费所得，有扣缴义务人的，由扣缴义务人代扣代缴，不办理汇算清缴。

（4）居民个人综合所得年终汇算清缴的计算。

$$\text{综合所得年度汇算清缴应补（退）税额}=\text{全年应纳税额}-\text{全年累计已预扣预缴税额}$$

说明：计算结果≥0，补税；计算结果＜0，退税。

全年应纳税额＝全年应纳税所得额×适用税率－速算扣除数

全年应纳税所得额＝全年收入额－各项扣除额

其中，各项扣除是：

①基本减除费用：60 000 元/年；

②专项附加扣除："三险一金"；

③专项附加扣除：子女教育费、继续教育费、赡养老人、住房贷款利息、住房租金、大病医疗 3 岁以下婴儿照护共 7 项；

④其他扣除：免税收入；

⑤劳务报酬所得＝每次收入×（1－20%）；

⑥稿酬所得＝每次收入×（1－20%）×70%；

⑦特许权使用费所得＝每次收入×（1－20%）。

实务操作 9：

孙先生在 A 企业工作，2021 年 1 月至 12 月每月在 A 企业取得工资薪金 16 000 元，无免税收入；每月缴纳"三险一金"2 500 元，从 1 月开始享受住房贷款利息和赡养老人专项扣除附加共计为 3 000 元，无其他扣除。2021 年 5 月取得劳务报酬收入 3 000 元，8 月取得稿酬收入 2 000 元，9 月取得特许权使用费 2 000 元，劳务报酬所得 30 000 元。

要求：（1）计算孙先生 1、2、3 月和 12 月工资、薪金所得预扣预缴税额。

（2）计算孙先生其他综合所得预扣预缴税额。

（3）计算孙先生全年应纳税额。

（4）年度汇算清缴后孙先生应退税还是补税？

解析：

（1）工资、薪金所得预扣预缴的计算：

2021 年 1 月：

1 月累计预扣预缴应纳税所得额 16 000－5 000－2 500－3 000＝5 500（元）

适用预扣率 3%，则：

1 月应预扣预缴税额＝5 500×3%＝165（元）

2021年1月，A企业在向孙先生发放工资环节预扣预缴所得税165元。

2021年2月：

$$2月累计预扣预缴应纳税所得额=16\,000\times2-5\,000\times2-2\,500\times2-3\,000\times2$$
$$=11\,000（元）$$

适用预扣率3%，则：

$$2月应预扣预缴税额=11\,000\times3\%-165=165（元）$$

2021年2月，A企业在向孙先生发放工资环节预扣预缴所得税165元。

2021年3月：

$$3月累计预扣预缴应纳税所得额=16\,000\times3-5\,000\times3-2\,500\times3-3\,000\times3$$
$$=16\,500（元）$$

适用预扣率3%，则：

$$3月应预扣预缴税额=16\,500\times3\%-165-165=165（元）$$

2021年3月，A企业在向孙先生发放工资环节预扣预缴所得税165元。

按照上述方法类推，计算得出孙先生到12月累计个人预扣预缴应纳税额为4 080元，当月预扣预缴应纳税额为550元。

（2）其他综合所得（劳务报酬所得、稿酬所得、特许权使用费所得）的预扣预缴应纳税额的计算：

$$5月孙先生劳务报酬所得预扣预缴应纳税所得额=3\,000-800$$
$$=2\,200（元）$$

适用预扣率20%，速算扣除数为0，则：

$$5月预扣预缴应纳税额=2\,200\times20\%=440（元）$$
$$8月孙先生稿酬所得预扣预缴应纳税所得额=(2\,000-800)\times70\%$$
$$=840（元）$$
$$8月预扣预缴应纳税额=840\times20\%=168（元）$$
$$9月孙先生劳务报酬所得预扣预缴应纳税所得额=30\,000\times(1-20\%)$$
$$=24\,000（元）$$
$$9月劳务报酬所提预扣预缴应纳税额=24\,000\times30\%-2\,000=5\,200（元）$$
$$9月孙先生特许权使用费所得预扣预缴应纳税所得额=2\,000-800$$
$$=1\,200（元）$$
$$9月特许权使用费所得预扣预缴应纳税额=1\,200\times20\%=240（元）$$

（3）2021年孙先生全年应纳税额的计算：

$$全年收入额=16\,000\times12+(3\,000+30\,000)\times(1-20\%)+2\,000\times(1-20\%)\times$$
$$70\%+2\,000\times(1-20\%)$$
$$=221\,120（元）$$
$$全年应纳税所得额=221\,120-60\,000-(2\,500\times12)-(3\,000\times12)$$
$$=95\,120（元）$$
$$全年应纳税额=95\,120\times10\%-2\,520=6\,992（元）$$

（4）年度汇算清缴的计算：

全年累计已预扣预缴税额＝4 080＋（440＋5 200）＋168＋240

＝10 128（元）

综合所得年度汇算清缴应补（退）税额＝6 992－10 128

＝－3 136（元）

年终汇算清缴孙先生应退税额3 136元。

（四）经营所得应纳税额的计算

个人取得生产、经营所得应纳所得税的计算方法，主要有以下两种：

1. 查账征收

（1）应纳税额的计算。个人的生产、经营所得，应以其每一纳税年度的收入总额减除费用6万元、专项扣除、专项附加扣除、成本、费用、损失以及依法确定的其他扣除后的余额为应纳税所得额。专项附加扣除在办理汇算清缴时减除。

其中，收入总额是指个体工商户从事生产、经营以及与生产、经营有关的活动所取得的各项收入。相关计算公式为：

应纳税所得额＝收入总额－（成本＋费用＋损失＋准予扣除税金）－规定费用扣除

应纳税额＝应纳税所得额×适用税率－速算扣除数

对主要扣除项目规定如下：

①个人于2019年1月1日（含）以后取得的生产、经营所得，适用的费用减除标准为60 000元/年（即5 000元/月），业主工资不能扣除。

②公益性捐赠，捐赠额不超过应纳税所得额30%的部分可以据实扣除，直接给受益人的捐赠不得扣除。

③个人在生产、经营过程中发生的与家庭生活混用的费用，由主管税务机关核定分摊比例，据此计算确定的属于生产、经营过程中发生的费用准予扣除。

④个人所取得的工资不能作为个人生产经营所得的税前扣除项目，但计算个人所得税时符合税法规定的业主的费用扣除标准的可以减除。

⑤其他关于从业人员工资、广告及业务宣传费、业务招待费、职工工会经费、职工福利费、职工教育经费、借款利息、租赁费、汇兑损益、亏损弥补等的规定，均与企业所得税一致。

（2）应纳税额的预缴。个人的生产、经营所得的应纳税额实行按年计算、分月或分季预缴、年终汇算清缴、多退少补的方法。因此，年度中间按月预缴时，应当根据当月累计应纳税所得额换算出全年所得额，乘以适用税率得出全年应纳税额，再将全年应纳税额换算为当月累计应纳税额，求得本月应纳税额。其计算公式为：

全年应纳税所得额＝（当月累计应纳税所得额÷当月月份）×12

全年应纳税额＝全年应纳税所得额×适用税率－速算扣除数

当月累计应纳税额＝（全年应纳税额÷12）×当月月份

本月应纳税额＝当月累计应纳税额－上月累计应纳税额

公式中的"当月月份"即累计经营月份。

实务操作 10：

李某从事餐饮服务，2021 年 1 月营业收入 10 000 元，扣除成本费用及各项费用后应纳税所得额为 3 000 元，已缴纳税款 175 元，2 月应纳税所得额为 2 200 元，累计应纳税所得额 5 200 元。李某 2 月应纳税额是多少？

解析：

全年应纳税所得额＝（5 200÷2）×12＝31 200（元）

全年应纳税额＝31 200×10％－1 500＝1 620（元）

当月累计应纳税额＝（1 620÷12）×2 ＝270（元）

2 月应纳税额＝270－175＝95（元）

2. 核定征收

账册不健全的个体工商户，其生产经营所得应纳税额由税务机关依据税收征管规定自行确定征收方式。核定征收方式应纳税额的计算公式如下：

应纳所得税额＝应纳税所得额×适用进税率－速算扣除数

应纳税所得额＝收入总额×应税所得率

或

应纳税所得额＝成本费用支出额÷（1－应税所得率）×应税所得

上述公式中的"应税所得率"参照表 6-5 执行。

表 6-5   个人所得税应税所得率

行业	应税所得率（％）
工业、交通运输业、商业	5～20
房地产开发业	7～20
饮食服务业	7～25
娱乐业	20～40
其他行业	10～30

（五）财产租赁所得应纳税额的计算

财产租赁所得是指个人出租建筑物、土地使用权、机器设备、车船及其他财产取得的所得。

1. 应纳税所得额的计算

（1）每次（月）收入不超过 4 000 元的：

$$应纳税所得额＝每次（月）收入额－准予扣除项目金额（其中修缮费用以 800$$
$$元为限）－800$$

（2）每次（月）收入超过 4 000 元的：

$$应纳税所得额＝[每次（月）收入额－准予扣除项目金额（其中修缮费用以 800$$
$$元为限）]×(1－20\%)$$

2. 应纳税额的计算

财产租赁所得应纳税额的计算公式为：

$$应纳税额＝应纳税所得额×适用税率$$

3. "每次收入"的确定

财产租赁所得以个人一个月内取得的收入为一次。

4. 费用扣除方法

财产租赁所得的费用扣除按照下列范围和顺序扣除：

（1）财产租赁过程中的税费。在出租财产过程中缴纳的城市维护建设税、印花税、房产税等税金和教育费附加等税费，要有完税（缴款）凭证才能够扣除。

（2）修缮费用。对于发生的修缮费用，若能够提供有效、准确凭证证明由纳税人负担该出租财产的实际开支，允许扣除的修缮费用每月以 800 元为限，一次扣除不完的，未扣完的余额可无限期向以后月份结转抵扣。

（3）法定扣除费用。财产租赁所得法定费用扣除实行定额与定率相结合的扣除方法，每次收入不足 4 000 元的，费用实行定额扣除，扣除 800 元的费用；每次收入在 4 000 元（含 4 000 元）以上的，费用实行定率扣除，扣除一次收入的 20%。

实务操作 11：

2021 年刘女士将自家的两间房出租给某企业，4 月和 5 月获得租金收入均为 8 500 元，应承租方要求，出租前将房屋小修，共花费 1 000 元，当月出租房屋缴纳的增值税（税率为 9%）、教育费附加（税率为 3%）以及城市维护建设税（税率为 7%）均有完税凭证。试计算刘女士 4 月和 5 月房屋出租应纳的个人所得税（不考虑其他税费）。

解析：4 月房屋修缮费用按 800 元扣除，法定扣除实行按率扣除。

$$房屋出租应纳增值税＝8 500÷(1＋9\%)×9\%＝701.83（元）$$

$$房屋出租应纳教育费附加＝701.83×3\%＝21.06（元）$$

$$房屋出租应纳城市维护建设税＝701.83×7\%＝49.13（元）$$

$$4 月财产租赁所得应纳税所得额＝[8 500÷(1＋9\%)－21.06－49.13－800]×(1－20\%)$$
$$＝5 542.38（元）$$

$$4 月财产租赁所得应纳税额＝5 542.38×20\%＝1 108.48（元）$$

5 月房屋修缮费用按 200（＝1000－800）元扣除，其他扣除项目不变。

$$5\text{月财产租赁所得应纳税所得额} = [8\,500 \div (1+9\%) - 21.06 - 49.13 - 200] \times (1 - 20\%)$$

$$= 6\,022.38\text{（元）}$$

5月财产租赁所得应纳税额 $= 6\,022.38 \times 20\% = 1\,204.48$（元）

（六）财产转让所得应纳税额的计算

财产转让所得是指个人转让有价证券、股权、建筑物、土地使用权、机器设备、车船及其他财产取得的所得。个人进行的财产转让主要是个人财产所有权的转让。

1. 应纳税额的计算

财产转让所得应纳税额的计算公式为：

应纳税额＝应纳税所得额×税率

2. 应纳税所得额的计算

财产转让所得以个人每次转让财产取得的收入额减除财产原值和合理费用后的余额为应纳税所得额，适用比例税率20%。

"每次"是指以某项财产的所有权一次转让取得的收入为一次。财产转让所得中允许减除的合理费用，是指卖出财产时按照规定支付的有关费用。

应纳税所得额的计算公式为：

应纳税所得额＝每次收入额－财产原值－合理税费

扣除财产原值，纳税人必须提供完整、准确的财产原值凭证。若未能提供，不能正确计算财产原值的，由主管税务机关核定其财产原值。

我国税法中规定的财产原值是指：

（1）有价证券，为买入价以及买入时按照规定交纳的有关费。

（2）建筑物，为建造费或者购进价格以及其他有关费用。

（3）土地使用权，为取得土地使用权所支付的金额、开发土地的费用以及其他有关的费用。

（4）机器设备、车船为购进价格、运输费、安装费以及其他有关费用。

（5）其他财产，参照以上方法确定。

3. 费用扣除方法

财产转让所得的费用扣除实行核算费用扣除方法。

实务操作 12：

2021年5月某城镇居民王某将自建的造价为16万元的一栋别墅以200万元（不含税）的价格出售，王某按规定缴纳了增值税（税率为9%）、城市维护建设税（税率为5%）、教育费附加（税率为3%）。假定还缴纳了土地增值税1万元、印花税200元。请计算王某应缴纳的个人所得税。

解析：

应纳增值税额＝200×9％＝18（万元）

应纳教育费附加＝18×3％＝0.54（万元）

应纳城市维护建设税＝18×5％＝0.9（万元）

财产转让所得应纳税所得额＝200－0.54－0.9－1－0.02＝197.54（万元）

财产转让所得应纳个人所得税＝197.54×20％＝39.51（万元）

"营改增"后，财产租赁所得和财产转让所得计税时应注意以下问题：

（1）个人转让房屋的个人所得税应税收入不含增值税，其取得房屋时所支付价款中包含的增值税计入财产原值，计算转让所得时可扣除的税费不包括本次转让缴纳的增值税。

（2）个人出租房屋的个人所得税应税收入不含增值税，计算房屋出租所得可扣除的税费不包括本次出租缴纳的增值税。个人转租房屋的，其向房屋出租方支付的租金及增值税额，在计算转租所得时予以扣除。

（3）免征增值税的，确定计税依据时，成交价格、租金收入、转让房地产取得的收入不扣减增值税。

（七）利息、股息、红利所得和偶然所得应纳税额的计算

利息、股息、红利所得是指个人拥有债权、股权而取得的利息、股息、红利所得。每次收入是指支付单位或个人每次支付利息、股息、红利时，个人所取得的收入。

偶然所得，是指个人得奖、中奖、中彩以及其他偶然性质的所得。其中，得奖，是指参加各种有奖竞赛活动，取得名次并获得奖金；中奖、中彩是指参加各种有奖活动，如有奖销售、有奖储蓄或购买彩票，经过规定程序，抽中、摇中号码而取得奖金。偶然所得应缴纳的个人所得税一律由发奖单位或机构代扣代缴。

1. 应纳税额的计算

应纳税额＝应纳税所得额×适用税率

利息、股息、红利所得和偶然所得，适用比例税率20％。

2. 应纳税所得额的确定

利息、股息、红利所得和偶然所得均无费用扣除，每次收入即为应纳税所得额，即：

应纳税所得额＝每次收入

实务操作13：

周某2021年3月购买福利彩票中奖，获得奖金500万元。计算周某该项所得应纳税额。

解析：周某该项所得属于偶然所得，故：

应纳税额＝500×20％＝100（万元）

二、非居民个人代扣代缴方法

扣缴义务人向非居民个人支付工资、薪金所得，劳务报酬所得，稿酬所得和特许权使用费所得时，适用按月换算后的个人所得税税率表三（见表6-3），按以下方法按月或者按次代扣代缴个人所得税：

（一）工资、薪金所得

1. 代扣代缴应纳税所得额的计算

    应纳税所得额＝每月工资收入额－5 000 元

2. 代扣代缴应纳税额的计算

    应纳税额＝应纳税所得额×适用税率－速算扣除数

（二）劳务报酬所得、特许权使用费所得

1. 代扣代缴应纳税所得额的计算

    应纳税所得额＝每次收入×（1－20％）

2. 代扣代缴应纳税额的计算

    应纳税额＝应纳税所得额×适用税率－速算扣除数

（三）稿酬所得

1. 代扣代缴应纳税所得额的计算

    应纳税所得额＝每次收入×（1－20％）×70％

2. 代扣代缴应纳税额的计算

    应纳税额＝应纳税所得额×适用税率－速算扣除数

实务操作 14：

陈某为非居民个人，2021 年取得特许权使用费所得 13 000 元；出版学术专著，获得稿酬 50 000 元。假设陈某当年没有工资薪金所得与劳务报酬所得。

要求：请计算陈某应缴纳的个人所得税。

解析：（1）特许权使用费所得：

应纳税所得额＝13 000×（1－20％）＝10 400 （元）

应纳税额＝10 400×10％－210＝830 （元）

（2）稿酬所得：

应纳税所得额＝50 000×（1－20％）×70％＝28 000（元）

应纳税额＝28 000×25％－2 660＝4 340（元）

三、几种特殊情况下个人所得税应纳税额的计算

（一）个人发生公益、救济性捐赠后个人所得税的计算

个人将其所得对教育事业和其他公益事业的捐赠，是指个人将其所得通过中国境内的社会团体、国家机关向教育和其他社会公益事业以及遭受严重自然灾害地区、贫困地区的捐赠。捐赠额未超过纳税义务人申报的应纳税所得额30％的部分，可以从其应纳税所得额中扣除。但是，纳税义务人未通过中国境内的社会团体、国家机关而直接向受益人的捐赠，不得扣除。

个人通过非营利的社会团体和国家机关进行的下列公益、救济性捐赠支出，在计算缴纳个人所得税时，准予在税前的所得额中全额扣除：

（1）向红十字事业的捐赠；

（2）向农村义务教育的捐赠；

（3）向公益性青少年活动场所（其中包括新建）的捐赠。

（二）境外缴纳税额抵免的计税方法

符合税法中规定的居民个人，应就其从中国境内和境外取得的所得缴纳个人所得税。我国的居民个人纳税人在境外从事生产、经营、投资活动或提供劳务取得的各类境外所得，依照我国税法的规定，应缴纳个人所得税，但依照国际惯例，所得来源国或地区通常也要对以上收入课征个人所得税。为了避免对同一所得项目的国际重复课税问题，同时维护我国的税收权益，我国《个人所得税法》规定，纳税人从中国境外取得的所得，准予其在应纳税额中扣除已在境外缴纳的个人所得税额，但扣除额不得超过该纳税人境外所得依照我国税法规定计算的应纳税额。具体规定及计税方法如下所述。

1. 抵免限额的确定

自2019年1月1日起，根据《个人所得税法实施条例》第二十一条第二款的规定，《个人所得税法》第七条所称纳税人境外所得依照该法规定计算的应纳税额，是居民个人抵免已在境外缴纳的综合所得、经营所得以及其他所得的所得税税额的限额（以下简称抵免限额）。除国务院财政、税务主管部门另有规定外，来源于中国境外一个国家（地区）的综合所得抵免限额、经营所得抵免限额以及其他所得抵免限额之和，为来源于该国家（地区）所得的抵免限额。

（1）来源于某国（地区）的综合所得抵免限额：

$$\begin{array}{l}\text{来源于某国(地区)}\\\text{综合所得的抵免限额}\end{array}=\dfrac{\begin{array}{c}\text{中国境内、外综合所得依照规定}\\\text{计算的综合所得应纳税额}\end{array}\times\begin{array}{c}\text{来源于某国(地区)的}\\\text{综合所得收入额}\end{array}}{\begin{array}{c}\text{中国境内、外综合}\\\text{所得收入总额}\end{array}}$$

（2）来源于某国（地区）的经营所得抵免限额：

$$\begin{array}{l}\text{来源于某国(地区)}\\\text{经营所得的抵免限额}\end{array}=\dfrac{\begin{array}{c}\text{中国境内、外经营所得依照规定}\\\text{计算的经营所得应纳税额}\end{array}\times\begin{array}{c}\text{来源于某国(地区)的}\\\text{经营所得收入额}\end{array}}{\begin{array}{c}\text{中国境内、外经营}\\\text{所得收入总额}\end{array}}$$

（3）来源于某国（地区）的其他所得抵免限额：

来源于某国（地区）的其他所得项目抵免限额，为来源于某国（地区）的其他所得项目依照《个人所得税法》相关规定计算的应纳税额。

（4）来源于某国（地区）的抵免限额：

$$\begin{array}{l}\text{来源于某国(地区)}\\\text{抵免限额}\end{array}=\begin{array}{c}\text{来源于某国(地区)}\\\text{综合所得}\\\text{抵免限额}\end{array}+\begin{array}{c}\text{来源于某国(地区)}\\\text{经营所得}\\\text{抵免限额}\end{array}+\begin{array}{c}\text{来源于某国(地区)}\\\text{其他所得}\\\text{抵免限额}\end{array}$$

2．超限额与超限额结转

在某一纳税年度，如果发生实际在境外缴纳的个人所得税款超过抵免限额，即发生超限额时，超限额部分不允许在应纳税额中抵扣，但可以在以后纳税年度该国家或该地区扣除限额的余额中补扣。下一年度结转后仍有超限额的，可以继续结转，但超限额结转期最长不得超过 5 年。

3．申请抵免

在境外已缴纳税款的抵免必须由纳税人提出申请，并提供境外税务机关填发的完税凭证原件。

4．应纳税额的计算

$$\text{应纳税额}=\sum(\text{来源于某国（地区）的所得}-\text{费用减除标准})\times\text{适用税率}$$
$$-\text{速算扣除数}-\text{允许抵免}$$

实务操作 15：

中国公民刘某 2021 年 1 月至 12 月在 A 国共取得工资、薪金所得 120 000 元（人民币，下同），从中国境内取得工资薪金所得 9 000 元/月（不考虑专项扣除等扣除项目），8 月从 A 国取得特许权使用费所得 8 000 元，10 月从 B 国取得利息收入 1 000 元。刘某已分别按 A 国和 B 国税法规定，缴纳了个人所得税 3 480 元和 300 元，并已提供完税凭证原件。

要求：请计算刘某应缴纳的个人所得税额。

解析：根据我国税法的规定，纳税人从中国境外取得的所得，准予其在应纳税额中扣除已在境外缴纳的个人所得税额，但扣除额不得超过该纳税人境外所得依据我国《个人所得税法》计算的应纳税额。

（1）境内外综合所得应纳个人所得税的计算：

综合所得收入额＝120 000＋9 000×12＋8 000×（1－20%）＝234 400（元）

综合所得应纳税所得额＝234 400－60 000＝174 400（元）

适用税率20%，速算扣除数为16 920，则：

综合所得应纳税额＝174 400×20%－16 920＝17 960（元）

①来源于A国所得的抵免限额：

来源于A国抵免限额＝17 960×[120 000＋8 000×（1－20%）]÷174 400

＝13 016.88（元）

刘某在A国缴纳的税额3 480元＜抵免限额13 016.88元，因此可以全额抵扣，并需在中国补缴个人所得税13 016.88－3 480＝9 536.88元。

②来源于B国所得的抵免限额：

来源于B国抵免限额＝1 000×20%＝200（元）

刘某在B国缴纳的税额300元＞抵免限额200元，因此只能在限额内抵扣200元，未抵扣完的100元，可在以后5年内在刘某从B国取得的所得抵免限额由余额时补扣。

（2）刘某应向中国缴纳的个人所得税：

刘某应向中国缴纳的个人所得税额＝17 960－3 480＝14 480（元）

（三）两个以上的纳税人共同取得同一项所得应纳税额的计算

两个或两个以上的纳税人共同取得同一项所得的，可以对每一个人分得的收入分别减除费用并计算各自的应纳税额。

（四）不满一个月的工资、薪金所得应纳税额的计算

凡在中国境内居住不满一个月并仅就不满一个月期间的工资、薪金所得申报纳税的，均应按全月工资、薪金所得为依据计算实际应纳税额。其计算公式为：

$$应纳税额＝\left(当月工资薪金应纳税所得额×适用税率－速算扣除数\right)×\frac{当月实际在中国境内的天数}{当月天数}$$

如果属于上述情况的个人取得的是日工资、薪金，应以日工资、薪金乘以当月天数换成月工资、薪金后，再按上述公式计算应纳税额。

（五）雇主为其雇员负担个人所得税款的计算

雇主全额为雇员负担税款的，应将雇员取得的工资、薪金所得换算成应纳税所得额后，计算单位应代为缴纳的个人所得税税款。其计算公式为：

应纳税所得额＝（不含税收入额－费用扣除标准－速算扣除数）÷（1－税率）

应纳税额＝应纳税所得额×适用税率－速算扣除数

应特别注意的是：公式中的"税率"，是指不含税所得按不含税级距对应的税率；公式中的"适用税率"，是指应纳税所得额按含税级距对应的税率。

（六）一人兼有多项应税所得应纳税额的计算

纳税人同时取得两项或两项以上应税所得时，除按税法规定应同项合并计税的外，其他应税项目应就其所得分项分别计算纳税。

税法规定应同项合并计税的应税所得有：工资、薪金所得，经营所得等。

纳税人兼有不同项目劳务报酬所得时，应分别减除费用，计算缴纳个人所得税。

第四节

个人所得税的纳税申报

个人所得税的纳税申报办法，有代扣代缴与自行纳税申报两种。

一、代扣代缴

代扣代缴是指按照税法的规定，负有扣缴税款义务的单位或者个人在向个人支付应纳税所得时，应计算应纳税额，从其所得中扣除并缴入国库，同时向税务机关报送扣缴个人所得税报告表。

（一）扣缴义务人的确定

按照 2019 年 1 月 1 日起执行的《个人所得税法》，个人所得税以取得应税所得的个人为纳税人，以支付所得的单位和个人为扣缴义务人，具体包括企业、事业单位、机关、社团组织、军队、驻华机构、个体工商户等。扣缴义务人应当依法办理全员全款扣缴申报。

全员全款扣缴申报，是指扣缴义务人应当在代扣税款的次月 15 日内，向主管税务机关报送其支付的所有个人的有关信息、支付所得数额、扣除事项和数额、扣缴税款的具体数额和总额以及其他相关涉税信息资料。

（二）扣缴义务人的法定义务和法律责任

扣缴义务人在向个人支付应纳税所得时，不论纳税人是否属于本单位人员，均应代扣代缴其个人所得税款。扣缴义务人依法履行代扣代缴税款义务，纳税人不得拒绝。如果纳税人拒绝履行纳税义务，扣缴义务人应当及时报告税务机关处理，并暂停支付其应纳税所得。否则，纳税人应缴纳的税款由扣缴义务人补缴。同时，扣缴义务人还要就应扣未扣、应收未收的税款缴纳滞纳金或罚款。扣缴义务人的法人代表或单位主要负责人、财会部门的负责人及具体办理代扣代缴税款的有关人员共同对依法履行代扣代缴义务负法律责任。税务机关应根据扣缴义务人所扣缴的税款，给予 2% 的手续费，由扣缴义务人用于代扣代缴费用开支和奖励代扣代缴工作做得较好的办税人员。

二、自行申报纳税

根据我国现行《个人所得税法》及《个人所得税法实施条例》，自 2019 年 1 月 1 日起执行的个人所得税自行纳税申报办法具体如下。

（一）取得综合所得需要办理汇算清缴的纳税申报

（1）从两处以上取得综合所得，且综合所得年收入额减除专项扣除后的余额超过 6 万元；

（2）取得劳务报酬所得、稿酬所得、特许权使用费所得中一项或者多项所得，且综合所得年收入额减除专项扣除的余额超过 6 万元；

（3）纳税年度内预缴税额低于应纳税额；

（4）纳税人申请退税。

需要办理汇算清缴的纳税人，应当在取得所得的次年 3 月 1 日至 6 月 30 日内，向任职、受雇单位所在地主管税务机关办理纳税申报，并报送个人所得税年度自行纳税申报表。纳税人有两处以上任职、受雇单位的，选择向其中一处任职、受雇单位所在地主管税务机关办理纳税申报；纳税人没有任职、受雇单位的，向户籍所在地或经常居住地主管税务机关办理纳税申报。

纳税人办理综合所得汇算清缴，应当准备与收入、专项扣除、专项附加扣除、依法确定的其他扣除、捐赠、享受税收优惠等相关的资料，并按规定留存备查或报送。

（二）取得经营所得的纳税申报

个体工商户业主、个人独资企业投资者、合伙企业个人合伙人、承包承租经营者个人以及其他从事生产、经营活动的个人取得经营所得，包括以下情形：

（1）个体工商户从事生产、经营活动取得的所得，个人独资企业投资人、合伙企业的个人合伙人来源于境内注册的个人独资企业、合伙企业生产、经营的所得；

（2）个人依法从事办学、医疗、咨询以及其他有偿服务活动取得的所得；

（3）个人对企业、事业单位承包经营、承租经营以及转包、转租取得的所得；

（4）个人从事其他生产、经营活动取得的所得。

纳税人取得经营所得，按年计算个人所得税，由纳税人在月度或季度终了后 15 日内，向经营管理所在地主管税务机关办理预缴纳税申报，并报送《个人所得税经营所得纳税申报表（A表）》在取得所得的次年 3 月 31 日前，向经营管理所在地主管税务机关办理汇算清缴，并报送《个人所得税经营所得纳税申报表（B表）》；从两处以上取得经营所得的，选择向其中一处经营管理所在地主管税务机关办理年度汇总申报，并报送《个人所得税经营所得纳税申报表（C表）》。

(三) 取得应税所得，扣缴义务人未扣缴税款的纳税申报

纳税人取得应税所得，扣缴义务人未扣缴税款的，应当区别以下情形办理纳税申报：

(1) 居民个人取得综合所得的，按照上述第（一）部分内容办理。

(2) 非居民个人取得工资、薪金所得，劳务报酬所得，稿酬所得，特许权使用费所得的，应当在取得所得的次年 6 月 30 日前，向扣缴义务人所在地主管税务机关办理纳税申报，并报送《个人所得税自行纳税申报表（A表）》。有两个以上扣缴义务人均未扣缴税款的，选择向其中一处扣缴义务人所在地主管税务机关办理纳税申报。

非居民个人在次年 6 月 30 日前离境（临时离境除外）的，应当在离境前办理纳税申报。

(3) 纳税人取得利息、股息、红利所得，财产租赁所得，财产转让所得和偶然所得的，应当在取得所得的次年 6 月 30 日前，按相关规定向主管税务机关办理纳税申报，并报送《个人所得税自行纳税申报表（A表）》。

税务机关通知限期缴纳的，纳税人应当按照期限缴纳税款。

(四) 因移居境外注销中国户籍的纳税申报

纳税人因移居境外注销中国户籍的，应当在申请注销中国户籍前，向户籍所在地主管税务机关办理纳税申报，进行税款清算。

(五) 纳税申报方式

纳税人可以采用远程办税端、邮寄等方式申报，也可以直接到主管税务机关申报。

个人所得税纳税申报相关表格见表 6-6～表 6-10。

三、纳税调整

有下列情形之一的，税务机关有权按照合理方法进行纳税调整：

(1) 个人与其关联方之间的业务往来不符合独立交易原则而减少或者其关联方应纳税额，且无正当理由；

(2) 居民个人控制的，或者居民个人和居民企业共同控制的设立在实际税负偏低的国家（地区）的企业，无合理经营需要，对应当归属于居民个人的利润不做分配或者减少分配；

(3) 个人实施其他不具有合理商业目的的安排而获取不当税收利益。

税务机关依照相关规定做出纳税调整，需要补征税款的，应当补征税款，并依法加收利息。

表6-6

个人所得税基础信息表（A表）
（适用于扣缴义务人填报）

扣缴义务人名称：

扣缴义务人纳税人识别号（统一社会信用代码）：□□□□□□□□□□□□□□□□□□

| 序号 | 纳税人基本信息（带*必填） | | | | | | 任职受雇从业信息 | | | | | 联系方式 | | | | | 银行账户 | | 投资信息 | | 其他信息 | | | 华侨、港澳台、外籍个人信息（带*必填） | | | | 备注 |
	*纳税人识别号	*纳税人姓名	*身份证件类型	*身份证件号码	*出生日期	*国籍（地区）	类型	职务	学历	任职受雇从业日期	离职日期	手机号码	户籍所在地	经常居住地	联系地址	电子邮箱	开户银行	银行账号	投资额（元）	投资比例	是否残疾/孤老/烈属	残疾/烈属证号	*出生地	*性别	*首次入境时间	*预计离境时间	*涉税事由	
1	2	3	4	5	6	7	8	9	10	11	12	13	14	15	16	17	18	19	20	21	22	23	24	25	26	27	28	29

谨声明：本表是根据国家税收法律法规及相关规定填报的，是真实的、可靠的、完整的。

扣缴义务人（签章）：

年　月　日

经办人签字：

经办人身份证件号码：

代理机构签章：

代理机构统一社会信用代码：

受理人：

受理税务机关（章）：

受理日期：　　年　月　日

国家税务总局监制

填表说明

一、适用范围

本表由扣缴义务人填报。适用于扣缴义务人办理全员全额扣缴申报时，填报其支付所得的纳税人的基础信息。

二、报送期限

扣缴义务人首次向纳税人支付所得，或者纳税人相关基础信息发生变化的，应当填写本表，并于次月扣缴申报时向税务机关报送。

三、其他事项说明

以纸质方式报送本表的，应当一式两份，扣缴义务人、税务机关各留存一份。

表6-7　　　　　　　　　　　**个人所得税基础信息表（B表）**
（适用于自然人填报）

纳税人识别号：□□□□□□□□□□□□□□□□□□□□

基本信息（带 * 必填）						
基本信息	*纳税人姓名	中文名		英文名		
	*身份证件	证件类型一		证件号码		
		证件类型二		证件号码		
	*国籍/地区			*出生日期	年　月　日	
联系方式	户籍所在地	省（区、市）　　市　　区（县）　　街道（乡、镇）＿＿＿＿＿				
	经常居住地	省（区、市）　　市　　区（县）　　街道（乡、镇）＿＿＿＿＿				
	联系地址	省（区、市）　　市　　区（县）　　街道（乡、镇）＿＿＿＿＿				
	*手机号码			电子邮箱		
其他信息	开户银行			银行账号		
	学历	□研究生　　□大学本科　　□大学本科以下				
	特殊情形	□残疾　残疾证号＿＿＿＿＿＿＿＿　　□烈属　烈属证号＿＿＿＿＿＿＿＿ □孤老				
任职、受雇、从业信息						
任职受雇从业单位一	名称			国家/地区		
	纳税人识别号（统一社会信用代码）			任职受雇从业日期	年　月	离职日期　年　月
	类型	□雇员 □保险营销员 □证券经纪人 □其他		职务	□高层　□其他	

续前表

	名称		国家/地区				
任职受雇从业单位二	纳税人识别号（统一社会信用代码）		任职受雇从业日期	年 月	离职日期	年 月	
	类型	□雇员 □保险营销员 □证券经纪人 □其他	职务	□高层 □其他			

该栏仅由投资者纳税人填写						
被投资单位一	名称		国家/地区			
	纳税人识别号（统一社会信用代码）		投资额（元）		投资比例	
被投资单位二	名称		国家/地区			
	纳税人识别号（统一社会信用代码）		投资额（元）		投资比例	

该栏仅由华侨、港澳台、外籍个人填写（带＊必填）				
＊出生地		＊首次入境时间	年 月 日	
＊性别		＊预计离境时间	年 月 日	
＊涉税事由	□任职受雇 □提供临时劳务 □转让财产 □从事投资和经营活动 □其他			

谨声明：本表是根据国家税收法律法规及相关规定填报的，是真实的、可靠的、完整的。
纳税人（签字）： 年 月 日

经办人签字： 经办人身份证件号码： 代理机构签章： 代理机构统一社会信用代码：	受理人： 受理税务机关（章）： 受理日期： 年 月 日

国家税务总局监制

填表说明

一、适用范围

本表适用于自然人纳税人基础信息的填报。

二、报送期限

自然人纳税人初次向税务机关办理相关涉税事宜时填报本表；初次申报后，以后仅需在信息发生变化时填报。

三、其他事项说明

以纸质方式报送本表的，应当一式两份，纳税人、税务机关各留存一份。

表6-8

税款所属期： 年 月 日至 年 月 日

扣缴义务人名称：

扣缴义务人纳税人识别号（统一社会信用代码）：□□□□□□□□□□□□□□□□□□

个人所得税扣缴申报表

金额单位：人民币元（列至角分）

序号	姓名	身份证件类型	身份证件号码	纳税人识别号	是否为非居民个人	所得项目	收入额计算				本月（次）情况 专项扣除				其他扣除						累计情况			累计专项附加扣除						累计其他扣除	减按计税比例	准予扣除的捐赠额	税款计算							备注
							收入	费用	免税收入	减除费用	基本养老保险费	基本医疗保险费	失业保险费	住房公积金	年金	商业健康保险	税延养老保险	财产原值	允许扣除的税费	其他	累计收入额	累计减除费用	累计专项扣除	子女教育	继续教育	住房贷款利息	住房租金	赡养老人	3岁以下婴幼儿照护				应纳税所得额	税率/预扣率	速算扣除数	应纳税额	减免税额	已缴税额	应补/退税额	
1	2	3	4	5	6	7	8	9	10	11	12	13	14	15	16	17	18	19	20	21	22	23	24	25	26	27	28	29	30	31	32	33	34	35	36	37	38	39	40	41
合计																																								
合计																																								

谨声明：本表是根据国家税收法律法规及相关规定填报的，是真实的、可靠的、完整的。

扣缴义务人（签章）：

代理人：

经办人签字：

经办人身份证件号码：

代理机构签章：

代理机构统一社会信用代码：

受理人：

受理税务机关（章）：

受理日期： 年 月 日

年 月 日

国家税务总局监制

填表说明

一、适用范围

本表适用于居民个人纳税年度内仅从中国境内取得工资薪金所得、劳务报酬所得、稿酬所得、特许权使用费所得（以下称"综合所得"），按照税法规定进行个人所得税综合所得汇算清缴。居民个人纳税年度内取得境外所得的，不适用本表。

二、报送期限

居民个人取得综合所得需要办理汇算清缴的，应当在取得所得的次年3月1日至6月30日内，向主管税务机关办理个人所得税综合所得汇算清缴申报，并报送本表。

三、其他事项说明

以纸质方式报送本表的，建议通过计算机填写打印，一式两份，纳税人、税务机关各留存一份。

表6-9　　　　　　　　　　**个人所得税年度自行纳税申报表（A表）**
（仅取得境内综合所得年度汇算适用）

税款所属期：　　年　　月　　日至　　年　　月　　日

纳税人姓名：

纳税人识别号：□□□□□□□□□□□□□□□□□□

金额单位：人民币元（列至角分）

基本情况					
手机号码		电子邮箱		邮政编码	□□□□□□
联系地址	___省（区、市）___市____区（县）____街道（乡、镇）____				
纳税地点（单选）					
1. 有任职受雇单位的，需选本项并填写"任职受雇单位信息"：			□任职受雇单位所在地		
任职受雇单位信息	名称				
	纳税人识别号	□□□□□□□□□□□□□□□□□□			
2. 没有任职受雇单位的，可以从本栏次选择一地：			□户籍所在地　□经常居住地		
户籍所在地/经常居住地	___省（区、市）___市____区（县）____街道（乡、镇）____				
申报类型（单选）					
□首次申报			□更正申报		
综合所得个人所得税计算					

项目	行次	金额
一、收入合计（第1行＝第2行＋第3行＋第4行＋第5行）	1	
（一）工资、薪金	2	
（二）劳务报酬	3	
（三）稿酬	4	
（四）特许权使用费	5	
二、费用合计［第6行＝（第3行＋第4行＋第5行）×20％］	6	
三、免税收入合计（第7行＝第8行＋第9行）	7	
（一）稿酬所得免税部分［第8行＝第4行×（1－20％）×30％］	8	
（二）其他免税收入（附报《个人所得税减免税事项报告表》）	9	

续前表

四、减除费用	10	
五、专项扣除合计（第 11 行＝第 12 行＋第 13 行＋第 14 行＋第 15 行）	11	
（一）基本养老保险费	12	
（二）基本医疗保险费	13	
（三）失业保险费	14	
（四）住房公积金	15	
六、专项附加扣除合计（附报《个人所得税专项附加扣除信息表》） （第 16 行＝第 17 行＋第 18 行＋第 19 行＋第 20 行＋第 21 行＋第 22 行）	16	
（一）子女教育	17	
（二）继续教育	18	
（三）大病医疗	19	
（四）住房贷款利息	20	
（五）住房租金	21	
（六）赡养老人	22	
七、其他扣除合计 （第 23 行＝第 24 行＋第 25 行＋第 26 行＋第 27 行＋第 28 行）	23	
（一）年金	24	
（二）商业健康保险（附报《商业健康保险税前扣除情况明细表》）	25	
（三）税延养老保险（附报《个人税收递延型商业养老保险税前扣除情况明细表》）	26	
（四）允许扣除的税费	27	
（五）其他	28	
八、准予扣除的捐赠额（附报《个人所得税公益慈善事业捐赠扣除明细表》）	29	
九、应纳税所得额 （第 30 行＝第 1 行－第 6 行－第 7 行－第 10 行－第 11 行－第 16 行－第 23 行－第 29 行）	30	
十、税率（%）	31	
十一、速算扣除数	32	
十二、应纳税额（第 33 行＝第 30 行×第 31 行－第 32 行）	33	
<div align="center">全年一次性奖金个人所得税计算 （无住所居民个人预判为非居民个人取得的数月奖金，选择按全年一次性奖金计税的填写本部分）</div>		
一、全年一次性奖金收入	34	
二、准予扣除的捐赠额（附报《个人所得税公益慈善事业捐赠扣除明细表》）	35	
三、税率（%）	36	
四、速算扣除数	37	
五、应纳税额［第 38 行＝（第 34 行－第 35 行）×第 36 行－第 37 行］	38	
<div align="center">税额调整</div>		
一、综合所得收入调整额（需在"备注"栏说明调整具体原因、计算方式等）	39	
二、应纳税额调整额	40	
<div align="center">应补/退个人所得税计算</div>		
一、应纳税额合计（第 41 行＝第 33 行＋第 38 行＋第 40 行）	41	
二、减免税额（附报《个人所得税减免税事项报告表》）	42	

续前表

三、已缴税额		43	
四、应补/退税额（第44行＝第41行－第42行－第43行）		44	
无住所个人附报信息			
纳税年度内在中国境内居住天数		已在中国境内居住年数	

退税申请
（应补/退税额小于0的填写本部分）

□ 申请退税（需填写"开户银行名称""开户银行省份""银行账号"）		□ 放弃退税
开户银行名称	开户银行省份	
银行账号		

备注

　　谨声明：本表是根据国家税收法律法规及相关规定填报的，本人对填报内容（附带资料）的真实性、可靠性、完整性负责。

纳税人签字：　　　　　　年　月　日

| 经办人签字：
经办人身份证件类型：
经办人身份证件号码：
代理机构签章：
代理机构统一社会信用代码： | 受理人：

受理税务机关（章）：

受理日期：　　年　月　日 |

国家税务总局监制

填表说明

　　一、适用范围

　　本表适用于居民个人纳税年度内仅从中国境内取得工资薪金所得、劳务报酬所得、稿酬所得、特许权使用费所得（以下称"综合所得"），按照税法规定进行个人所得税综合所得汇算清缴。居民个人纳税年度内取得境外所得的，不适用本表。

　　二、报送期限

　　居民个人取得综合所得需要办理汇算清缴的，应当在取得所得的次年3月1日至6月30日内，向主管税务机关办理个人所得税综合所得汇算清缴申报，并报送本表。

　　三、其他事项说明

　　以纸质方式报送本表的，建议通过计算机填写打印，一式两份，纳税人、税务机关各留存一份。

表 6 - 10　　　　　　　　　　　个人所得税年度自行纳税申报表（B表）

（居民个人取得境外所得适用）

税款所属期：　　　年　　月　　日至　　年　　月　　日

纳税人姓名：

纳税人识别号：□□□□□□□□□□□□□□□□□□

金额单位：人民币元（列至角分）

基本情况						
手机号码		电子邮箱		邮政编码	□□□□□□	
联系地址	___省（区、市）___市___区（县）_____街道（乡、镇）					
纳税地点（单选）						
1. 有任职受雇单位的，需选本项并填写"任职受雇单位信息"：　　　　□任职受雇单位所在地						
任职受雇单位信息	名称					
	纳税人识别号	□□□□□□□□□□□□□□□□□□				
2. 没有任职受雇单位的，可以从本栏次选择一地：　　　　　□户籍所在地　　□经常居住地						
户籍所在地/经常居住地　　　___省（区、市）___市___区（县）___街道（乡、镇）_____						
申报类型（单选）						
□首次申报			□更正申报			
综合所得个人所得税计算						

项目	行次	金额
一、境内收入合计（第1行＝第2行＋第3行＋第4行＋第5行）	1	
（一）工资、薪金	2	
（二）劳务报酬	3	
（三）稿酬	4	
（四）特许权使用费	5	
二、境外收入合计（附报《境外所得个人所得税抵免明细表》） （第6行＝第7行＋第8行＋第9行＋第10行）	6	
（一）工资、薪金	7	
（二）劳务报酬	8	
（三）稿酬	9	
（四）特许权使用费	10	
三、费用合计 ［第11行＝（第3行＋第4行＋第5行＋第8行＋第9行＋第10行）×20%]	11	
四、免税收入合计（第12行＝第13行＋第14行）	12	
（一）稿酬所得免税部分［第13行＝（第4行＋第9行）×（1－20%）×30%]	13	
（二）其他免税收入（附报《个人所得税减免税事项报告表》）	14	
五、减除费用	15	
六、专项扣除合计（第16行＝第17行＋第18行＋第19行＋第20行）	16	
（一）基本养老保险费	17	
（二）基本医疗保险费	18	
（三）失业保险费	19	
（四）住房公积金	20	

续前表

七、专项附加扣除合计（附报《个人所得税专项附加扣除信息表》）（第21行＝第22行＋第23行＋第24行＋第25行＋第26行＋第27行）		21	
	（一）子女教育	22	
	（二）继续教育	23	
	（三）大病医疗	24	
	（四）住房贷款利息	25	
	（五）住房租金	26	
	（六）赡养老人	27	
八、其他扣除合计（第28行＝第29行＋第30行＋第31行＋第32行＋第33行）		28	
	（一）年金	29	
	（二）商业健康保险（附报《商业健康保险税前扣除情况明细表》）	30	
	（三）税延养老保险（附报《个人税收递延型商业养老保险税前扣除情况明细表》）	31	
	（四）允许扣除的税费	32	
	（五）其他	33	
九、准予扣除的捐赠额（附报《个人所得税公益慈善事业捐赠扣除明细表》）		34	
十、应纳税所得额（第35行＝第1行＋第6行－第11行－第12行－第15行－第16行－第21行－第28行－第34行）		35	
十一、税率（％）		36	
十二、速算扣除数		37	
十三、应纳税额（第38行＝第35行×第36行－第37行）		38	

除综合所得外其他境外所得个人所得税计算

（无相应所得不填本部分，有相应所得另需附报《境外所得个人所得税抵免明细表》）

一、经营所得	（一）经营所得应纳税所得额（第39行＝第40行＋第41行）	39	
	其中：境内经营所得应纳税所得额	40	
	境外经营所得应纳税所得额	41	
	（二）税率（％）	42	
	（三）速算扣除数	43	
	（四）应纳税额（第44行＝第39行×第42行－第43行）	44	
二、利息、股息、红利所得	（一）境外利息、股息、红利所得应纳税所得额	45	
	（二）税率（％）	46	
	（三）应纳税额（第47行＝第45行×第46行）	47	
三、财产租赁所得	（一）境外财产租赁所得应纳税所得额	48	
	（二）税率（％）	49	
	（三）应纳税额（第50行＝第48行×第49行）	50	
四、财产转让所得	（一）境外财产转让所得应纳税所得额	51	
	（二）税率（％）	52	
	（三）应纳税额（第53行＝第51行×第52行）	53	
五、偶然所得	（一）境外偶然所得应纳税所得额	54	
	（二）税率（％）	55	
	（三）应纳税额（第56行＝第54行×第55行）	56	

续前表

六、其他所得	（一）其他境内、境外所得应纳税所得额合计（需在"备注"栏说明具体项目）	57	
	（二）应纳税额 58		

股权激励个人所得税计算		
（无境外股权激励所得不填本部分，有相应所得另需附报《境外所得个人所得税抵免明细表》）		
一、境内、境外单独计税的股权激励收入合计	59	
二、税率（%）	60	
三、速算扣除数	61	
四、应纳税额（第 62 行＝第 59 行×第 60 行－第 61 行）	62	

全年一次性奖金个人所得税计算		
（无住所个人预判为非居民个人取得的数月奖金，选择按全年一次性奖金计税的填写本部分）		
一、全年一次性奖金收入	63	
二、准予扣除的捐赠额（附报《个人所得税公益慈善事业捐赠扣除明细表》）	64	
三、税率（%）	65	
四、速算扣除数	66	
五、应纳税额［第 67 行＝（第 63 行－第 64 行）×第 65 行－第 66 行］	67	

税额调整		
一、综合所得收入调整额（需在"备注"栏说明调整具体原因、计算方法等）	68	
二、应纳税额调整额	69	

应补/退个人所得税计算		
一、应纳税额合计（第 70 行＝第 38 行＋第 44 行＋第 47 行＋第 50 行＋第 53 行＋第 56 行＋第 58 行＋第 62 行＋第 67 行＋第 69 行）	70	
二、减免税额（附报《个人所得税减免税事项报告表》）	71	
三、已缴税额（境内）	72	
其中：境外所得境内支付部分已缴税额	73	
境外所得境外支付部分预缴税额	74	
四、境外所得已纳所得税抵免额（附报《境外所得个人所得税抵免明细表》）	75	
五、应补/退税额（第 76 行＝第 70 行－第 71 行－第 72 行－第 75 行）	76	

无住所个人附报信息			
纳税年度内在中国境内居住天数		已在中国境内居住年数	

退税申请		
（应补/退税额小于 0 的填写本部分）		
□ 申请退税（需填写"开户银行名称""开户银行省份""银行账号"）		□ 放弃退税
开户银行名称	开户银行省份	
银行账号		

备注

续前表

谨声明：本表是根据国家税收法律法规及相关规定填报的，本人对填报内容（附带资料）的真实性、可靠性、完整性负责。 　　　　　　　　　　　　纳税人签字：　　　　　　　　　年　　月　　日	
经办人签字： 经办人身份证件类型： 经办人身份证件号码： 代理机构签章： 代理机构统一社会信用代码：	受理人： 受理税务机关（章）： 受理日期：　　　年　　月　　日

国家税务总局监制

填表说明

　　一、适用范围

　　本表适用于居民个人纳税年度内取得境外所得，按照税法规定办理取得境外所得个人所得税自行申报。申报本表时应当一并附报《境外所得个人所得税抵免明细表》。

　　二、报送期限

　　居民个人取得境外所得需要办理自行申报的，应当在取得所得的次年3月1日至6月30日内，向主管税务机关办理纳税申报，并报送本表。

　　三、其他事项说明

　　以纸质方式报送本表的，建议通过计算机填写打印，一式两份，纳税人、税务机关各留存一份。

育人园地

技艺要过关，道德要过关，法纪底线更要守住

　　2021年8月27日，税务部门公布了郑某偷逃税案件检查结果。经查，郑某2019年至2020年未依法申报个人收入1.91亿元，偷税4 526.96万元，其他少缴税款2 652.07万元。税务部门依法对郑某追缴税款、加收滞纳金并处罚共计2.99亿元。

　　郑某案件发生在2018年国家规范影视行业税收秩序之后，郑某违反了中央宣传部、文化和旅游部、国家税务总局、国家广播电视总局、国家电影局关于治理影视行业"天价片酬""阴阳合同"、偷逃税等问题的要求。税务部门坚持以事实为依据，以法律为准绳，进行全面深入检查，依法对郑某做出严肃处理，回应了社会关切，体现了全面依法治国的要求，彰显了法治精神，有利于维护税法的权威性、严肃性，增强全社会依法纳税的意识，对于进一步规范影视行业税收秩序，弘扬社会主义核心价值观，促进影视行业长期健康规范发展，具有重要意义。同时将对张某和相关企业涉嫌帮助郑某偷逃税依法进行处理，对今后类似涉税违法行为将起到强烈警示教育作用。

依法诚信纳税是每个公民应尽的义务。影视行业从业人员更应该增强法治意识，模范遵纪守法，勇担社会责任，弘扬社会正义，自觉履行纳税义务，带动形成全社会依法诚信纳税的良好氛围。特别是在各有关部门进一步密切协作，完善跨部门常态化联动监管机制，加大"双随机、一公开"抽查力度和涉税违法行为曝光力度的情况下，任何心存侥幸、铤而走险、变换手法偷逃税的行为，都将被依法严惩。

郑某获取"天价片酬"、利用"阴阳合同"偷逃税行为被依法严肃查处，将给影视界带来深刻警示。演艺明星作为社会公众人物，不仅技艺要过关，道德更要过关，要将德艺双馨作为自己的毕生追求，把"德"永远放在"艺"的前面，以德养艺、修身自律，守住"底线"、远离"红线"，走好演艺生涯每一步，厚植社会主义核心价值观，自觉担当起引领社会风尚的重要责任。

（资料来源：解放日报上观新闻）

本章小结

个人所得税是以个人（自然人）取得的各项应税所得为征税对象所征收的一种税。个人所得税的纳税人根据有无住所标准和居住时间标准分为居民个人纳税人和非居民个人纳税人。居民个人纳税人承担无限纳税义务，非居民个人纳税人承担有限纳税义务。我国2019年1月1日起执行的《个人所得税法》规定了9项征收项目，对"工资薪金所得、劳务报酬所得、稿酬所得、特许权使用费所得"采用综合所得计征，按月（次）预扣预缴税额，年终时汇算清缴，多退少补；其他所得采用分项计征。个人所得税适用税率有超额累进税率和比例税率两种。

课后练习

一、单选题

1. 个人所得税改革后，下列属于分类所得项目的有（　　）。

A. 稿酬所得　　　　　　　　　　　B. 偶然所得

C. 其他所得　　　　　　　　　　　D. 特许权使用费所得

2. 居民纳税人取得下列所得按次征税的有（　　）。

A. 特许权使用费所得　　　　　　　B. 利息、股息、红利所得

C. 劳务报酬所得　　　　　　　　　D. 经营所得

3. 下列属于综合所得中依法确定的其他扣除项目的有（　　）。

A. "三险一金"　　　　　　　　　　B. 大病医疗

C. 商业健康险支出　　　　　　　　D. 保险赔款

4. 李某和其妻子钱某婚后购买一套住房，属于首套住房贷款，下列说法正确的是（　　）。

A. 李某和钱某均可以扣除住房贷款利息

  B. 李某和钱某每月均可扣除的额度是 1 000 元

  C. 李某和钱某可以由其中一人扣除，每月扣除额度是 1 000 元

  D. 李某、钱某所购买住房如果在北上广深等城市，扣除的标准要高于 1 000 元

  5. 纳税人赡养(　　)父母以及其他法定赡养人的赡养支出，可以按照标准定额扣除。

  A. 50 岁以上　 B. 60 岁以上

  C. 50 岁（含）以上　 D. 60 岁（含）以上

  6. 纳税人 A 有一个妹妹，父母均在老家，由在老家的妹妹负责日常照料。以下分摊方法正确的是(　　)。

  A. A 跟其妹妹约定，每人每月均摊扣除 1 000 元

  B. A 跟其妹妹约定，由 A 全部扣除 2 000 元

  C. 老人指定 A 分摊 1 500 元，其妹妹分摊 500 元

  D. 老人指定 A 分摊 500 元，其妹妹分摊 1 500 元

  7. 子女教育专项附加扣除的标准是(　　)。

  A. 每孩每月 1 500 元　 B. 每孩每月 800 元

  C. 每孩每月 1 200 元　 D. 每孩每月 1 000 元

  8. 在一个纳税年度内，与基本医保相关的医药费用，扣除医保报销后个人负担部分，在一定标准内扣除。其中，扣除医保报销后个人负担部分是指(　　)。

  A. 医保目录范围内自费和自付部分　 B. 医保目录范围内自付部分

  C. 个人负担的所有费用　 D. 医保目录范围内自费部分

  9. 需要办理综合所得汇算清缴的纳税人，应当向任职、受雇单位所在地主管税务机关办理汇算清缴申报，办理时间是(　　)。

  A. 取得所得的次年 1 月 1 日至 3 月 31 日内

  B. 取得所得的次年 3 月 1 日至 5 月 31 日内

  C. 取得所得的次年 1 月 1 日至 5 月 31 日内

  D. 取得所得的次年 3 月 1 日至 6 月 30 日内

  10. 累计基本减除费用，按照每月 5 000 元乘以(　　)计算。

  A. 纳税人当年在本单位的实际工作月份数

  B. 纳税人当年实际任职月份数

  C. 纳税人当年在本单位的任职受雇月份数

  D. 当年自然月份数

  11.《个人所得税扣缴申报管理办法（试行）》自(　　)起执行。

  A. 2018 年 10 月 1 日　 B. 2018 年 12 月 1 日

  C. 2019 年 1 月 1 日　 D. 2020 年 1 月 1 日

  12. 下列各项中，应当按照"工资、薪金所得"计缴个人所得税的是(　　)。

  A. 个人提供非专利技术取得的所得　 B. 个人出租机器设备取得的所得

  C. 个人转让有价证券取得的所得　 D. 个人因受雇而取得的年终奖

13. 根据个人所得税法律制度的规定，下列各项中，不属于特许权使用费所得的是（　　）。

A. 作者将自己的文学作品手稿复印件拍卖取得的所得

B. 个人取得专利赔偿所得

C. 个人兼职取得的收入

D. 剧本作者从电视剧制作单位取得的剧本使用费

二、多项选择题

1. 个人所得税改革后，下列所得项目中实行超额累进税率的所得项目有（　　）。

A. 工资、薪金所得　　　　　　B. 偶然所得

C. 劳务报酬所得　　　　　　　D. 经营所得

E. 利息、股息、红利所得

2. 2021 年纳税人李某已享受住房贷款利息专项附加扣除，当年还可能扣除的项目有（　　）。

A. 子女教育　　　　　　　　　B. 大病医疗

C. 继续教育　　　　　　　　　D. 住房租金

E. 赡养老人

3. 下列各项中，暂时免征收个人所得税的是（　　）。

A. 外籍人士以非现金形式或实报实销形式取得的住房补贴、伙食补贴、搬迁费、洗衣费

B. 个人举报、协查各种违法、犯罪行为的奖金

C. 个人取得单张有奖发票奖金不超过 600 元（含 600 元）

D. 个人购买体育彩票，一次中奖收入在 1 万元以下（含 1 万元）

4. 纳税人享受子女教育专项附加扣除政策的，其子女接受学历教育的范围包括（　　）。

A. 小学和初中　　　　　　　　B. 普通高中

C. 中等职业教育　　　　　　　D. 大学本科

E. 博士后

5. （　　）发生的符合条件的大病医疗支出，可以由纳税人扣除。

A. 配偶　　　　　　　　　　　B. 未成年子女

C. 父母　　　　　　　　　　　D. 兄弟姐妹

E. 已成年子女

6. 取得综合所得且符合下列情形之一的纳税人，应当依法办理汇算清缴，正确的说法包括（　　）。

A. 从两处以上取得工资、薪金所得，劳务报酬所得，稿酬所得，特许权使用费所得中的一项或多项，且上述所得年收入额超过 6 万元

B. 取得劳务报酬所得、稿酬所得、特许权使用费所得中的一项或者多项，且综合所

得年收入额减除专项扣除后的余额超过 6 万元

C. 纳税年度内预缴税额低于应纳税额

D. 纳税人申请退税

E. 取得综合所得又有经营所得

7. 个体工商户业主、个人独资企业投资者、合伙企业个人合伙人、承包承租经营者个人以及其他从事生产、经营活动的个人取得应税经营所得包括的情形有（　　）。

A. 个人通过在中国境内注册登记的个体工商户、个人独资企业、合伙企业从事生产、经营活动取得的所得

B. 个人依法取得执照，从事办学、医疗、咨询以及其他有偿服务活动取得的所得

C. 个人从事设计、审稿、打字等劳务取得的所得

D. 个人从事其他生产、经营活动取得的所得

E. 个人承包、承租、转包、转租取得的所得

8. 需要向税务机关报送个人所得税年度自行纳税申报表的纳税人包括（　　）。

A. 注销户籍前办理当年综合所得汇算清缴的纳税人

B. 取得综合所得正常办理汇算清缴的纳税人

C. 取得综合所得但扣缴义务人未扣缴税款的居民个人

D. 在中国境内从两处以上取得工资、薪金所得的非居民个人

E. 取得所得没有扣缴义务人的居民个人

9. 实行个人所得税全员全额扣缴申报的应税所得包括（　　）。

A. 工资、薪金所得　　　　　　　　B. 劳务报酬所得

C. 稿酬所得　　　　　　　　　　　D. 经营所得

E. 利息、股息、红利所得

10. 计算居民个人工资、薪金所得时，累计预扣预缴应纳税所得额是以纳税人在本单位截至当前月份工资薪金所得累计收入减除（　　）后的余额。

A. 累计减免收入　　　　　　　　　B. 累计减除费用

C. 累计专项扣除　　　　　　　　　D. 累计专项附加扣除

E. 累计依法确定的其他扣除

11. 根据个人所得税法律制度的规定，下列各项中，纳税人取得综合所得需要办理汇算清缴的情形有（　　）。

A. 纳税人申请退税

B. 纳税年度内预缴税额高于应纳税额的

C. 取得劳务报酬所得、稿酬所得、特许权使用费所得中任何一项或者多项所得，且综合所得年收入减去专项扣除的余额超过 6 万元

D. 在两处或两处以上取得综合所得，且综合所得年收入额减去专项扣除的余额超过 6 万元

三、判断题

（　　）1. 外籍个人李某在境外任职，因工作原因，2021 年 11 月 1 日至 2022 年 6 月

1 日期间在中国境内提供劳务，境外公司发放给李某的工资、薪金所得，按照国内税法规定，应在中国缴纳个人所得税。

（　　）2. 2021年1月1日后，非居民个人取得的工资、薪金所得，以每月收入额减除费用5 000元、专项附加扣除后的余额为应纳税所得额，适用按月换算后的综合所得税率表。

（　　）3. 2021年1月1日后，个人取得的特许权使用费、利息、股息、红利所得，财产转让所得，财产租赁所得，偶然所得，适用20%的比例税率，计算征收个人所得税。

（　　）4. 经夫妻双方约定，纳税人发生的符合条件的住房贷款利息支出，住房贷款利息可以选择由其中一方扣除，或由双方分别按照50%扣除，具体扣除方式在一个纳税年度内不能变更。

（　　）5. 纳税人享受子女教育专项附加扣除的，可以选择由其中一方按扣除标准的100%扣除，也可以选择由夫妻双方分别按照扣除标准的50%扣除。

（　　）6. 纳税人的子女年满3周岁但未上幼儿园，则不能享受子女教育专项附加扣除政策。

（　　）7. 在计算医药费用支出额度时，纳税人及其配偶、未成年子女发生的医疗费用支出不能混合，应按每个人分别计算。

（　　）8. 居民个人因移居境外注销中国户籍的，应当在申请注销户籍后，向户籍所在地主管税务机关办理注销中国户籍纳税申报。

（　　）9. 居民个人取得中国境外所得的，应当在取得所得的次年1月1日至1月31日内，向税务机关办理纳税申报。

（　　）10. 计算累计应预扣预缴税额时，余额为负值时，暂不退税。纳税年度终了后余额仍为负值时，由纳税人通过办理综合所得年度汇算清缴，多退少补。

（　　）11. 个人为单位或他人提供担保获得的收入，应按"劳务报酬所得"项目征收个人所得税。

（　　）12. 个人所得税的专项附加扣除，一个纳税年度扣除不完，可以结转以后年度扣除。

四、实务训练

1. 中国公民周某是甲企业的高级职员，2022年度1—2月雇佣单位每月支付工资、薪金18 900元，每月缴纳"三险一金"3 200元，1月份取得股票转让收益100 000元，2月份购物中奖获得奖金20 000元。从1月份开始享受3岁以下婴幼儿照护专项扣除附加1 000元。

要求：计算周某1、2月预扣预缴应纳税额。

2. 陈先生在B企业工作，2021年1月至12月每月在A企业取得工资薪金20 000元，无免税收入；每月缴纳"三险一金"4 500元，从1月份开始享受子女教育费和赡养老人专项扣除附加共计为3 000元，无其他扣除。2021年4月取得劳务报酬收入39 00

元，5月取得稿酬收入 5 400 元，9月取得特许权使用费 8 000 元。（已知：陈先生 11 月份工资薪金所得累计已预扣预缴税额为 5 730 元。）

要求：

（1）计算陈先生 1、2、3 月份和 12 月份工资薪金所得预扣预缴税额。

（2）计算陈先生其他所得预扣预缴税额。

（3）计算陈先生全年应纳税额。

（4）年终汇算清缴后陈先生应退（补）税？

3. 某大学周教授 2021 年 7 月份收入情况如下：

（1）担任兼职律师取得收入 80 000 元；

（2）取得稿酬 5 800 元；

（3）出售自有自用 6 年的家庭唯一住房，扣除当初购买公房的价格和售房时按规定支付的有关税费后，取得净收入 12 万元。

要求：请计算周教授 7 月份应缴纳的个人所得税税额。

4. 实行查账征收的某餐厅为合伙企业，2021 年度经营所得 10 万元，该企业投资者为两人，根据合伙协议约定，各自投资分配比例分别为甲 60%、乙 40%，两人本年度已预缴个人所得税分别为 4 000 元、2 200 元。

要求：计算甲、乙该年度应缴纳的个人所得税税额。

5. 徐女士 2021 年 1 月 1 日起将其位于市区的一套公寓住房按市价出租，每月收取租金 3 800 元。1 月因卫生间漏水发生修缮费用 1 200 元，已取得合法有效的支出凭证。

要求：

（1）计算徐女士 2021 年 1、2 月份应缴纳的个人所得税。

（2）为什么 1 200 元的修缮费用要拆成 800 元和 400 元分两期扣除？

6. 中国居民个人宋某为某公司员工，2021 年取得以下所得，不考虑其他各项扣除：

（1）每月工资 12 000 元；

（2）3 月份出版专著，取得出版社支付的稿酬 50 000 元；

（3）6 月转让专利技术给甲企业，取得转让收入 20 000 元；

（4）全年累计预缴税额为 5 880 元。

要求：

（1）计算宋某 2021 年应纳个人所得税额。

（2）计算宋某 2021 年汇算清缴应纳所得税额。

7. 方某为中国非居民个人，2021 年 5 月为甲公司提供技术服务，取得报酬 22 000 元；转让某项专利技术，取得转让收入 30 000 元。

要求：计算方某应纳的个人所得税税额。

第七章

其他税实务

【知识目标】

1. 熟识房产税、城镇土地使用税、车辆购置税、印花税、城市维护建设税、环境保护税、土地增值税、契税的概念和特点。

2. 熟悉房产税、城镇土地使用税、车辆购置税、印花税、城市维护建设税、环境保护税、土地增值税、契税的纳税义务人、征税对象、税率和税收优惠政策。

3. 熟识房产税、城镇土地使用税、车辆购置税、印花税、城市维护建设税、环境保护税、土地增值税、契税应纳税额的计算。

4. 了解房产税、城镇土地使用税、车辆购置税、印花税、城市维护建设税、环境保护税、土地增值税、契税的征收管理。

【能力目标】

1. 会计算房产税、城镇土地使用税、车辆购置税、印花税、城市维护建设税、环境保护税、土地增值税、契税的应纳税额。

2. 能够进行房产税、城镇土地使用税、车辆购置税、印花税、城市维护建设税、环境保护税、土地增值税、契税的纳税申报与缴纳。

导入案例

刘先生 2021 年 6 月将位于市中心的一套三居室住房出租，每月租金 4 200 元。

问题：刘先生 2021 年应纳的房产税是多少？

房产税实务

一、房产税的概念与特点

（一）房产税的概念

房产税是以房产为征税对象，依据房产价格或房产租金收入向房产所有人或经营人征收的一种财产税。

（二）房产税的特点

（1）房产税属于财产税中的个别财产税，其征税对象只是房屋；

（2）征收范围限于城镇的经营性房屋；

（3）区别房屋的经营使用方式规定征税办法，对于自用的按房产计税余值征收，对于出租房屋按租金收入征税。

二、房产税的基本法律规定

（一）纳税义务人

房产税以在征税范围内的房屋产权所有人为纳税义务人。

（1）产权属国家所有的，由经营管理单位为纳税人；产权属集体或个人所有的，由集体单位或个人纳税。

（2）产权出典的，由承典人纳税。

（3）产权所有人、承典人不在房屋所在地的，由房产代管人或者使用人纳税。

（4）纳税人和个人无租使用房产管理部门、免税单位及纳税单位的房产的，由使用人代为缴纳房产税。

（5）自 2009 年 1 月 1 日起，外商投资企业和外国企业以及外籍个人，须缴纳房产税。

（二）征税范围

房产税的征税范围为我国境内城市、县城、建制镇和工矿区。具体规定：

（1）城市是指经国务院批准设立的市。

（2）县城是指设立建制镇的县人民政府所在地。

（3）建制镇是指经省、自治区、直辖市人民政府批准设立的建制镇。

（4）工矿区是指工商业比较发达，人口比较集中，符合国务院规定的建制镇标准，但尚未设立建制镇的大中型工矿企业所在地。开征房产税的工矿区须经省、自治区、直辖市人民政府批准。

房产税的征税范围不包括农村。

（三）税率

（1）依照房产余值计算缴纳的税率为 1.2%。

（2）依照房产租金收入计算缴纳的从租计征税率为 12%。从 2008 年 3 月 1 日起，对个人出租的居民住房，不区分用途，按 4% 的税率征收房产税。

（3）由省、自治区、直辖市人民政府根据本地区实际情况，以及宏观调控需要确定，对增值税小规模纳税人、小型微利企业和个体工商户可以在 50% 的税额幅度内减征房产税，执行期限为 2022 年 1 月 1 日至 2024 年 12 月 31 日。

（四）税收优惠

（1）国家机关、人民团体、军队自用的房产免征房产税。

（2）由国家财政部门拨付事业经费的单位自用的房产免征房产税。

（3）宗教寺庙、公园、名胜古迹自用的房产免征房产税。

（4）个人所有非营业用的房产免征房产税。

（5）对行使国家行政管理职能的中国人民银行总行所属分支机构自用的房产，免征房产税。

（6）经财政部批准的其他房产，主要包括：

①损坏不能使用的房产，经有关部门鉴定，在停止使用后，可免征房产税。

②对坐落在城市、县城、建制镇、工矿区范围以外的尚在县邮局内核算的房产，在单位财务账中划分清楚的，从 2001 年 1 月 1 日起不再征收房产税。

③在基建工地为基建工地服务的各种工棚、材料棚、休息棚和办公室、食堂、茶炉

房、汽车房等临时性房屋，在施工期间，一律免征房产税。

④为鼓励利用地下人防设施，对其暂不征收房产税。

⑤向居民供热并向居民收取采暖费的供热企业暂免征收房产税。

⑥对高校后勤实体免征房产税。

⑦对非营利性医疗机构、疾病控制中心和妇幼保健机构等卫生机构自用的房产，免征房产税。

⑧老年服务机构自用的房产免征房产税。

⑨从2001年1月1日起，对按政府规定价格出租的公有住房和廉租住房，暂免征收房产税。

三、房产税应纳税额的计算

（一）计税依据

房产税的计税依据是房产的计税价值或房产的租金收入。

1. 从价计征

按房产原值一次减除10%～30%后的余值计算缴纳。各地扣除比例由当地省、自治区、直辖市人民政府确定。

房产原值是指纳税人按照会计制度规定，在账簿"固定资产"科目中记载的房屋原值，包括与房屋不可分割的各种附属设备或一般不单独计算价值的配套设施。

2. 从租计征

按房产出租的租金收入计算缴纳。

（二）计算方法

1. 从价计征

从价计征应纳税额的计算公式为：

房产税应纳税额＝应税房产原值×(1－扣除比例)×1.2%

实务操作1：

鸿丰公司坐落在某市郊区，会计账簿记载其生产经营用房的原值为2 000万元，包括冷暖、通风等设备100万元。另外，该公司在郊区以外的农村还建有一个仓库，房产原值120万元。当地规定计算房产税时允许减除房产原值的20%。计算鸿丰公司全年应纳的房产税税额。

解析：鸿丰公司坐落在农村的仓库不属于征税范围。

房产税应纳税额＝2 000×(1－20%)×1.2%＝19.2（万元）

2. 从租计征

房产的租金收入，包括货币收入和实物收入。如果是以劳务或者其他形式为报酬抵付房租收入的，应根据当地同类房产的租金水平，确定一个标准租金额从租计征。纳税人对个人出租房屋的租金收入申报不实或申报数与同一地段同类房屋的租金收入相比明显不合理的，税务部门可以核定其应纳税额。从租计征应纳税额的计算公式为：

房产税应纳税额＝租金收入×12%（或4%）

实务操作 2：

某公司出租房屋两间，年租金收入为 15 万元，税率为 12%。请计算该公司应纳的房产税。

解析：

房产税应纳税额＝15×12%＝1.8（万元）

导入案例解析：

房产税应纳税额＝4 200×4%×6＝1 008（元）

四、房产税的纳税申报

（一）纳税义务发生时间

（1）将原有房产用于生产经营，从生产经营当月起纳税。

（2）自行新建房屋用于生产经营，从建成的次月起纳税。

（3）委托施工企业建设的房屋，从办理验收手续的次月起纳税。

（4）购置新建商品房，自房屋交付使用的次月起纳税。

（5）购置存量房，自办理房屋权属转移、变更登记手续，房地产权属登记机关签发房屋权属证书的次月起纳税。

（6）出租、出借房产，自交付出租、出借房产的次月起纳税。

（7）房地产开发企业自用、出租、出借本企业建造的商品房，自房屋使用或交付的次月起纳税。

（二）纳税地点

房产税在房产所在地缴纳。房产不在同一地方的纳税人，按房产的坐落地点分别向房产所在地的税务机关纳税。

（三）纳税期限和纳税申报

房产税实行按年计算、分期缴纳的征收方法，具体纳税期限由省、自治区、直辖市人民政府确定。纳税人依照税收法律法规及相关规定确定的申报期限、申报内容，就其应税项目如实向税务机关申报缴纳房产税，填报《财产和行为税纳税申报表》（见表7-1）。

首次申报或房产、土地信息发生变更时，应报送《财产和行为税税源明细表》（《城镇土地使用税 房产税税源明细表》部分，见表7-2）及相关材料。

表7-1　　　　　　　　　　　　财产和行为税纳税申报表

纳税人识别号（统一社会信用代码）：□□□□□□□□□□□□□□□□□□

纳税人名称：　　　　　　　　　　　　　　　　　　　　　金额单位：人民币元（列至角分）

序号	税种	税目	税款所属期起	税款所属期止	计税依据	税率	应纳税额	减免税额	已缴税额	应补（退）税额
1										
2										
3										
4										
5										
6										
7										
8										
9										
10										
11	合计	—	—	—	—	—				

声明：此表是根据国家税收法律法规及相关规定填写的，本人（单位）对填报内容（及附带资料）的真实性、可靠性、完整性负责。

纳税人（签章）：　　　　年　月　日

经办人： 经办人身份证号： 代理机构签章： 代理机构统一社会信用代码：	受理人： 受理税务机关（章）： 受理日期：　年　月　日

填表说明

1. 本表适用于申报城镇土地使用税、房产税、契税、耕地占用税、土地增值税、印花税、车船税、烟叶税、环境保护税、资源税。

2. 本表根据各税种税源明细表自动生成，申报前需填写税源明细表。

3. 本表包含一张附表《财产和行为税减免税明细申报附表》。

4. 纳税人识别号（统一社会信用代码）：填写税务机关核发的纳税人识别号或有关部门核发的统一社会信用代码。纳税人名称：填写营业执照、税务登记证等证件载明的纳税人名称。

5. 税种：税种名称，多个税种的，可增加行次。

6. 税目：税目名称，多个税目的，可增加行次。

7. 税款所属期起：纳税人申报相应税种所属期的起始时间，填写具体的年、月、日。

8. 税款所属期止：纳税人申报相应税种所属期的终止时间，填写具体的年、月、日。

9. 计税依据：计算税款的依据。

10. 税率：适用的税率。

11. 应纳税额：纳税人本期应当缴纳的税额。

12. 减免税额：纳税人本期享受的减免税金额，等于减免税附表中该税种的减免税额小计。

13. 已缴税额：纳税人本期应纳税额中已经缴纳的部分。

14. 应补（退）税额：纳税人本期实际需要缴纳的税额。应补（退）税额＝应纳税额－减免税额－已缴税额。

表7-2

城镇土地使用税 房产税 税源明细表

纳税人识别号（统一社会信用代码）：□□□□□□□□□□□□□□□□□□

纳税人名称：　　　　　　　　　　　　　金额单位：人民币元（列至角分）；面积单位：平方米

一、城镇土地使用税税源明细

*纳税人类型	土地使用权人□ 集体土地使用人□ 无偿使用人□ 代管人□ 实际使用人□（必选）	土地使用权人纳税人识别号（统一社会信用代码）　　　土地使用权人名称
*土地编号		土地名称
不动产单元代码		宗地号　　　不动产权证号
*土地取得方式	划拨□ 出让□ 转让□ 租赁□ 其他□（必选）	*土地用途 工业□ 商业□ 居住□ 综合□ 房地产开发企业的开发用地□ 其他□（必选）　*土地性质 国有□ 集体□（必选）
*土地坐落地址（详细地址）	省（自治区、直辖市）　市（区）　县（区）　乡镇（街道）（必填）	
*土地所属主管税务所（科、分局）		
*土地取得时间	年　月	纳税义务终止（权属转移□ 其他□）信息项变更（土地面积变更□ 土地等级变更□ 减免税变更□ 其他□）　变更类型　年　月　变更时间　年　月
*占用土地面积	地价	*土地等级　　　*税额标准

减免税部分	序号	减免性质代码和项目名称	减免起止时间		减免土地面积	月减免税金额
			减免起始月份	减免终止月份		
			年　月	年　月		
	1					
	2					
	3					

二、房产税税源明细

（一）从价计征房产税税源明细

*纳税人类型	产权所有人□ 经营管理人□ 承典人□ 房屋代管人□ 房屋使用人□ 融资租赁承租人□（必选）	所有权人纳税人识别号（统一社会信用代码）　　　所有权人名称
*房产编号		房产名称

续前表

不动产权证号		不动产单元代码			
*房屋坐落地址（详细地址）	省（自治区、直辖市）	市（区）	县（区）	乡镇（街道）	（必填）
*房产所属主管税务所（科、分局）					
房屋所在土地编号			*房产用途	工业□ 商业及办公□ 住房□ 其他□	（必选）
*房产取得时间	年 月	变更类型	纳税义务终止□ 信息项变更（房产原值变更□ 出租房产原值变更□ 权属转移□ 其他□）税收变更□ 申报租金收入变更□ 减免 其他□	变更时间	年 月（必填）
*建筑面积		其中：出租房产面积			
*房产原值		其中：出租房产原值		计税比例	

减免税部分	序号	减免性质代码和项目名称	减免起止时间		减免税房产原值	月减免税金额
			减免起始月份 年 月	减免终止月份 年 月		
	1					
	2					
	3					

（二）从租计征房产税明细

*房产编号		房产名称	
*房产所属主管税务所（科、分局）			
承租方纳税人识别号（统一社会信用代码）		承租方名称	
*出租面积		*申报租金收入	
*申报租金所属租赁期起		*申报租金所属租赁期止	

减免税部分	序号	减免性质代码和项目名称	减免起止时间		减免税租金收入	月减免税金额
			减免起始月份 年 月	减免终止月份 年 月		
	1					
	2					
	3					

第二节

城镇土地使用税实务

一、城镇土地使用税的概念与特点

（一）城镇土地使用税的概念

城镇土地使用税是国家在城市、县城、建制镇和工矿区范围内，对使用土地的单位和个人，以实际占用的土地面积为计税标准，按规定税额计算征收的一种税。1988 年，国务院发布了《中华人民共和国城镇土地使用税暂行条例》，于 2006 年 12 月 31 日发布《国务院关于修改〈中华人民共和国城镇土地使用税暂行条例〉的决定》，并从 2007 年 1 月 1 日起施行。

（二）城镇土地使用税的特点

（1）对占用土地的行为征税；

（2）征税对象是土地；

（3）征税范围有所限定；

（4）实行差别幅度税额。

二、城镇土地使用税的基本法律规定

（一）纳税义务人

凡在征税范围内使用土地的单位和个人，为城镇土地使用税的纳税义务人。

这里所称单位，包括国有企业、集体企业、民营企业、股份制企业、外商投资企业、外国企业以及其他企业和事业单位、社会团体、国家机关、军队以及其他单位。这里所称个人，包括个体工商户以及其他个人。

实际工作中，土地使用的情况十分复杂，为确保将税额及时、足额地征收入库，税法根据土地使用者的不同情况，对纳税人做了如下具体规定：

（1）城镇土地使用税由拥有土地使用权的单位或个人缴纳；

（2）土地使用权未确定或权属纠纷未解决的，由实际使用人纳税；

（3）土地使用权共有的，由共有各方按实际使用面积占总面积的比例分别计算纳税；

（4）拥有土地使用权的纳税人不在土地所在地的，由实际代管人或实际使用人纳税。

（二）征税范围及征税对象

城镇土地使用税征税范围为城市、县城、建制镇、工矿区。城市是指经国务院批准设立的市，其征税范围包括市区和郊区；县城是指县人民政府所在地，其征税范围为县人民政府所在地的城镇；建制镇是指经省、自治区、直辖市人民政府批准设立的建制镇，其征税范围为镇人民政府所在地；工矿区是指工商业比较发达，人口比较集中，符合国务院规定的建制镇标准，但尚未设立镇建制的大中型工矿企业所在地，工矿区的设立必须经省、自治区、直辖市人民政府批准。

征税对象是国有土地，农业土地因属于集体所有，暂不征收。

（三）税率

城镇土地使用税实行分级、幅度、从量定额计征。根据 2007 年 1 月 1 日开始施行的条例，每平方米土地年税额规定如下：

（1）大城市 1.5 元～30 元；

（2）中等城市 1.2 元～24 元；

（3）小城市 0.9 元～18 元；

（4）县城、建制镇、工矿区 0.6 元～12 元。

上述大、中、小城市是以公安部门登记在册的非农业正式户口人数为依据，按照国务院颁布的《城市规划条例》规定的标准划分的。其中，市区及郊区非农业人口在 50 万人以上的为大城市，20 万人～50 万人的为中等城市，20 万人以下的为小城市。

省、自治区、直辖市人民政府应当在规定的税额幅度内，根据市政建设状况、经济繁荣程度等条件，确定所辖地区的适用税额幅度。市、县人民政府应根据实际情况，将本地土地划分为若干等级，制定相应的适用税额标准，报省、自治区、直辖市人民政府批准执行。

经省、自治区、直辖市人民政府批准，经济落后地区土地使用税的适用税额标准可以适当降低，但降低额不得超过规定税额的 30％。经济发达地区土地使用税的适用税额标准也可适当提高，但须报经财政部批准。

（四）税收优惠

1. 免缴城镇土地使用税

下列土地免缴城镇土地使用税：

（1）国家机关、人民团体、军队自用的土地；

（2）由国家财政部门拨付事业经费的单位的自用土地；

（3）宗教寺庙、公园、名胜古迹自用的土地；

（4）市政街道、广场、绿化地带等公共用地；

（5）直接用于农、林、牧、渔业的生产用地；

（6）经批准开山填海整治的土地和改造的废弃土地，从使用的月份起免缴城镇土地使用税5～10年；

（7）由财政部另行规定免税的能源、交通、水利设施用地和其他用地；

（8）自2019年1月1日至2023年12月31日，对国家级、省级科技企业孵化器、大学科技园和国家备案众创空间自用以及无偿或通过出租等方式提供给在孵对象使用的房产、土地，免征房产税和城镇土地使用税。

2. 减免城镇土地使用税

下列土地由省、自治区、直辖市地方税务局确定减免城镇土地使用税：

（1）个人所有的居住房屋及院落用地；

（2）房产管理部门在房租调整改革前经租的居民住房用地；

（3）免税单位职工家属的宿舍用地。

三、城镇土地使用税应纳税额的计算

城镇土地使用税以纳税人实际占用的土地面积（平方米）为计税依据。纳税人实际占用的土地面积，以房地产管理部门核发的土地使用证书确认的土地面积为准；尚未核发土地使用证书的，应由纳税人据实申报土地面积，待核发土地使用证后再行调整。

城镇土地使用税应纳税额＝实际占用的应税土地面积（平方米）×单位税额

实务操作3：

在某城市的信业公司使用土地面积为70 000平方米，经核定，该土地为应税土地，每平方米年税额为5元。计算其全年应纳的土地使用税税额。

解析：

年应纳土地使用税税额＝70 000×5＝350 000（元）

四、城镇土地使用税的纳税申报

（一）纳税义务发生时间

（1）纳税人购置新建商品房，自房屋交付使用之日起，缴纳城镇土地使用税。

（2）纳税人购置存量房，自办理房屋权属转移、变更登记手续，房地产权属登记机关签发房屋权属证书之日起，缴纳城镇土地使用税。

（3）纳税人出租、出借房产，自交付出租、出借房产之次月起，缴纳城镇土地使用税。

（4）房地产开发企业自用、出租、出借本企业建造的商品房，自房屋使用或交付之次月起，缴纳城镇土地使用税。

（5）纳税人新征用的耕地，自批准征用之日起满一年时开始缴纳城镇土地使用税。

（6）纳税人新征用的非耕地，自批准征用次月起缴纳城镇土地使用税。

（二）纳税地点

城镇土地使用税在土地所在地缴纳，由地方税务局征收，其收入纳入地方财政预算管理。纳税人使用的土地不属于同一省、自治区、直辖市的，由纳税人分别向土地所在地的税务机关缴纳城镇土地使用税；在同一省、自治区、直辖市管理范围内，纳税人跨地区使用的土地，其纳税地点由各省、自治区、直辖市地方税务局确定。

（三）纳税期限和纳税申报

城镇土地使用税实行按年计算、分期缴纳的征收方法，具体纳税期限由省、自治区、直辖市人民政府确定。

纳税人依照税收法律法规及相关规定确定的申报期限、申报内容，就其应税项目如实向税务机关申报缴纳城镇土地使用税，填报《财产和行为税纳税申报表》（见表7-1）。

首次申报或房产、土地信息发生变更的，应报送《财产和行为税税源明细表》（《城镇土地使用税 房产税税源明细表》部分，见表7-2）及相关材料。

第三节

车辆购置税实务

一、车辆购置税的概念与特点

（一）车辆购置税的概念

车辆购置税是以在中国境内购置规定车辆为征税对象，在特定的环节向车辆购置者（单位和个人）征收的一种税。车辆购置税是2001年1月1日起在我国开征的税种。

（二）车辆购置税的特点

（1）征收范围单一；

（2）征收环节单一；

（3）税率单一；

（4）征收方法单一；

（5）征税具有特定目的；

（6）价外征收，税负不发生转嫁。

二、车辆购置税的基本法律规定

（一）纳税义务人

车辆购置税的纳税义务人是指在我国境内购置应税车辆的单位和个人。其中，"购置"是指购买使用行为、进口使用行为、受赠使用行为、自产自用行为、获奖使用行为以及以拍卖、抵债、走私、罚没等方式取得并使用的行为，这些行为都属于车辆购置税的应税行为。

（二）征税范围

车辆购置税以列举的车辆为征税对象，其征税范围具体规定如下：

（1）汽车，包括各类汽车。

（2）摩托车，指排气量超过 150 毫升的摩托车。

（3）有轨电车，指以电能为动力，在轨道上行使的公共车辆。

（4）汽车挂车，包括全挂车、半挂车。自 2018 年 7 月 1 日至 2023 年 12 月 31 日对购置汽车挂车减半征收车辆购置税。

不包括下列车辆（财政部、税务总局 2019 年第 71 号公告，自 2019 年 7 月 1 日起施行）：

（1）地铁、轻轨等城市轨道交通车辆，装载机、平地机、挖掘机、推土机等轮式专用机械车，以及起重机（吊车）、叉车、电动摩托车。

（2）纳税人进口自用应税车辆，是指纳税人直接从境外进口或者委托代理进口自用的应税车辆，不包括在境内购买的进口车辆。

（三）税率

车辆购置税实行比例税率，税率为 10%。

（四）税收优惠

1. 车辆购置税减免税规定

（1）依照法律规定应当予以免税的外国驻华使馆、领事馆和国际组织驻华机构及其外交人员自用车辆免税。

（2）中国人民解放军和中国人民武装警察部队列入军队武器装备订货计划的车辆免税。

（3）悬挂应急救援专用号牌的国家综合性消防救援车辆免税。

（4）设有固定装置的非运输专用作业车辆免税。

（5）城市公交企业购置的公共汽电车辆。

（6）回国服务的在外留学人员用现汇购买 1 辆个人自用国产小汽车和长期来华定居专家进口 1 辆自用小汽车免税。

（7）对购置日期在 2022 年 6 月 1 日至 2022 年 12 月 31 日期间内且单车价格（不含增值税）不超过 30 万元的 2.0 升及以下排量乘用车，减半征收车辆购置税。

（8）自 2018 年 1 月 1 日至 2023 年 12 月 31 日，对购置新能源汽车免征车辆购置税。

（9）自 2021 年 1 月 1 日起，对设有固定装置的非运输专用作业车辆免征车辆购置税。设有固定装置的非运输专用作业车辆，是指采用焊接、铆接或者螺栓连接等方式固定安装专用设备或者器具，不以载运人员或者货物为目的，在设计和制造上用于专项作业的车辆。

2. 车辆购置税的退税

（1）纳税人申请退税时，应如实填写《车辆购置税退税申请表》，由本人、单位授权人员到主管税务机关办理退税手续，按下列情况分别提供资料：

①车辆退回生产企业或者经销商的，提供生产企业或经销商开具的退车证明和退车发票。

未办理车辆登记注册的，提供原完税凭证、完税证明正本和副本；已办理车辆登记注册的，提供原完税凭证、完税证明正本、公安机关车辆管理机构出具的机动车注销证明。

②符合免税条件的设有固定装置的非运输车辆但已征税的，未办理车辆登记注册的，提供原完税凭证、完税证明正本和副本；已办理车辆登记注册的，提供原完税凭证、完税证明正本。

③其他依据法律法规规定应予退税的情形，未办理车辆登记注册的，提供原完税凭证、完税证明正本和副本；已办理车辆登记注册的，提供原完税凭证、完税证明正本、公安机关车辆管理机构出具的机动车注销证明或者税务机关要求的其他资料。

（2）车辆退回生产企业或者经销商的，纳税人申请退税时，主管税务机关自纳税人办理纳税申报之日起，按已缴纳税款每满 1 年扣减 10% 计算退税额；未满 1 年的，按已缴纳税款全额退税。

（3）其他退税情形，纳税人申请退税时，主管税务机关依据有关规定计算退税额。

三、车辆购置税应纳税额的计算

（一）计税依据

1. 购买自用应税车辆计税依据的确定

纳税人购买自用的应税车辆的计税依据为纳税人购买应税车辆而支付给销售方的全部价款和价外费用（不含增值税）。

2. 进口自用应税车辆计税依据的确定

纳税人进口自用的应税车辆以组成计税价格为计税依据，组成计税价格的计算公式为：

组成计税价格＝关税完税价格＋关税＋消费税

3. 纳税人自产自用应税车辆的计税依据的确定

纳税人自产自用应税车辆的计税价格，按照同类应税车辆（即车辆配置序号相同的车辆）的销售价格确定，不包括增值税税款；没有同类应税车辆销售价格的，按照组成计税价格确定。组成计税价格计算公式为：

组成计税价格＝成本×（1＋成本利润率）

属于应征消费税的应税车辆，其组成计税价格中应加计消费税税额。

上述公式中的"成本利润率"，由国家税务总局各省、自治区、直辖市和计划单列市税务局确定。

4. 其他自用应税车辆计税依据的确定

纳税人受赠、获奖和以其他方式取得并自用的应税车辆的计税依据，凡不能或不能准确提供车辆价格的，由主管税务机关依国家税务总局核定的相应类型的应税车辆的最低计税价格确定。

5. 最低计税价格作为计税价格的确定

纳税人购买自用或者进口自用应税车辆，申报的计税价格等于或高于最低计税价格时，按申报的价格计税；当纳税人申报的计税价格低于最低计税价格时，按最低计税价格计税，但以下情形除外：进口旧车、因不可抗力因素导致受损的车辆、库存超过3年的车辆、行驶8万千米以上的试验车辆、国家税务总局规定的其他车辆，计税价格为纳税人提供的有效价格证明注明的价格；纳税人无法提供车辆有效价格证明的，主管税务机关有权核定应税车辆的计税价格。

（二）计算方法

车辆购置税实行从价定率计算应纳税额，计算公式为：

车辆购置税应纳税额＝计税依据×税率

1. 购买自用应税车辆应纳税额的计算

（1）购买者随购买车辆支付的工具件和零部件价款应作为购车价款的一部分，一并计入计税依据中征收车辆购置税。这里所说的价外费用，是指销售方价外向购买方收取的基金、集资费、违约金（延期付款利息）和手续费、包装费、储存费、优质费、运输装卸费、保管费以及其他各种性质的价外费用，但不包括销售方代办保险等而向购买方收取的保险费、代购买方缴纳的车辆购置税、车辆牌照费。

（2）支付的车辆装饰费应作为价外费用计入计税依据中计税。

（3）代收款项应区别征税。凡使用代收单位（受托方）票据收取的款项，应视作代收单位价外费用，购买者支付的价款，应计入计税依据中一并征税；凡使用委托方票据收取，受托方只履行代收义务和收取手续费的款项，应按其他税收政策规定征税。

（4）销售单位开给购买者的各种发票金额中包含增值税税款，计算车辆购置税时，应换算为不含增值税的计税价格。

（5）购买者支付的控购费，是政府部门的行政性收费，不属于销售者的价外费用范围，不应并入计税价格计税。

（6）销售单位开展优质销售活动所开票收取的有关费用，应属于经营性收入，企业在代理过程中按规定支付给有关部门的费用，企业已作为经营性支出列支核算，其收取的各项费用开在一张发票上难以划分的，应作为价外费用计算征税。

实务操作 4：

2021 年 6 月，李某从某汽车销售公司购买轿车 1 辆，支付含增值税的价款 253 000 元，另支付购置工具件和零配件价款 2 000 元，车辆装饰费 5 000 元，销售公司代收保险费等 8 000 元，支付的各种价款均由销售公司开具统一发票。请计算李某应纳车辆购置税税额。

解析：

$$车辆购置税应纳税额 = \frac{253\,000 + 2\,000 + 5\,000}{1 + 13\%} \times 10\% = 23\,008.85(元)$$

2. 进口自用应税车辆应纳税额的计算

纳税人进口自用的应税车辆应纳税额的计算公式为：

$$车辆购置税应纳税额 = (关税完税价格 + 关税 + 消费税) \times 税率$$

实务操作5：

某汽车贸易公司 2021 年 1 月购进 10 辆小轿车，海关审定的关税完税价格为 42 万元/辆。当月销售 8 辆，合同约定的含税价格为 45 万元，取得含税销售收入 360 万元。剩余 2 辆该汽车贸易公司公司管理部门自用。计算该公司应缴纳的车辆购置税（小轿车关税税率为 28%，消费税税率为 9%）。

解析：虽然贸易公司进口小轿车 10 辆，但是只对其自用的 2 辆纳税；销售的小轿车不纳税，销售时由购买使用方纳税。

$$车辆购置税应纳税额 = \frac{2 \times 42 \times (1 + 28\%)}{1 - 9\%} \times 10\% = 11.82(万元)$$

3. 纳税人自产自用应税车辆应纳税额的计算

$$车辆购置税应纳税额 = 组成计税价格 \times 税率$$

4. 其他自用应税车辆应纳税额的计算

纳税人自产自用、受赠使用、获奖使用和以其他方式取得并自用应税车辆的，凡不能取得该型号车辆的购置价格，或者低于最低计税价格的，以国家税务总局核定的最低计税价格作为计税依据计算征收车辆购置税，计算公式为：

$$车辆购置税应纳税额＝最低计税价格×税率$$

实务操作6：

某公司 2021 年 5 月接受捐赠小汽车 2 辆并自用，经税务机关审核，国家税务总局规定的同类型应税车辆的最低计税价格为 20 万元/辆。计算该公司应纳的车辆购置税。

解析：接受捐赠小汽车车辆购置税的计算，凡不能取得该型号车辆的购置价格，或者低于最低计税价格的，以国家税务总局核定的最低计税价格为计税依据计算征收车辆购置税。

$$应纳税额＝2×20×10\%＝4（万元）$$

（三）不再享受税收优惠的情形

已经办理免税、减税手续的车辆因转让、改变用途等原因不再属于免税、减税范围的，纳税人、纳税义务发生时间、应纳税额按以下规定执行：

（1）发生转让行为的，受让人为车辆购置税纳税人；未发生转让行为的，车辆所有人为车辆购置税纳税人。

（2）纳税义务发生时间为车辆转让或者用途改变等情形发生之日。

（3）应纳税额计算公式如下：

$$应纳税额＝初次办理纳税申报时确定的计税价格×（1－使用年限×10\%）×10\%\\－已纳税额$$

应纳税额不得为负数。

使用年限的计算方法是，自纳税人初次办理纳税申报之日起，至不再属于免税、减税范围的情形发生之日止。使用年限取整计算，不满一年的不计算在内。

（四）应退税额的计算

已征车辆购置税的车辆退回车辆生产或销售企业，纳税人申请退还车辆购置税的，应退税额计算公式如下：

$$应退税额＝已纳税额×（1－使用年限×10\%）$$

应退税额不得为负数。

使用年限的计算方法是，自纳税人缴纳税款之日起，至申请退税之日止。

四、车辆购置税的纳税申报

（一）纳税方法

车辆购置税实行一车一申报制度。纳税人填写《车辆购置税纳税申报表》，同时提供整车出厂合格证或者《车辆电子信息单》、车辆相关价格凭证及其他资料到税务机关办理。

（二）纳税环节

车辆购置税的纳税环节为使用环节，即最终消费环节。纳税人在向公安机关等车辆管理机构办理车辆登记注册前，缴纳车辆购置税。

（三）纳税地点

纳税人购置应税车辆，应当向车辆登记注册地的主管税务机关申报纳税，购置无须办理车辆登记注册手续的应税车辆，应当向纳税人所在地主管税务机关申报纳税。车辆登记注册地是指车辆的上牌落籍地或落户地。

（四）纳税期限和纳税申报

纳税人购买自用的应税车辆，自购买之日起 60 日内申报纳税；进口自用的应税车辆，应当自进口之日起 60 日内申报纳税；自产、受赠、获奖和以其他方式取得并自用的应税车辆，应当自取得之日起 60 日内申报纳税。

纳税人依照税收法律法规及相关规定确定的申报期限、申报内容，就其应税项目如实向税务机关申报缴纳车辆购置税，并填报《车辆购置税纳税申报表》。

第四节

印花税实务

一、印花税的概念与特点

（一）印花税的概念

印花税是对经济活动和经济交往中书立、使用、领受具有法律效力的应税凭证的单位和个人征收的一种税。印花税因其采用在应税凭证上粘贴印花税票的方法缴纳税款而得名。

现行法律是 2021 年 6 月 10 日，经十三届全国人大常委会第二十九次会议在北京表决通过的《中华人民共和国印花税法》。该法总体上维持现行税制框架不变，适当简并税目税率、减轻税负，于2022年7月1日起施行，1988年8月6日国务院发布的《中华人民共和国印花税暂行条例》同时废止。

2021年印花税票以"中国共产党领导下的税收事业发展"为题材，一套9枚。这套印花税票以百年党史为背景，总结展示党的领导下我国税收事业发展的光辉历程、巨大成就和宝贵经验。印花税票图案左上角有镂空篆体"税"字。各枚印花税票底边左侧印有"中国印花税票"和"2021"字样，中部印有图名，右侧印有面值和按票面金额大小排列的顺序号（9-X）。如图7-1所示。

图 7-1　2021年版印花税票

（二）印花税的特点

印花税具有征税范围广、税率低、税负轻以及实行"三自"纳税办法（即纳税人自行计算应纳税额、自行购买印花税票并贴花、自行盖章注销或划销）等特点。

二、印花税的基本法律规定

（一）纳税义务人

凡在中华人民共和国境内书立应税凭证、进行证券交易的单位和个人，都是印花税的纳税义务人，包括国内各类企业、外国企业和其他经济组织及其在华机构等单位和个人。

印花税的纳税人按书立、使用应税凭证的不同，可以分别确定为立合同人、立据人、立账簿人、使用人和各类电子应税凭证的签订人五种：

（1）立合同人。书立各类合同的，以立合同人为纳税人。立合同人是指合同的当事人，即对凭证有直接权利义务关系的单位和个人。当事人为两方或两方以上的，各方均为纳税人。立合同人不包括合同的担保人、证人和鉴定人。

（2）立据人。是指书立产权转移书据的单位和个人。若立据人未贴花或少贴花，则书据的持有人应负责（补）贴花。所立书据以合同形式签订的，应由持有书据的各方分别按全额贴花。

（3）立账簿人。建立营业账簿的，以立账簿人为纳税人。所谓立账簿人，是指设立并使用营业账簿的单位和个人。

（4）使用人。在国外书立，但在国内使用应税凭证的，以使用人为纳税人。

（5）各类电子应税凭证的签订人。以电子形式签订的各类应税凭证的当事人为印花税的纳税人。

（二）征税范围与税率

印花税的征税范围包括四类凭证，即合同（指书面合同）类、产权转移书据类、营业账簿类和证券交易类，17个税目。

印花税采用比例税率。印花税的税目和税率见表7-3：

表7-3　　　　　　　　　　　　　印花税税目和税率表

税目		税率	备注
合同（指书面合同）	借款合同	借款金额的万分之零点五	指银行业金融机构、经国务院银行业监督管理机构批准设立的其他金融机构与借款人（不包括同业拆借）的借款合同
	融资租赁合同	租金的万分之零点五	
	买卖合同	价款的万分之三	指动产买卖合同（不包括个人书立的动产买卖合同）
	承揽合同	报酬的万分之三	
	建设工程合同	价款的万分之三	
	运输合同	运输费用的万分之三	指货运合同和多式联运合同（不包括管道运输合同）
	技术合同	价款、报酬或者使用费的万分之三	不包括专利权、专有技术使用权转让书据
	租赁合同	租金的千分之一	
	保管合同	保管费的千分之一	
	仓储合同	仓储费的千分之一	
	财产保险合同	保险费的千分之一	不包括再保险合同

续前表

税目		税率	备注
产权转移书据	土地使用权出让书据	价款的万分之五	转让包括买卖（出售）、继承、赠与、互换、分割
	土地使用权、房屋等建筑物和构筑物所有权转让书据（不包括土地承包经营权和土地经营权转移）	价款的万分之五	
	股权转让书据（不包括应缴纳证券交易印花税的）	价款的万分之五	
	商标专用权、著作权、专利权、专有技术使用权转让书据	价款的万分之三	
营业账簿		实收资本（股本）、资本公积合计金额的万分之二点五	
证券交易		成效金额的千分之一	

（三）税收优惠

下列凭证免征印花税：

（1）应税凭证的副本或者抄本；

（2）依照法律规定应当予以免税的外国驻华使馆、领事馆和国际组织驻华代表机构为获得馆舍书立的应税凭证；

（3）中国人民解放军、中国人民武装警察部队书立的应税凭证；

（4）农民、家庭农场、农民专业合作社、农村集体经济组织、村民委员会购买农业生产资料或者销售农产品书立的买卖合同和农业保险合同；

（5）无息或者贴息借款合同、国际金融组织向中国提供优惠贷款书立的借款合同；

（6）财产所有权人将财产赠与政府、学校、社会福利机构、慈善组织书立的产权转移书据；

（7）非营利性医疗卫生机构采购药品或者卫生材料书立的买卖合同；

（8）个人与电子商务经营者订立的电子订单。

根据国民经济和社会发展的需要，国务院对居民住房需求保障、企业改制重组、破产、支持小型微型企业发展等情形可以规定减征或者免征印花税，报全国人民代表大会常务委员会备案。

三、印花税应纳税额的计算

（一）计税依据的一般规定

印花税的计税依据为各种应税凭证上所记载的计税金额。

（1）应税合同的计税依据，为合同所列的金额，不包括列明的增值税税款；

（2）应税产权转移书据的计税依据，为产权转移书据所列的金额，不包括列明的增值税税款；

（3）应税营业账簿的计税依据，为账簿记载的实收资本（股本）、资本公积合计金额；

（4）证券交易的计税依据，为成交金额。

具体规定为：

1. 合同（指书面合同）

（1）买卖合同的计税依据为合同记载的购销金额。包括供应、预购、采购、购销结合及协作、调剂、补偿、易货等合同，还包括各出版单位与发行单位之间订立的图书、报刊及音像征订凭证。

（2）借款合同的计税依据为借款金额。包括银行业金融机构、经国务院银行业监督管理机构批准设立的其他金融组织与借款人所签订的借款合同。

（3）融资租赁合同的计税依据为租金。

（4）租赁合同的计税依据为租金。包括租赁房屋、船舶、飞机、机动车辆、机器、器具、设备等合同；还包括企业、个人出租门店、柜台等所签订的合同。

（5）承揽合同的计税依据为报酬。包括加工、定做、修缮、修理、印刷、广告、测绘、测试等合同。

（6）建筑工程合同的计税依据为价款。包括勘察、设计、建筑、安装工程合同的总包合同、分包合同和转包合同。

（7）运输合同的计税依据为取得的运输费金额（即运费收入），不包括管道运输合同。

（8）技术合同的计税依据为价款、报酬或使用费。包括技术开发、转让、咨询、服务等合同。不包括专利权、专有技术使用权转让书据。

（9）保管合同的计税依据为保管费。包括保管合同或作为合同使用的仓单、栈单。

（10）仓储合同的计税依据为仓储费。

（11）财产保险合同的计税依据为保险费。包括财产、责任、保证、信用等保险合同。

2. 产权转移书据

产权转移书据的计税依据为价款。

（1）包括土地使用权出让和转让（不包括土地承包经营权和土地经营权转移）书据；房屋等建筑物和构筑物所有权、股权（不包括缴纳证券交易印花税的）转让书据。

上述转让包括买卖（出售）、继承、赠与、互换、分割。

（2）包括商标使用权、著作权、专利权、专有技术使用权转让书据。

3. 营业账簿

营业账簿的计税依据为"实收资本（股本）"与"资本公积"两项的合计金额。

4. 证券交易

证券交易的计税依据为成交金额。证券交易是指在依法设立的证券交易所、国务院批准的其他全国性证券交易场所交易的股票为基础发行的存托凭证。仅对证券交易的出让方征收，不对受让方征收。

（二）计税依据的特殊规定

（1）应税合同、产权转移书据未列明金额的，印花税的计税依据按照实际结算的金额确定。

计税依据按照前款规定仍不能确定的，按照书立合同、产权转移书据时的市场价格确定；依法应当执行政府定价或者政府指导价的，按照国家有关规定确定。

（2）证券交易无转让价格的，按照办理过户登记手续时该证券前一个交易日收盘价计算确定计税依据；无收盘价的，按照证券面值计算确定计税依据。

（3）印花税的应纳税额按照计税依据乘以适用税率计算。

（4）同一应税凭证载有两个以上税目事项并分别列明金额的，按照各自适用的税目税率分别计算应纳税额；未分别列明金额的，从高适用税率。

（5）同一应税凭证由两方以上当事人书立的，按照各自涉及的金额分别计算应纳税额。

（6）已缴纳印花税的营业账簿，以后年度记载的实收资本（股本）、资本公积合计金额比已缴纳印花税的实收资本（股本）、资本公积合计金额增加的，按照增加部分计算应纳税额。

必须明确的是，印花税票为有价证券，其票面金额以人民币为单位，分为1角、2角、5角、1元、2元、5元、10元、50元、100元9种。

（三）印花税应纳税额的计算方法

纳税人的应纳税额，根据应纳税凭证的性质，按比例税率计算，其计算公式为：

印花税应纳税额＝计税金额×适用税率

具体规定为：

1. 合同项目

印花税应纳税额＝合同所列金额×适用税率

2. 产权转移书据项目

印花税应纳税额＝产权转移书据所列金额×适用税率

3. 营业账簿项目

印花税应纳税额＝[实收资本(股本)＋资本公积]×适用税率

4. 证券交易项目

印花税应纳税额＝成交金额×适用税率

实务操作 7：

某公司本年发生以下有关业务事项：

（1）与其他企业订立转移专用技术使用权书据 1 份，所载金额为 100 万元；

（2）订立产品购销合同 1 份，所载金额为 200 万元；

（3）订立借款合同 1 份，所载金额为 400 万元；

（4）企业记载资金的账簿，"实收资本""资本公积"为 800 万元。

试计算该企业当年应缴纳的印花税税额。

解析：

（1）企业订立产权转移书据应纳税额＝1 000 000×0.5‰＝500（元）

（2）企业订立购销合同应纳税额＝2 000 000×0.3‰＝600（元）

（3）企业订立借款合同应纳税额＝4 000 000×0.05‰＝2 000（元）

（4）企业记载资金的账簿应纳税额＝8 000 000×0.25‰＝2 000（元）

　　当年企业应纳印花税税额＝500＋600＋2 000＋2 000＝5 100（元）

四、印花税的纳税申报

（一）纳税方法

印花税可以采用粘贴印花税票或者由税务机关依法开具其他完税凭证的方式缴纳。

印花税票粘贴在应税凭证上的，由纳税人在每枚税票的骑缝处盖戳注销或者画销。

印花税的纳税办法，根据税额大小、贴花次数以及税收征收管理的需要，分别采用以下三种纳税办法。

1. 自行贴花办法

这种办法一般适用于应税凭证较少或者贴花次数较少的纳税人。纳税人书立、使用印花税法列举的应税凭证的同时，纳税义务即已产生，应当根据应税凭证的性质和适用的税目税率，自行计算应纳税额，自行购买印花税票，自行一次贴足印花税票并加以注销或划销，纳税义务才算全部履行完毕。

值得注意的是，纳税人购买了印花税票，支付了税款，国家就取得了财政收入。但就印花税来说，纳税人支付了税款并不等于已履行了纳税义务。纳税人必须自行贴花并注销或划销，这样才算完整地完成了纳税义务。这也就是通常所说的"三自"纳税办法。

对已贴花的凭证，修改后所载金额增加的，其增加部分应当补贴印花税票。凡多贴印花税票者，不得申请退税或者抵用。

2. 汇贴或汇缴办法

这种办法一般适用于应纳税额较大或者贴花次数频繁的纳税人。一份凭证应纳税额超过 500 元的，应向当地税务机关申请填写缴款书或者完税证明，将其中一联粘贴在凭证上或者由税务机关在凭证上加注完税标记代替贴花。这就是通常所说的"汇贴"办法。

同一种类应纳税凭证，需频繁贴花的，纳税人可以根据实际情况自行决定是否采用按期汇总缴纳印花税的方式，汇总缴纳的期限为 1 个月。采用按期汇总缴纳方式的纳税人应事先告知主管税务机关。缴纳方式一经选定，1 年内不得改变。主管税务机关接到纳税人要求按期汇总缴纳印花税的告知后，应及时登记，制定相应的管理办法，防止出现管理漏洞。对采用按期汇总缴纳方式缴纳印花税的纳税人，应加强日常监督、检查。

实行印花税按期汇总缴纳的单位，对征税凭证和免税凭证汇总时，凡分别汇总的，按本期征税凭证的汇总金额计算缴纳印花税；凡确属不能分别汇总的，应按本期全部凭证的实际汇总金额计算缴纳印花税。

凡汇总缴纳印花税的凭证，应加注税务机关指定的汇缴戳记、编号并装订成册后，将已贴印花或者缴款书的一联粘附册后，盖章注销，保存备查。

经税务机关核准，持有代售许可证的代售户，代售印花税票取得的税款须专户存储，并按照规定的期限，向当地税务机关结报，或者填开专用缴款书直接向银行缴纳，不得逾期不缴或者挪作他用。代售户领存的印花税票及所售印花税票的税款，如有损失，应负责赔偿。

3. 委托代征办法

这一办法主要是通过税务机关的委托，经由发放或者办理应纳税凭证的单位代为征收印花税税款。税务机关应与代征单位签订代征委托书。所谓发放或者办理应纳税凭证的单位，是指发放权利、许可证照的单位和办理凭证的鉴证、公证及其他有关事项的单位。如按照印花税法规定，工商行政管理机关核发各类营业执照和商标注册证的同时，负责代售印花税票，征收印花税税款，并监督领受单位或个人负责贴花。税务机关委托工商行政管理机关代售印花税票，按代售金额 5% 的比例支付代售手续费。

印花税法规定，发放或者办理应纳税凭证的单位，负有监督纳税人依法纳税的义务，具体是指对以下纳税事项进行监督：

（1）应纳税凭证是否已粘贴印花；

（2）粘贴的印花是否足额；

（3）粘贴的印花是否按规定注销。

对未完成以上纳税手续的，应督促纳税人当场完成。

（二）纳税环节

印花税应当在书立或领受时贴花。具体是指在合同签订时、账簿启用时贴花。如果合同是在国外签订，并且不便在国外贴花的，应在将合同带入境时办理贴花纳税手续。

（三）纳税地点

（1）纳税人为单位的，应当向其机构所在地的主管税务机关申报缴纳印花税；纳税人为个人的，应当向应税凭证书立地或者纳税人居住地的主管税务机关申报缴纳印花税。

（2）不动产产权发生转移的，纳税人应当向不动产所在地的主管税务机关申报缴纳印花税。

（3）纳税人为境外单位或者个人，在境内有代理人的，以其境内代理人为扣缴义务人；在境内没有代理人的，由纳税人自行申报缴纳印花税，具体办法由国务院税务主管部门规定。

（4）证券登记结算机构为证券交易印花税的扣缴义务人，应当向其机构所在地的主管税务机关申报解缴税款以及银行结算的利息。

（四）纳税期限

（1）印花税的纳税义务发生时间为纳税人书立应税凭证或者完成证券交易的当日。

（2）证券交易印花税扣缴义务发生时间为证券交易完成的当日。

（3）印花税按季、按年或者按次计征。实行按季、按年计征的，纳税人应当自季度、年度终了之日起 15 日内申报缴纳税款；实行按次计征的，纳税人应当自纳税义务发生之日起 15 日内申报缴纳税款。

（4）证券交易印花税按周解缴。证券交易印花税扣缴义务人应当自每周终了之日起 5 日内申报解缴税款以及银行结算的利息。

（五）纳税申报

纳税人依照税收法律法规及相关规定确定的申报期限、申报内容，就其应税项目如实向税务机关申报缴纳印花税，并填报《财产和行为税纳税申报表》（见表 7 - 1）。

纳税人新增印花税时，需先填报《财产和行为税税源明细表》（《印花税税源明细表》部分）。

第五节

城市维护建设税实务

一、城市维护建设税的概念与特点

（一）城市维护建设税的概念

城市维护建设税是国家对缴纳增值税、消费税（以下简称"两税"）的单位和个人以其实际缴纳的"两税"税额为计税依据而征收的一种税。

（二）城市维护建设税的特点

1. 税款专款专用，具有受益税性质

按照我国财政的一般性要求，税收及其他政府收入应当纳入国家预算，根据需要统一安排其用途，并不规定各个税种收入的具体适用范围和方向。但是作为例外，也有个别税种事先明确规定适用范围与方向，税款的缴纳与受益更直接地联系起来，我们通常称其为受益税。城市维护建设税专款专用，用来保证城市的公共事业和公共设施的维护与建设，就是一种具有受益税性质的税种。

2. 属于附加税

城市维护建设税与其他税种不同，没有独立的征税对象或税基，而是以"两税"实际缴纳的税额之和为计税依据，随"两税"征收而征收，本质上属于附加税。

3. 根据城建规模设计税率

一般而言，城镇规模越大，所需要的建设与维护资金越多。与此相适应，城市维护建设税规定，纳税人所在地为城市市区的，税率为7%；纳税人所在地为县城、建制镇的，税率为5%；纳税人所在地不在城市市区、县城或建制镇的，税率为1%。这种根据城镇规模不同，差别设置税率的办法，较好地照顾了城市建设的不同需要。

4. 征收范围较广

鉴于增值税、消费税在我国现行税制中属于主体税种，而城市维护建设税又是其附加税，原则上讲，缴纳增值税、消费税中任一税种的纳税人都要缴纳城市维护建设税。这也就等于说，除了减免税等特殊情况以外，任何从事生产经营活动的企业单位和个人都要缴纳城市维护建设税，这个征税范围当然是比较广的。

二、城市维护建设税的基本法律规定

（一）纳税义务人

城市维护建设税的纳税义务人是指在我国境内负有缴纳"两税"义务的单位和个人。不论是国有企业、集体企业、民营企业、个体工商户，还是其他单位、个人，只要缴纳了增值税、消费税中的任何一种税，都必须同时缴纳城市维护建设税。自2010年12月1日起，对外商投资企业、外国企业及外籍个人征收城市维护建设税和教育费附加。

增值税、消费税的扣缴义务人也是城市维护建设税的扣缴义务人。

（二）税率

城市维护建设税的税率实行地区差别比例税率。按照纳税人所在地的不同，税率分别规定为7%、5%、1%三个档次。具体规定是：

（1）纳税人所在地在城市市区的，税率为7%。

（2）纳税人所在地在县城、镇的，税率为5%。

（3）纳税人所在地不在城市市区、县城或者镇的，税率为1%。

纳税单位或个人缴纳城市维护建设税的适用税率，一律按纳税人所在地的规定税率执行。但是，对下列两种特殊情况，可按缴纳"两税"所在地的规定税率，就地缴纳城市维护建设税：

（1）由受托方代扣代缴、代收代缴"两税"的单位和个人，其代扣代缴、代收代缴的城市维护建设税按受托方所在地适用税率执行。

（2）流动经营等无固定纳税地点的单位和个人，在经营地缴纳"两税"的，其城市维护建设税的缴纳按照经营地适用税率执行。

（三）税收优惠

城市维护建设税的主要免税、减税规定如下：

（1）城市维护建设税随同增值税、消费税征收、减免。

（2）海关对进口货物征收增值税、消费税时，不征收城市维护建设税。

特殊规定如下：

（1）对出口货物退还已经缴纳的增值税、消费税时，已经缴纳的城市维护建设税不予退还。

（2）对于增值税、消费税实行先征后返、先征后退、即征即退办法的，除另有规定外，对随增值税、消费税附征的城市维护建设税不予退（返）还。

三、城市维护建设税应纳税额的计算

（一）计税依据

城市维护建设税的计税依据是纳税人实际缴纳的增值税、消费税税额之和。

（二）计算方法

城市维护建设税应纳税额是由纳税人实际缴纳的"两税"税额决定的，其计算公式是：

应纳税额＝纳税人实际缴纳的"两税"税额×适用税率

实务操作8：

某酒厂所在地为市区，2021年2月实际缴纳的增值税为40 000元，同时缴纳的消费税为160 000元。计算该企业应纳城市维护建设税税额。

解析：

应纳城市维护建设税税额＝（40 000＋160 000）×7%＝14 000（元）

四、城市维护建设税的纳税申报

（一）纳税环节

城市维护建设税的纳税环节，实际就是纳税人缴纳"两税"的环节。纳税人只要发生"两税"的纳税义务，就要在同样的环节，分别计算并缴纳城市维护建设税。

（二）纳税地点

纳税人缴纳"两税"的地点，就是该纳税人缴纳城市维护建设税的地点。纳税人在向所在地税务机关申报和缴纳增值税、消费税的同时，申报和缴纳城市维护建设税。

代征、代扣、代缴消费税、增值税的企业单位，同时也要代征、代扣、代缴城市维护建设税。没有代征、代扣、代缴城市维护建设税的，应由纳税单位或个人回到其所在地申报纳税。

（三）纳税期限和纳税申报

城市维护建设税的纳税期限分别与"两税"的纳税期限一致，即纳税人应在缴纳"两税"的同时缴纳城市维护建设税。

企业应当于月度终了后进行增值税和消费税申报的同时，进行城市维护建设税和教育费附加的纳税申报，并填写《城市维护建设税 教育费附加 地方教育附加申报表》。

第六节

环境保护税实务

一、环境保护税的概念与特点

（一）环境保护税的概念

2016年12月25日第十二届全国人民代表大会常务委员会第二十五次会议通过了

《中华人民共和国环境保护税法》，自 2018 年 1 月 1 日起施行。

我国的环境保护税，是指在中华人民共和国领域和中华人民共和国管辖的其他海域，以直接向环境排放应税污染物的企业、事业单位和其他生产经营者征收的一种特定目的税。应税污染物，是指上述税法中所附的环境保护税税目税额表、应税污染物和当量值表规定的大气污染物、水污染物、固体废物和噪声。

我国的环境保护税的征收目的是保护和改善环境，减少污染物排放，推进生态文明建设。

（二）环境保护税的特点

（1）征税项目为四种重点污染源：大气污染物、水污染物、固体废物、噪声。

（2）纳税人是企事业单位和其他生产经营者。

（3）直接排放是应税污染物的必要条件。

（4）税率为统一定额税和浮动定额税结合。

（5）税收收入全部归地方。

（6）《中华人民共和国环境保护税法》是我国第一部单行税法，是全国人大常委会审议通过的第一部单行税法，也是我国第一部专门体现绿色税制、推进生态文明建设的单行税法。

二、环境保护税的基本法律规定

（一）纳税义务人

在中华人民共和国领域和中华人民共和国管辖的其他海域，直接向环境排放应税污染物的企业、事业单位和其他生产经营者，为环境保护税的纳税人。有下列情形之一的，不属于直接向环境排放污染物，不缴纳相应污染物的环境保护税：

（1）企业、事业单位和其他生产经营者向依法设立的污水集中处理、生活垃圾集中处理场所排放应税污染物的。

（2）企业、事业单位和其他生产经营者在符合国家和地方环境保护标准的设施、场所贮存或者处置固体废物的。

依法设立的城乡污水集中处理、生活垃圾集中处理场所超过国家和地方规定的排放标准向环境排放应税污染物的，应当缴纳环境保护税。

企业、事业单位和其他生产经营者贮存或者处置固体废物不符合国家和地方环境保护标准的，应当缴纳环境保护税。

（二）征税范围

环境保护税征收范围是排放各种废气、废水和固体废物（包括工业生产中产生的废渣及各类污染环境的工业垃圾）的行为。

（三）税目及税率

环境保护税税目、税率表如表7-4所示。

表7-4　　　　　　　　　环境保护税税目、税率表

税 目		计税单位	税额	备注
大气污染物		每污染当量	1.2元至12元	
水污染物		每污染当量	1.4元至14元	
固体废物	煤矸石	每吨	5元	
	尾矿	每吨	15元	
	危险废物	每吨	1 000元	
	冶炼渣、粉煤灰、炉渣、其他固体废物（含半固态、液态废物）	每吨	25元	
噪声	工业噪声	超标1~3分贝	每月350元	1. 一个单位边界上有多处噪声超标，根据最高一处超标声级计算应纳税额；当沿边界长度超过100米有两处以上噪声超标，按照两个单位计算应纳税额。
		超标4~6分贝	每月700元	2. 一个单位有不同地点作业场所的，应当分别计算应纳税额，合并计征。
		超标7~9分贝	每月1 400元	3. 昼、夜均超标的环境噪声，昼、夜分别计算应纳税额，累计计征。
		超标10~12分贝	每月2 800元	4. 声源一个月内超标不足15天的，减半计算应纳税额。
		超标13~15分贝	每月5 600元	5. 夜间频繁突发和夜间偶然突发厂界超标噪声，按等效声级和峰值噪声两种指标中超标分贝值高的一项计算应纳税额。
		超标16分贝以上	每月11 200元	

（四）税收优惠

下列情形，暂时免征环境保护税：

（1）农业生产（不包括规模化养殖）排放应税污染物的。

（2）机动车、铁路机车、非道路移动机械、船舶和航空器等流动污染源排放应税污染物的。

（3）依法设立的城乡污水集中处理、生活垃圾集中处理场所排放相应应税污染物，不超过国家和地方规定的排放标准的。

（4）纳税人综合利用的固体废物，符合国家和地方环境保护标准的。

（5）国务院批准免税的其他情形。

上述第（5）项免税规定，由国务院报全国人民代表大会常务委员会备案。

纳税人排放应税大气污染物或者水污染物的浓度值低于国家和地方规定的污染物排放标准30％的，减按75％征收环境保护税。纳税人排放应税大气污染物或者水污染物的浓度值低于国家和地方规定的污染物排放标准50％的，减按50％征收环境保护税。

三、环境保护税应纳税额的计算

（一）计税依据

应税污染物的计税依据，按照下列方法确定：

（1）应税大气污染物按照污染物排放量折合的污染当量数确定。

（2）应税水污染物按照污染物排放量折合的污染当量数确定。

（3）应税固体废物按照固体废物的排放量确定。

（4）应税噪声按照超过国家规定标准的分贝数确定。

应税大气污染物、水污染物的污染当量数，以该污染物的排放量除以该污染物的污染当量值计算。

省、自治区、直辖市人民政府根据本地区污染物减排的特殊需要，可以增加同一排放口征收环境保护税的应税污染物项目数，报同级人民代表大会常务委员会决定，并报全国人民代表大会常务委员会和国务院备案。

应税大气污染物、水污染物、固体废物的排放量和噪声的分贝数，按照下列方法和顺序计算：

（1）纳税人安装使用符合国家规定和监测规范的污染物自动监测设备的按照污染物自动监测数据计算。

（2）纳税人未安装使用污染物自动监测设备的，按照监测机构出具的符合国家有关规定和监测规范的监测数据计算。

（3）因排放污染物种类多等原因不具备监测条件的，按照国务院环境保护主管部门规定的排污系数、物料衡算方法计算。

（4）不能按照上述第（1）项至第（3）项规定的方法计算的，按照省、自治区、直辖市人民政府环境保护主管部门规定的抽样测算的方法核定计算。

（二）计算方法

环境保护税应纳税额按照下列方法计算：

（1）应税大气污染物的应纳税额为污染当量数乘以具体适用税额。

（2）应税水污染物的应纳税额为污染当量数乘以具体适用税额。

（3）应税固体废物的应纳税额为固体废物排放量乘以具体适用税额。

（4）应税噪声的应纳税额为超过国家规定标准的分贝数对应的具体适用税额。

环境保护税税目税额表规定，一个单位有不同地点作业场所的应分别计算，合并计征；同一单位边界多噪声超标按最高处声级计算；沿边界长度超过100米有两处以上噪声超标，按两处计算；声源一个月内超标不足 15 天的，减半计算。

实务操作 9：

某企业 2021 年 1 月在甲、乙两地作业均存在夜间噪声超标。甲作业场地一个单位边界上有两处噪声超标，分别为超标 1～3 分贝、超标 7～9 分贝，超标天数为 16 天；乙作业场地沿边界长度 110 米，有两处噪声超标，分别为超标 1～3 分贝、超标 7～9 分贝，超标天数为 14 天。计算该企业 1 月噪声污染应缴纳的环境保护税。已知工业噪声超标 1～3 分贝适用税额为 350 元/月，超标 7～9 分贝适用税额为 1 400 元/月。

解析：

甲作业场地应纳环境保护税＝1 400（元）

乙作业场地应纳环境保护税＝（350＋1 400）÷2＝875（元）

四、环境保护税的纳税申报

（一）纳税义务发生时间

纳税义务发生时间为纳税人排放应税污染物的当日。

（二）纳税地点

纳税人应当向应税污染物排放地的税务机关申报缴纳环境保护税。

（三）纳税期限和纳税申报

环境保护税按月计算，按季申报缴纳。不能按固定期限计算缴纳的，可以按次申报缴纳。

纳税人按季申报缴纳的，应当自季度终了之日起 15 日内，向税务机关办理纳税申报并缴纳税款。纳税人按次申报缴纳的，应当自纳税义务发生之日起 15 日内，向税务机关办理纳税申报并缴纳税款。

纳税人申报缴纳时，应当向税务机关报送所排放应税污染物的种类、数量，大气污染物、水污染物的浓度值，以及税务机关根据实际需要要求纳税人报送的其他纳税资料。

税务机关应当将纳税人的纳税申报数据资料与环境保护主管部门交送的相关数据资料进行比对。

税务机关发现纳税人的纳税申报数据资料异常或者纳税人未按照规定期限办理纳税申报的，可以提请环境保护主管部门进行复核，环境保护主管部门应当自收到税务机关的数据资料之日起 15 日内向税务机关出具复核意见。税务机关应当按照环境保护主管部门复核的数据资料调整纳税人的应纳税额。

第七节

土地增值税实务

一、土地增值税的概念与特点

（一）土地增值税的概念

土地增值税是对有偿转让国有土地使用权及地上建筑物和其他附着物产权、取得增值性收入的单位和个人所征收的一种税。土地增值税法是指国家制定的用以调整土地增值税征收与缴纳之间权利及义务关系的法律规范。现行土地增值税的基本规范，是 1993 年 12 月 13 日国务院颁布的《中华人民共和国土地增值税暂行条例》（以下简称《土地增值税暂行条例》）。1995 年 1 月 27 日财政部又颁布《中华人民共和国土地增值税暂行条例实施细则》（简称《土地增值税暂行条例实施细则》），进一步细化了土地增值税征收管理办法。

（二）土地增值税的特点

1. 以转让房地产的增值额为计税依据

土地增值税的增值额是以征税对象的全部销售收入额扣除与其相关的成本、费用、税金及其他项目金额后的余额，与增值税的增值额有所不同。

2. 征税范围比较广

凡在我国境内转让房地产并取得收入的单位和个人，除税法规定免税的外，均应依照《土地增值税暂行条例》规定缴纳土地增值税。换言之，凡发生应税行为的单位和个人，不论其经济性质，也不分内、外资企业或中、外籍人员，无论专营或兼营房地产业务，均有缴纳土地增值税的义务。

3. 实行超率累进税率

土地增值税的税率是以转让房地产增值率的高低为依据来确认，按照累进原则设计，实行分级计税，增值率高的，税率高，多纳税；增值率低的，税率低，少纳税。

4. 实行按次征收

土地增值税在房地产发生转让的环节，实行按次征收，每发生一次转让行为，就应根据每次取得的增值额征一次税。

二、土地增值税的基本法律规定

（一）纳税义务人

纳税义务人为转让国有土地使用权及地上建筑物和其他附着物产权并取得收入的单位和个人。

单位包括各类企业、事业单位、国家机关和社会团体及其他组织。个人包括个体经营者。概括起来，《土地增值税暂行条例》对纳税人的规定主要包括：

（1）法人和自然人，包括企业、事业单位、国家机关、社会团体及其他组织及个人，只要有偿转让房地产，都是土地增值税的纳税人。

（2）各种经济的企业，包括全民所有制企业、集体企业、民营企业、个体经营者、联营企业、合资企业、合作企业、外商独资企业等，只要有偿转让房地产，都是土地增值税的纳税人。

（3）内资和外资企业、中国公民与外籍个人。土地增值税适用于涉外企业和个人。因此，不论是内资企业还是外商投资企业、外国驻华机构，也不论是中国公民、港澳台同胞、海外华侨，还是外国公民，只要有偿转让房地产，都是土地增值税的纳税人。

（4）从行业（部门）看，包括工业、农业、商业、学校、医院、机关等，只要有偿转让房地产，都是土地增值税的纳税人。

（二）征税范围

1. 一般规定

（1）土地增值税只对转让国有土地使用权的行为征税，对出让国有土地使用权的行为不征税。

（2）土地增值税既对转让国有土地使用权的行为征税，也对转让地上建筑物及其他附着物产权的行为征税。

（3）土地增值税只对"有偿转让"的房地产征税，对以"继承、赠与"等方式无偿转让的房地产，不予征税。不予征收土地增值税的行为主要包括两种：

①房产所有人、土地使用人将房产、土地使用权赠与直系亲属或者承担直接赡养义务人。

②房产所有人、土地使用人通过中国境内非营利的社会团体、国家机关将房屋产权、土地使用权赠与教育、民政和其他社会福利、公益事业。

2．特殊规定

（1）以房地产进行投资联营。以房地产进行投资联营一方以土地作价入股进行投资或者作为联营条件，免征收土地增值税。其中如果投资联营的企业从事房地产开发，或者房地产开发企业以其建造的商品房进行投资联营的就不能暂免征税。

（2）房地产开发企业将开发的房产转为自用或者用于出租等商业用途，如果产权没有发生转移，不征收土地增值税。

（3）房地产的互换，由于发生了房产转移，因此属于土地增值税的征税范围。但是对于个人之间互换自有居住用房的行为，经过当地税务机关审核，可以免征土地增值税。

（4）合作建房，对于一方出地，另一方出资金，双方合作建房，建成后按比例分房自用的，暂免征收土地增值税；但建成后转让的，应征收土地增值税。

（5）房地产的出租，指房产所有者或土地使用者，将房产或土地使用权租赁给承租人使用由承租人向出租人支付租金的行为。房地产企业虽然取得了收入，但没有发生房产产权、土地使用权的转让，因此，不属于土地增值税的征税范围。

（6）房地产的抵押，指房产所有者或土地使用者作为债务人或第三人向债权人提供不动产作为清偿债务的担保而不转移权属的法律行为。这种情况下房产的产权、土地使用权在抵押期间并没有发生权属的变更，因此对房地产的抵押，在抵押期间不征收土地增值税。

（7）企业兼并转让房地产，在企业兼并中，对被兼并企业将房地产转让到兼并企业中的，免征收土地增值税。

（8）房地产的代建行为，是指房地产开发公司代客户进行房地产的开发，开发完成后向客户收取代建费用的行为。对于房地产开发公司而言，虽然取得了收入，但没有发生房地产权属的转移，其收入属于劳务收性质，故不在土地增值税征税范围。

（9）房地产的重新评估，按照财政部门的规定，国有企业在清产核资时对房地产进行重新评估而产生的评估增值，因其既没有发生房地产权属的转移，房产产权、土地使用权人也未取得收入，所以不属于土地增值税征税范围。

（10）土地使用者处置土地使用权，土地使用者转让、抵押或置换土地，无论其是否取得了该土地的使用权属证书，无论其在转让、抵押或置换土地过程中是否与对方当事人办理了土地使用权属证书变更登记手续，只要土地使用者享有占用、使用收益或处置该土地的权利，具有合同等证据表明其实质转让、抵押或置换了土地并取得了相应的经济利益，土地使用者及其对方当事人就应当依照税法规定缴纳土地增值税和契税等。

3．其他方面

土地增值税的基本征税范围包括：（1）转让国有土地使用权；（2）地上建筑物及其附着物连同国有土地使用权一并转让；（3）存量房地产买卖。

（三）税率

土地增值税实行四级超率累进税率，如表7-5所示。

表 7 - 5　　　　　　　　　　土地增值税四级超率累进税率表

级数	增值额与扣除项目的比例	税率（％）	速算扣除系数（％）
1	不超过 50％的部分	30	0
2	超过 50％至 100％的部分	40	5
3	超过 100％至 200％的部分	50	15
4	超过 200％的部分	60	35

（四）税收优惠

（1）纳税人建造普通标准住宅出售，增值额未超过扣除项目金额 20％的，免征土地增值税；增值额超过扣除项目金额 20％的，应就其全部增值额按规定计税。普通标准住宅，是指按所在地一般民用住宅标准建造的商品住宅。高级公寓、别墅、度假村等不属于普通标准住宅。普通标准住宅与其他住宅的具体划分界限由各省、自治区、直辖市人民政府规定。

对于纳税人既建普通标准住宅又参与其他房地产开发的，应分别核算增值额，不分别核算增值额或不能准确核算增值额的，其建造的普通标准住宅不能适用这一免税规定。

（2）因城市实施规划、国家建设的需要而被政府征用的房产或收回的土地使用权免税。

（3）因城市实施规划、国家建设的需要而搬迁，由纳税人自行转让原房地产的，免征土地增值税。

（4）对企事业单位、社会团体以及其他组织转让旧房作为公共租赁住房房源的且增值额未超过扣除项目金额 20％的，免征土地增值税。

三、土地增值税应纳税额的计算

（一）计税依据

土地增值税的计税依据是纳税人转让房地产所取得的土地增值额，即纳税人转让房地产所取得的收入额减除规定的扣除项目金额后的余额。因此，要准确地界定增值额必须确定应税的收入额和扣除项目金额。对此，税法做了明确规定。

1. 应税收入的认定

根据《土地增值税暂行条例》及其实施细则的规定，纳税人转让房地产取得的应税收入，应包括转让房地产的全部价款及有关的经济收益，其具体形式包括货币收入、实物收入和其他收入。

在 2016 年 5 月 1 日，销售无形资产和不动产纳入增值税征税范围后，土地增值税纳税人转让房地产取得的收入为不含增值税收。

2. 扣除项目的确定

税法准予纳税人从转让收入额减除的扣除项目包括以下几项：

（1）取得土地使用权所支付的金额。取得土地使用权所支付的金额包括两方面的内容：一是纳税人为取得土地使用权所支付的地价款；二是纳税人在取得土地使用权时按国家规定缴纳的有关费用。

（2）房地产开发成本。房地产开发成本是指纳税人房地产开发项目实际发生的成本，包括土地的征用及拆迁补偿费、前期工程费、建筑安装工程费、基础设施费、公共配套设施费、开发间接费用等。

（3）房地产开发费用。房地产开发费用是指与房地产开发项目有关的销售费用、管理费用和财务费用。根据现行财务会计制度的规定，这三项费用应作为期间费用直接计入当期损益，不按成本核算对象进行分摊。故作为土地增值税扣除项目的房地产开发费用，不按纳税人房地产开发项目实际发生的费用进行扣除，而按《土地增值税暂行条例实施细则》的标准进行扣除。

（4）旧房及建筑物的评估价格。旧房及建筑物的评估价格是指在转让已使用的房屋及建筑物时，由政府批准设立的房地产评估机构评定的重置成本价乘以成新度折扣率后的价格。该评估价格须经当地税务机关确认。

（5）与转让房地产有关的税金。与转让房地产有关的税金是指在转让房地产时缴纳的城市维护建设税、印花税。因转让房地产缴纳的教育费附加，也可视同税金予以扣除。需要明确的是，房地产开发企业在转让时缴纳的印花税因列入管理费用中，故在此不允许扣除。其他纳税人缴纳的印花税允许在此扣除。

（6）其他扣除项目。对从事房地产开发业务的纳税人，可按取得土地使用权所支付的金额和房地产开发成本金额之和，加计20%进行扣除。在此，应特别指出的是，此优惠只适用于从事房地产开发业务的纳税人，除此之外的其他纳税人不适用。这样规定的目的是抑制炒买炒卖房地产的投机行为，保护正常开发投资者的积极性。

（二）增值额的确定

增值额是指纳税人转让房地产所取得的收入减除规定的扣除项目金额后的余额。纳税人有下列情形之一的，按照房地产评估价格计算征收：

（1）隐瞒、虚报房地产成交价格的；

（2）提供扣除项目金额不实的；

（3）转让房地产的成交价格低于房屋评估价格，又无正当理由的。

房地产评估价格，是指由政府批准设立的房地产评估机构根据相同地段、同类房地产进行综合评定的价格。

（三）计算方法

土地增值税应纳税额按超率累进税率计算。土地增值税按照纳税人转让房地产所取得的增值额和规定的税率计算征收，其计算公式为：

$$应纳税额=\Sigma（每级距的土地增值额\times适用税率）$$

在实际工作中，分步计算比较麻烦，一般可以采用速算扣除法计算。其计算公式为：

$$土地增值税税额=增值额\times适用税率-扣除项目金额\times速算扣除系数$$

实务操作 10：

甲企业转让房地产所取得的收入为 600 万元，其扣除项目金额为 200 万元，请计算应纳土地增值税税额。

解析：

第一步：先计算增值额。

增值额＝600－200＝400（万元）

第二步：计算增值额与扣除项目之比。

增值额与扣除项目之比＝（400÷200）×100％＝200％

第三步：确定税率和速算扣除系数。增值额与扣除项目之比超过 200％，税率为 60％，速算扣除系数为 35％。

第四步：计算土地增值税额。

甲企业应纳土地增值税税额＝400×60％－200×35％＝170（万元）

四、土地增值税的纳税申报

（一）纳税期限

（1）纳税人应自转让房地产合同签订之日起 7 日内，向房地产所在地主管税务机关办理纳税申报，并向税务机关提交房屋及建筑物产权、土地使用权证书，土地转让、房产买卖合同，房地产评估报告及其他与转让房地产有关的资料。纳税人因经常发生房地产转让而难以在每次转让后申报的，经税务机关审核同意后，可以定期进行纳税申报，具体期限由税务机关根据实际情况确定。

（2）房地产开发企业取得房地产开发项目后 30 日内应到主管地方税务机关进行项目登记。房地产开发企业出售其开发的商品房，从项目竣工结算开始，应于季度后 10 日内，对已出售部分按成本实际发生数计算申报缴纳土地增值税，项目全部出售完毕时，房地产开发企业应于季度后 10 日内做项目纳税申报，进行土地增值税结算。

（3）房地产开发企业销售商品房实行预征的，以 1 个月为一个纳税期，纳税人自期满之日起 15 日内申报纳税。

（二）纳税地点

土地增值税的纳税人应向房地产所在地主管税务机关办理纳税申报，并在税务机关核定的期限内缴纳土地增值税。这里所说的"房地产所在地"是指房地产的坐落地。纳税人转让的房地产坐落在两个或两个以上地区的，应在房地产所在地分别申报纳税。

在实际工作中，纳税地点的确定可分为以下两种情况：

（1）纳税人是法人的，如果转让的房地产坐落地与其机构所在地或经营所在地一致，则在办理税务登记的原管辖税务机关申报纳税即可；如果转让的房地产坐落地与其所在地不一致，则应在房地产坐落地所管辖的税务机关申报纳税。

（2）纳税人是自然人的，如果转让的房地产坐落地与其居住所在地一致，则在住所所在地税务机关申报纳税；如果转让的房地产坐落地与其居住所在地不一致，则在办理过户手续所在地的税务机关申报纳税。

（三）纳税申报

自 2021 年 6 月 1 日起，纳税人申报缴纳土地增值税时，使用《财产和行为税纳税申报表》（见表 7-1）。纳税人新增税源或税源变化时，需先填报《财产和行为税税源明细表》（《土地增值税税源明细表》部分）。

第八节
契税实务

一、契税的概念与特点

（一）契税的概念

契税是以在中华人民共和国境内发生权属转移的土地、房屋为征税对象，向产权承受人（即买方）征收的一种财产税。契税，是对契约征收的税，属于财产转移税。

1997 年 10 月 1 日国务院发布的《中华人民共和国契税暂行条例》开始施行。2020 年 8 月 11 日第十三届全国人民代表大会常务委员会第二十一次会议通过了《中华人民共和国契税法》，自 2021 年 9 月 1 日起施行。在中国境内取得土地、房屋权属的企业和个人，应当依法缴纳契税。上述取得土地、房屋权属包括下列方式：国有土地使用权出让，土地使用权转让（包括出售、赠与和交换），房屋买卖、赠与和交换。

（二）契税的特点

（1）征收契税的宗旨是保障不动产所有人的合法权益。通过征税，契税征收机关便以政府名义发给契证，作为合法的产权凭证，政府即承担保证产权的责任。因此，契税又带有规费性质，这是契税不同于其他税收的主要特点。

（2）纳税人是产权承受人。当发生房屋买卖、典当、赠与或交换行为时，按转移变动的价值，对产权承受人课征一次性契税。

（3）契税采用比例税率，即在房屋产权发生转移变动行为时，对纳税人依一定比例的税率课征。

二、契税的基本法律规定

（一）纳税义务人

契税的纳税义务人是境内转移土地、房屋权属，承受的单位和个人。境内是指中华人民共和国实际税收行政管辖范围内。土地、房屋权属是指土地使用权和房屋所有权。单位是指企业单位、事业单位、国家机关、军事单位和社会团体以及其他组织。个人是指个体经营者及其他个人，包括中国公民和外籍人员。

（二）征税对象

契税的征税对象是境内转移的土地、房屋权属，具体包括以下五项内容。

1. 土地使用权出让

土地使用权出让是指土地使用者向国家交付土地使用权出让费用，国家将土地使用权在一定年限内让与土地使用者的行为。

对承受土地使用权应支付的土地出让金，计征契税时不得因减免土地出让金而减免契税。

2. 土地使用权转让

土地使用权转让是指土地使用者以出售、赠与、互换或者其他方式将土地使用权转移给其他单位和个人的行为。土地使用权的转让不包括土地承包经营权和土地经营权的转移。

3. 房屋买卖

房屋买卖即以货币为媒介，出卖者向购买者过渡房产所有权的交易行为。以下几种特殊情况，视同房屋买卖：

（1）以房产抵债或实物交换房屋。经当地政府和有关部门批准，以房抵债和实物交换房屋，均视同房屋买卖，应由产权承受人，按房屋现值缴纳契税。

（2）以房产作投资或作股权转让。这种交易业务属房屋产权转移，应根据国家房地产管理的有关规定，办理房屋产权交易和产权变更登记手续，视同房屋买卖，由产权承受方按契税税率计算缴纳契税。

以自有房产作股投入本人独资经营的企业，免纳契税。因为以自有的房地产投入本人独资经营的企业，产权所有人和使用权使用人未发生变化，不需办理房产变更手续，也不用办理契税手续。

（3）买房拆料或翻建新房，应照章缴纳契税。

4. 房屋赠与

房屋赠与是指房屋产权所有人将房屋无偿转让给他人所有。其中，将自己的房屋转交给他人的法人和自然人，称作赠与人；接受他人房屋的法人和自然人，称为受赠人。房屋赠与的前提必须是，产权无纠纷，赠与人和受赠人双方自愿。

由于房屋是不动产，价值较大，故法律要求赠与房屋应有书面合同（契约），并到房地产管理机关或农村基层政权机关办理登记过户手续，才能生效。如果房屋赠与行为涉及涉外关系，还需到公证处证明和外事部门认证，才能生效。房屋的受赠人要按规定缴纳契税。

5. 房屋互换

房屋交换是指房屋所有者之间互相交换房屋的行为。

（三）税率

契税实行3%～5%的幅度差别比例税率。实行幅度税率是考虑我国经济发展的不平衡，各地经济差别较大的实际情况。因此，各省、自治区、直辖市人民政府可以在3%～5%的幅度税率规定范围内，按照本地区的实际情况决定。

（四）税收优惠

（1）国家机关、事业单位、社会团体、军事单位承受土地、房屋用于办公、教学、医疗、科研和军事设施的，免征契税。

（2）城镇职工按规定第一次购买公有住房的，免征契税。财政部、国家税务总局规定，自2000年11月29日起，对各类公有制单位为解决职工住房而采取集资建房方式建成的普通住房，或由单位购买的普通商品住房，经当地县以上人民政府房改部门批准，按照国家房改政策出售给本单位职工的，如属职工首次购买住房，均可免征契税。

自2008年11月1日起对个人首次购买90平方米以下普通住房的，契税税率暂统一下调到1%。

（3）因不可抗力灭失住房，重新承受住房权属，酌情减免。

（4）土地、房屋被县级以上人民政府征用、占用后，重新承受土地、房屋权属的。

（5）承受荒山、荒沟、荒丘、荒滩土地使用权，并用于农、林、牧、渔业生产的，免征契税。

（6）经外交部确认，依照我国有关法律规定以及我国缔结或参加的双边和多边条约或协定，应当给予免税的外国驻华使馆、领事馆、联合国驻华机构及其外交代表、领事官员和其他外交人员承受土地、房屋权属免征契税。

（7）企业合并。两个或两个以上的企业，依据法律规定、合同约定，合并改建为一个企业，对其合并后的企业承受原合并各方的土地、房屋权属，免征契税。

（8）企业分立。企业依照法律规定、合同约定分设为两个或两个以上投资主体相同的企业，对派生方、新设方承受原企业、房屋权属，不征收契税。

（9）企业出售。国有、集体企业出售，被出售企业法人予以注销，并且买受人按照规定妥善安置原企业职工，其中与原企业30%以上职工签订服务年限不少于三年的劳动用工合同的，对其承受所购企业的土地、房屋权属，减半征收契税。与原企业全部职工签订服务年限不少于三年的劳动用工合同的，免征契税。

（10）企业注销、破产。企业依照有关规定实施注销、破产后，债权人承受注销、破产企业的土地、房屋权属以抵偿债务的，免征契税；对非债权人承受注销、破产企业的土地、房屋权属，凡按照政策妥善安置原企业全部职工，其中与原企业30%以上职工签订服务年限不少于3年的劳动用工合同的，对其承受所购企业的土地、房屋权属，减半征收契税；与原企业全部职工签订服务年限不少于3年的劳动用工合同的，免征契税。

（11）房屋的附属设施。对于承受与房屋相关的附属设施所有权或土地使用权的行为，按照规定征收契税；对于不涉及土地使用权和房屋所有权转移变动的，不征收契税。

（12）继承土地、房屋权属。对于《中华人民共和国继承法》规定的法定继承人继承土地、房屋权属，不征契税。非法定继承人根据遗嘱承受死者生前的土地、房屋权属，属于赠与行为，应征收契税。

三、契税应纳税额的计算

（一）计税依据

契税的计税依据为不动产的不含增值税的价格。由于土地、房屋权属转移方式不同，定价方法不同，因此计税依据也不同，具体为：

（1）国有土地使用权出让、土地使用权出售、房屋买卖，以成交价格为计税依据。成交价格是指土地、房屋权属转移合同确定的价格，包括承受者应交付的货币、实物、无形资产或者其他经济利益

（2）土地使用权赠与及房屋赠与，由征收机关参照土地使用权出售价格和房屋买卖的市场价格核定。

（3）土地使用权交换、房屋交换，为所交换的土地使用权、房屋的价格差额。即交换价格相等时，免征契税；交换价格不等时，由多交付的货币、实物、无形资产或者其

他经济利益的一方缴纳契税。

（4）出让土地使用权的，计税依据为承受人取得该土地使用权而支付的全部经济利益。

（5）以协议方式出让的，契税计税依据为成交价格。如果成交价格明显偏低且没有正当理由或者没有价格的，税务机关可依次按评估价格和土地基准价来确定。

（6）以竞价方式出让的，计税依据为竞价的成交价格、土地出让金、市政建设配套费以及各种补偿费用。

（7）先以划拨方式取得土地使用权，后经批准改为以出让方式取得该土地使用权的，计税依据为应补缴的土地出让金及其他费用。

（二）计算方法

契税采用比例税率，应纳税额的计算公式为：

契税应纳税额＝计税依据×税率

应纳税额以人民币计算，转移土地、房屋权属以外汇结算的，按照纳税义务发生之日中国人民银行公布的人民币市场汇率中间价折合成人民币计算。

实务操作 11：

某房地产公司购买商品住宅一套，不含增值税成交价格为 6 500 000 元，双方签订了购房合同，当地契税税率为 3%。计算该公司应纳契税税额。

解析：

契税应纳税额＝6 500 000×3%＝195 000（元）

实务操作 12：

王女士接受某房地产公司赠与的房屋一套，市场价格为 120 万元，双方签订了契约，当地契税税率为 3%。计算王女士应纳契税税额。

解析：

契税应纳税额＝120×3%＝3.6（万元）

四、契税的纳税申报

（一）纳税义务发生时间

契税的纳税义务发生时间是纳税人签订土地、房屋权属转移合同的当天，或者纳税人取得其他具有土地、房屋权属转移合同性质凭证的当天。

（二）纳税期限

纳税人应当在依法办理土地、房屋权属登记手续前申报缴纳税款。

（三）纳税地点

契税在土地、房屋所在地的税务机关缴纳。

（四）纳税申报

契税纳税人依法纳税申报时，应填报《财产和行为税税源明细表》（《契税税源明细表》部分），并根据具体情形提交相关材料。土地管理部门和房产管理部门应向契税征收机关提供有关资料并协助契税征收机关依法征收契税。征收管理纳税人办理纳税事宜后，征收机关应向纳税人开具契税完税凭证。纳税人持契税完税凭证和其他规定的文件材料，依法向土地管理部门、房产管理部门办理有关土地、房屋的权属变更登记手续。

育人园地

财产和行为税合并申报

为进一步优化税收营商环境，提升办税体验，国家税务总局发布《关于简并税费申报有关事项的公告》，决定自 2021 年 6 月 1 日起，全国纳税人申报财产和行为税时，进行合并申报。

财产和行为税是现有税种中财产类和行为类税种的统称。此次合并申报的税种范围包括城镇土地使用税、房产税、车船税、印花税、耕地占用税、资源税、土地增值税、契税、环境保护税、烟叶税，不含城市维护建设税，城市维护建设税与增值税、消费税合并申报。

财产和行为税合并申报，通俗讲就是"简并申报表，一表报多税"，纳税人在申报多个税费种时，不再单独使用分税种申报表，而是在一张纳税申报表上同时申报多个税种。对纳税人而言，可简化报送资料、减少申报次数、缩短办税时间。

本章小结

本模块包括房产税、城镇土地使用税、车辆购置税、印花税、城市维护建设税、环境保护税、土地增值税、契税 8 个税种，均属于财产和行为税，它们的立法权多数在地方。本模块教学的特点是税率多样，有固定税额、比率税率、超额累进税率、超率累进税率、幅度税率等，税收优惠多，其中土地增值税、城市维护建设税的计算与增值税、消费税相结合，难点是计税依据的特殊规定。

课后练习

一、单项选择题

1. 下列各项中，符合房产税规定的是（　　）。

A. 产权属于集体的，由承典人缴纳

B. 房屋产权出典的，由出典人缴纳

C. 产权纠纷未解决的，由代管人或使用人缴纳

D. 产权属于国家所有的不缴纳

2. 下列说法中，符合车辆购置税计税依据相关规定的是（　　）。

A. 进口自用的应税小汽车的计税价格包括关税完税价格和关税，不包括消费税

B. 底盘和发动机同时发生更换的车辆，计税依据为最新核发的同类型车辆最低计税价格

C. 销售汽车的纳税人代收的保险费，不应计入计税依据中征收车辆购置税

D. 销售单位开展优质销售活动所开票收取的有关费用应作为价外收入计算征收车购税

3. 下列各项中，应当征收印花税的项目是（　　）。

A. 产品加工合同　　　　　　　B. 法律咨询合同

C. 会计咨询协议　　　　　　　D. 电网与用户之间签订的供用电合同

4. 城镇土地使用税是以城镇土地为征税对象，对拥有土地（　　）的单位和个人征收的一种税。

A. 所有权　　　B. 使用权　　　C. 占有权　　　D. 经营权

5. 城镇土地使用税的纳税人以（　　）的土地面积为计税依据。

A. 实际占用　　　B. 拥有　　　C. 自用　　　D. 被税务部门认定

6. 某企业占有土地面积 16 000 平方米，经税务部门核定，该土地每平方米税额为 5 元，则该企业全年应缴纳土地使用税（　　）万元。

A. 10　　　　　　B. 8　　　　　　C. 15　　　　　　D. 12

7. 城镇土地使用税中每一平方米适用 1.2 元～24 元税额的地区是（　　）。

A. 大城市　　　B. 中等城市　　　C. 小城市　　　D. 县城

8. 我国房产税收征收范围不包括的地方是（　　）。

A. 县城　　　　B. 农村　　　　C. 城市　　　　D. 建制镇

9. 按《印花税法》的规定，应纳印花税的凭证应于（　　）时贴花。

A. 每月初 5 日内　　B. 每年度 45 日内　　C. 书立或领受时　　D. 开始履行时

10. 夏某在某公司举办的有奖销售活动中中奖，奖品是一辆汽车，举办公司开具的销售发票上注明该汽车金额为 68 700 元（不含税），经主管税务机关审核，国家税务总局核定该型号车辆的最低计税价格为 73 500 元。则夏某应缴纳的车辆购置税税额为（　　）元。

A. 6 870   B. 7 350   C. 5 872   D. 6 282

11. 根据城市维护建设税的法律规定，纳税人向税务机关实际缴纳的下列税款中，应作为城市维护建设税计税依据的是（   ）。

     A. 企业所得税税款   B. 契税税款

     C. 房产税税款   D. 消费税税款

12. 根据房产税法律制度的规定。下列各项中，属于房产税免税项目的是（   ）。

     A. 公立大学与社会合办的生物制药厂企业厂房

     B. 名胜古迹内的经营性旅游用品商店

     C. 国家机关自用的房产

     D. 个人出租的市区住房

13. 根据土地增值税法律制度的规定，下列各项中，在计算土地增值税时，应计入房地产开发成本的是（   ）。

     A. 土地征用及拆迁补偿款

     B. 与房地产开发项目有关的销售费用

     C. 取得土地使用权所支付的地价款

     D. 取得土地使用权过程中缴纳的契税

14. 根据印花税法律制度的规定，下列各项中，不属于印花税征税范围的是（   ）。

     A. 设备租赁合同   B. 机动车辆租赁合同

     C. 电网与用户之间的供电合同   D. 企业出租门店所签订的合同

15. 根据环境保护税法律制度的规定，下列关于应税水污染物计税依据确定方法的表述中，正确的是（   ）。

     A. 按照被污染的水域面积确定

     B. 按照被污染的水质等级确定

     C. 按照被污染的水域深度确定

     D. 按照污染物排放量折合的污染当量数确定

二、多项选择题

1. 印花税的纳税义务人，按照书立、使用应税凭证的不同分别确立为（   ）。

     A. 立据人   B. 立合同人   C. 使用人   D. 股票交易人

2. 在印花税所列举的项目中，属于合同类的项目是（   ）。

     A. 租赁合同   B. 技术合同   C. 营业账簿   D. 产权转移书据

3. 下列合同或凭证中属于印花税征税范围的有（   ）。

     A. 当事人之间签订的法律咨询服务合同   B. 家庭财产两全保险合同

     C. 融资租赁合同   D. 银行的现金收付登记簿

4. 关于印花税的计税依据，下列说法中正确的有（   ）。

     A. 对于由委托方提供主要材料或原料，受托方只提供辅助材料的加工合同，以辅助材料与加工费的合计数，依照加工承揽合同计税贴花

B. 货物运输合同的计税依据为取得的运输费金额，包括所运货物的保险费和装卸费

C. 建筑安装工程承包合同的计税依据为承包金额

D. 营业账簿税目计税依据为"实收资本"与"资本公积"两项的合计数

5. 下列各项中，符合城镇土地使用税有关纳税义务发生时间规定的有（　　）。

A. 纳税人新征用的耕地，自批准征用之日起缴纳城镇土地使用税

B. 纳税人出租房产，自交付出租房产之次月起缴纳城镇土地使用税

C. 纳税人新征用的非耕地，自批准征用之次月起缴纳城镇土地使用税

D. 纳税人购置新建商品房，自房屋交付使用之次月起缴纳城镇土地使用税

6. 下列各项中，可以免征城镇土地使用税的有（　　）。

A. 财政拨付事业经费单位的食堂用地

B. 名胜古迹场所设立的照相馆用地

C. 中国银行的营业用地

D. 宗教寺庙人员在寺庙内的生活

7. 根据《车辆购置税法》的规定，按照现行车辆购置税的有关规定，下列说法正确的有（　　）。

A. 征税环节选择在使用环节

B. 自购买之日起 60 日申报纳税

C. 车辆购置税税款可以分次缴清

D. 获奖的应税车辆应自投入使用前 60 日申报纳税

E. 以拍卖、抵债、走私、罚没等方式取得并自用的应税车辆，应按同类型车辆的最低计税价格计征车辆购置税

8. 下列行为中，属于车辆购置税应税行为的有（　　）。

A. 销售应税车辆的行为　　　　　　B. 购买使用应税车辆的行为

C. 自产自用应税车辆的行为　　　　D. 进口使用应税车辆的行为

9. 印花税的自行贴花纳税主要是指（　　）。

A. 纳税人自行计算应纳税额

B. 自行购买印花税票

C. 自行贴花

D. 自行在每枚税票的骑缝处盖戳注销或画销

10. 关于城市维护建设税减免税规定的表述中，正确的有（　　）。

A. 城市维护建设税原则上随增值税、消费税的减免而减免

B. 海关对进口产品代征的增值税、消费税，不征收城市维护建设税

C. 先征后返增值税、消费税，城市维护建设税也随之返还

D. 对国家重大水利工程建设基金免征城市维护建设税

11. 根据契税法律制度的规定，下列各项中，属于契税纳税人的有（　　）。

A. 购买房屋的甲公司　　　　　　　B. 受赠房屋的乙公司

C. 出租房屋的丙公司　　　　　　　D. 出售房屋的丁公司

三、判断题

（　　）1. 无论是内资企业还是外资企业，出口货物退增值税、消费税时，均不退还已缴纳的城市维护建设税。

（　　）2. 某县一乡镇企业委托市内一日化厂加工化妆品，则日化厂代收代缴消费税的同时，应按5%的税率代收城市维护建设税。

（　　）3. 城镇土地使用税的最高单位税额与最低单位税额相差50倍。

（　　）4. 应税房产大修停用半年以上的，经纳税人申请，税务机关审核，在大修期间免征房产税。

（　　）5. 城市维护建设税的计税依据是纳税人实际缴纳的增值税和消费税税额。

（　　）6. 纳税人因违反增值税、消费税有关规定而加收的滞纳金和罚款，也作为城市维护建设税的计税依据。

（　　）7. 纳税人进口自用应税车辆，按照最低计税价格征收车辆购置税。

（　　）8. 我国农用三轮运输车免征车辆购置税。

（　　）9. 2022年7月1日后实行的印花税采用比例税率。

（　　）10. 2022年7月1日前实行印花税的征税范围包括五类：经济合同，产权转移书据，营业账簿，权利、许可证照，其他凭证。

（　　）11. 纳税人应当向应税污染物排放地的税务机关申报缴纳环境保护税。

四、实务训练

1. 某超市与某公司共同使用一块面积为1 650平方米的土地，其中超市实际使用的土地面积占这块土地总面积的2/3，另外1/3归某公司使用。当地每平方米城镇土地使用税年税额为10元，税务机关每半年征收一次城镇土地使用税。

要求：计算该超市每季度应纳城镇土地使用税税额。

2. 某城市一卷烟厂委托某县城一卷烟厂加工一批雪茄烟，委托方提供原材料40 000元，支付加工费5 000元（不含增值税），雪茄烟消费税税率为36%，这批雪茄烟无同类产品市场价格。

要求：计算受托方代收代缴消费税时应代收代缴的城市维护建设税税额。

3. 某政府机关与甲公司共同使用一幢办公用房，房产价值6 000万元，其中政府机关占用房产价值5 000万元，甲公司占用房产价值1 000万元。2018年3月1日，政府机关将其使用房产的40%对外出租，当年取得租金收入150万元。2018年8月1日，甲公司将其使用房产的30%对外投资，不承担经营风险，投资期限4年，当年取得8—12月的固定利润分红8万元。已知当地统一规定计算房产余值时的扣除比例为20%。

要求：

(1) 计算政府机关应缴纳的房产税税额。

(2) 计算甲公司应缴纳的房产税税额。

4. 甲公司2021年设立时注册资本为2 000万元，资本公积为500万元。

(1) 2021年3月，签订以物易物交易合同一份，用自产产品换取房屋，合同注明的交易价值为 300 万元。

（2）2021 年 5 月，与财务公司签订抵押贷款合同一份，贷款金额为 200 万元，期限为 1 年，年利率为 10％；办理抵押的房产价值 800 万元。

（3）2021 年 6 月，受托加工制作一台专用机械，双方签订的加工承揽合同中分别注明加工费 5 万元，受托方提供价值 10 万元的原材料。

要求：

（1）计算甲公司 2021 年营业账簿应缴纳的印花税税额。

（2）计算甲公司 2021 年以物易物应缴纳的印花税税额。

（3）计算甲公司 2021 年抵押贷款合同应缴纳的印花税税额。

（4）计算甲公司 2021 年加工承揽合同应缴纳的印花税税额。

5. 王某于 2021 年 12 月购置了一辆排气量为 1.6 升的乘用车，支付的全部价款（含增值税）为 186 300 元，其中包括车辆装饰费 4 500 元。

要求：计算王某应缴纳的车辆购置税税额。

6. 2021 年某房地产开发公司销售其新建商品房一幢，取得销售收入 1.4 亿元，已知该公司支付与商品房相关的土地使用权费及开发成本合计为 4 800 万元；该公司没有按房地产项目计算分摊银行借款利息；该商品房所在地的省政府规定计征土地增值税时房地产开发费用扣除比例为 10％；销售商品房缴纳的有关税金 770 万元。

要求：计算该公司销售该商品房应缴纳的土地增值税。

第八章

税收征管法

【知识目标】

1. 熟悉税务登记的基本知识和要求，能办理税务登记，即开业登记、变更登记、停业复业登记、外出经营报验登记、核查登记及注销登记工作；

2. 熟悉税款征收方式和税款入库的相关规定，选择税款征收方式和缴纳方式；

3. 熟悉税款征收的措施和相关法律规定，办理税款的缴纳、减免、退还等工作；

4. 熟悉纳税人、扣缴义务人违反税收法律制度应承担的法律责任。

【能力目标】

1. 能依法办理税务登记；

2. 能领购发票和开具发票；

3. 能进行各类税种的纳税申报和缴纳税款；

4. 能熟悉报税的各个基本流程；

5. 能够协调好企业与税务机关之间的关系。

导入案例

某基层税务所 2021 年 8 月 15 日在实施日常税务稽查工作中发现，辖区内某民营企业自 2018 年 5 月 10 日办理工商营业执照以来，一直没有办理税务登记，也没有申报纳税。根据检查情况，该企业应纳税 1 800 元，税务所于 8 月 30 日做出下列处理决定：责令纳税人在 9 月 10 日前申报办理税务登记，并处 1 000 元罚款，补缴税款、加收滞纳金，并处补缴税款一倍的罚款。

问题：税务所的处理是否正确？为什么？

第一节

税收征收管理

一、税收征收管理概述

（一）税收征收管理法的概念

税收征收管理法是有关税收征收管理法律规范的总称，包括《中华人民共和国税收征收管理法》及税收征收管理的有关法律、法规和规章。

《中华人民共和国税收征收管理法》（以下简称《税收征管法》）于 1992 年 9 月 4 日第七届全国人民代表大会常务委员会第二十七次会议通过，1993 年 1 月 1 日起施行，1995 年 2 月 28 日第八届全国人民代表大会常务委员会第十二次会议修正。2001 年 4 月 28 日，第九届全国人民代表大会常务委员会第二十一次会议通过了修订后的《中华人民共和国税收征收管理法》，并于 2001 年 5 月 1 日起施行。2013 年 6 月 29 日第十二届全国人民代表大会常务委员会第三次会议对《税收征管法》第二次修正。2015 年 4 月 24 日第十二届全国人民代表大会常务委员会第十四次会议对《税收征管法》第三次修正。

《税收征管法》属于程序法，它是以规定税收实体法中所确定的权利义务的履行程序为主要内容的法律规范，是税法的有机组成部分。

税收征收管理是国家征税机关依据国家税收法律、行政法规的规定，按照统一的标准，通过一定的程序，对纳税人应纳税额组织入库的一种行政活动，是国家将税收政策贯彻实施到每个纳税人，有效地组织税收收入及时、足额入库的一系列活动的总称。

凡依法由税务机关征收的各种税收的征收管理，均适用《税收征管法》。

由海关负责征收的关税和船舶吨税以及海关代征的进口环节的增值税、消费税，依照法律、行政法规的有关规定执行。

(二) 税务管理的概念

税务管理，是指税收征收管理机关为了贯彻执行国家税收法律制度，加强税收工作，协调征税关系而对纳税人和扣缴义务人实施的基础性的管理制度和管理行为。税务管理是税收征收管理的主要内容，是税款征收的前提和基础。

税务管理主要包括税务登记管理、账证管理和纳税申报管理。

二、税务登记

税务登记是税务机关依据税法规定对纳税人的生产经营活动进行登记管理的一项基本制度。

税务登记的基本步骤：先由纳税人申报办理税务登记，然后经主管税务机关审核，最后由税务机关填发税务登记证件。

税务登记的基本类型：开业登记，变更登记，停业、复业登记，外出经营报验登记，注销登记。

(一) 开业登记

开业登记是指从事生产经营活动的纳税义务人经工商行政管理机关批准开业并发给营业执照后，在 30 日内向所在地主管税务机关申报办理税务登记，也称注册登记。办理开业登记的程序如下：

1. 纳税人提出书面申请

纳税人提出书面申请报告，并提供规定的证件、资料。

2. 填报税务登记表

纳税人领取并填写税务登记表，纳税人填写完相关内容后，在相关位置盖上单位公章、法人代表章，然后将税务登记表及其他相关材料送交税务登记窗口。

3. 税务机关审核、发证

纳税人报送的税务登记表和提供的有关证件、资料，经主管国家税务机关或地方税务机关审核批准后，应当按照规定的期限到主管国家税务机关领取税务登记证及其副本，并按规定缴付工本管理费。

(二) 变更登记

变更税务登记是指纳税人原税务登记表上的主要内容发生变化，如纳税人名称、法定代表人（负责人）或个体业主姓名及其居民身份证、护照或其他合法证明的号码、注册地址、生产经营地址、生产经营范围、登记注册类型等发生改变的，需要办理税务登记变更手续。

导入案例分析：

税务所的处理是正确的。理由如下：

（1）根据《税收征管法》第六十条的规定，未按照规定期限办理税务登记，由税务机关责令限期改正，可以处 2 000 元以下罚款。

（2）根据《税收征管法》第六十四条的规定，纳税人不进行纳税申报，不缴或者少缴税款的，由税务机关追缴其不缴或者少缴税款、滞纳金，并处不缴或者少缴税款的 50% 以上 5 倍以下的罚款。

（3）根据《税收征管法》第七十四条的规定，罚款额在 2 000 元以下的，可以由税务所决定。

实务操作 1：

惠州市某企业单位财务部王小姐咨询：我司是以工业生产为主兼带贸易为辅的一般纳税人企业，现我司由惠州市城区分局（地税及国税）管辖，因我司所在地被政府征用，故我司要搬往惠州市北区分局管理，现有问题如下：

（1）由于搬迁地址引起的变更，税务迁移应如何处理？惠州市城区地税局要我司作"停业"一样处理办理税务迁移，其实我司是迫于无奈搬迁厂址，并不是"停业"，惠州市城区地税局这样做是否恰当？

（2）在办税迁移前，惠州市城区国税局要求我司把存货按 13% 税率交纳完税该局后，才能办理，惠州市城区分局这样做是否合理？由于我司是以工业生产为主的，肯定有一部分库存原材料处于在产过程中，况且存货中的有一部分材料是普通发票购进来的。假如这部分存货按 13% 税率交给惠州市城区分局后，我司搬往惠州市北区分局，这部分在产品完工后，我司又销售开票给外单位，我司又得按 13% 税率交给惠州市北区分局，这样无疑造成我司交双重税。

（3）我司并不想改变单位名称，惠州市城区分局的税务处理迁移方式是否影响我司单位名称的改变？

解析：（1）根据国家税务总局颁发的《税务登记证管理办法》第二十六条、第二十八条的规定，纳税人因生产、经营场所变动而涉及改变税务登记机关的，应当在向工商行政管理机关申请办理生产、经营地点变动前，向原税务登记机关办理注销税务登记，再向迁入地税务机关申请办理税务登记。

纳税人办理注销税务登记时，应当提交注销税务登记申请、主管部门或董事会（职代会）的决定以及其他有关证明，同时向税务机关结清税款、滞纳金和罚款、缴销发票、发票购买章和税务登记证件，经税务机关核准，办理注销税务登记手续。

（2）搬迁企业的库存货物，如在迁移前销售的，应向原主管税务机关申报纳税；在迁移后销售的，则向迁移后的企业所在地主管税务机关申报纳税。

（3）该企业迁址后其营业执照中的企业名称没有改变的，办理税务登记时不改变其企业名称。

（三）停业、复业登记

（1）申请并提供相关资料。

（2）领取并填写停业申请登记表（或停业复业报告书）。

（3）税务机关审核、批准。

实务操作 2：

肖某原来开了一间小商店，由于拆迁，于 2021 年 6 月停业。按照税法规定，肖某已结清税款并注销税务登记，但是尚有部分货物未卖出。请问：如果肖某出售存货，是否还要申报纳税？何时申报？

解析：根据《中华人民共和国税收征收管理法实施细则》（简称《税收征管法实施细则》）第十条规定，纳税人发生解散、破产、撤销以及其他情形的，依法终止纳税义务的，应持有关证件向原税务登记机关申报办理注销税务登记，并在办理注销税务登记前，结清应缴税款、滞纳金和罚款。

停业后出售存货的行为，为临时取得应税收入的应税行为。按照税法规定，应当立即向经营地税务机关办理纳税申报和缴纳税款。如不按时申报缴税，税务部门将按照《税收征管法实施细则》条款按日加收滞纳金，并予以处罚。

（四）外出经营报验登记

从事生产、经营的纳税人到外县（市）进行生产经营的，应向主管税务机关申请开具外出经营活动税收管理证明，办理外出经营活动税收管理证明程序如下：

1. 纳税人提出申请

纳税人持税务登记证（副本）及书面证明到主管税务机关领取并填写外出经营活动税收管理证明申请审批表。

2. 税务机关审核、发证

纳税人向主管税务机关登记窗口提交外出经营活动税收管理证明申请审批表及相关资料，税务机关审核后，符合要求的制发外出经营活动税收管理证明，加盖公章后交给纳税人。

3. 结束后按规定核销

外出经营纳税人在其经营活动结束后，纳税人应向经营地税务机关填报外出经营活动情况申报表，按规定结清税款、缴销未使用完的发票。

外出经营活动税收管理证明有效期届满 10 日内，纳税人应回到主管税务机关办理核销手续，需延长经营期限的，必须先到主管税务机关核销后重新申请。

（五）注销登记

纳税人发生解散、破产、撤销以及依法终止纳税义务情形的，应当在向工商行政管理机关或者其他机关办理注销登记前，持有关证件向原税务登记机关申报办理注销税务登记。

按照规定不需要在工商行政管理机关或者其他机关办理注销登记的，应当在有关部门批准或宣告注销之日起 15 日内，持有关证件向原税务登记机关申报办理注销税务登记。

纳税人被工商行政管理机关吊销营业执照或者被其他机关予以撤销登记的，应当自营业执照被吊销或者被撤销登记之日起 15 日内，持有关证件向原税务登记机关申报办理注销税务登记。

注意：注销税务登记时，先税务登记机关后工商行政管理机关；变更税务登记时，先工商行政管理机关后税务登记机关。

纳税人正常注销的，必须经过主管税务机关收缴证件、清缴发票、结清税款、有关资格注销等步骤，经主管税务机关核准后由纳税人领取注销税务登记通知书。

三、账证管理

（一）涉税账簿的设置

从事生产、经营的纳税人应当自领取营业执照之日起 15 日内设置账簿，一般企业要设置的涉税账簿有总分类账、明细账（按具体税种设置）及有关辅助性账簿。"应交税费——应交增值税"明细账使用特殊的多栏式账页，其他明细账使用三栏式账页，总分类账使用总分类账页。扣缴义务人应当自税法规定的扣缴义务发生之日起 10 日内，按照所代扣、代收的税种设置代扣代缴、代收代缴税款账簿。同时从事生产、经营的纳税人应当自领取税务登记证件之日起 15 日内，将其企业的财务制度、会计处理办法及会计核算软件报送税务机关备案。

（二）发票的领购

纳税人领取税务登记证后，应携带有关证件向税务机关提出领购发票的申请，然后凭税务机关发给的发票领购簿中核准的发票种类、数量以及购票方式，向税务机关领购发票。

发票是指在购销商品、提供或者接受劳务和其他经营活动中，开具、收取的收付款凭证。发票是确定经济收支行为发生的证明文件，是财务收支的法定凭证和会计核算的原始凭证，也是税务稽查的重要依据。《税收征管法》规定：税务机关是发票主管机关，负责发票印制、领购、开具、取得、保管、缴销的管理和监督。发票一般分为增值税普通发票（以下简称普通发票）和增值税专用发票。

1. 普通发票的领购

（1）发票领购簿的申请、核发。纳税人凭税务登记证副本到主管税务机关领取并填写发票领购申请审批表，同时提交如下材料：经办人身份证明（居民身份证或护照）、财务专用章或发票专用章印模及主管税务机关要求报送的其他材料。

（2）领购普通发票。领购普通发票时，纳税人须报送税务登记证副本、发票领购簿及经办人身份证明，一般纳税人购增值税普通发票还需提供税控 IC 卡，供主管税务机关发票管理环节在审批发售普通发票时查验，对验旧供新和交旧供新方式售票的，还需提供前次领购的发票存根联。

审验合格后，纳税人按规定支付工本费，领购发票，并审核领购发票的种类、版别和数量。

2. 增值税专用发票的领购

（1）增值税专用发票领购簿的申请、核发。已经认定的一般纳税人，凭增值税一般纳税人申请认定表，到主管税务机关发票管理环节领取并填写领取增值税专用发票领购簿申请书。

主管税务机关发票管理环节对上述资料审核无误后，填发增值税专用发票领购簿，签署准购发票名称、种类、数量、面额、购票方式、保管方式等审核意见。

（2）增值税专用发票的初始发行。一般纳税人领购专用设备后，凭最高开票限额申请表、发票领购簿到主管税务机关办理初始发行，即主管税务机关将一般纳税人的下列信息载入空白金税卡和 IC 卡：企业名称、税务登记代码、开票限额、购票限量、购票人员姓名和密码、开票机数量、国家税务总局规定的其他信息。

（3）增值税专用发票的领购。增值税专用发票一般由县级主管税务机关发票管理环节发售，发售增值税专用发票实行验旧供新制度。

审批后日常领购增值税专用发票，需提供以下资料：发票领购簿、IC 卡、经办人身份证明、上一次发票的使用清单、税务部门规定的其他材料。

实务操作 3：

某公司是新成立的电脑公司。2021 年 4 月初，公司因未将银行账号向国税分局报告，被责令于 4 月底前改正，并被处 1 000 元的罚款。5 月 8 日，该公司会计到国税分局换领发票时，却被告知暂时不能购买，因为公司没向国税分局报告银行账号，也没缴纳罚款。请问：国税分局这样做是不是侵犯了企业的合法权益？

解析：国税分局这样做是有法律依据的，并没有侵犯企业的合法权益。

《税收征管法》第七十二条规定："从事生产、经营的纳税人、扣缴义务人有本法规定的税收违法行为，拒不接受税务机关处理的，税务机关可以收缴其发票或者停止向其发售发票。"《税收征管法》还规定，纳税人应将全部银行账号向税务机关报告，不报告的，由税务机关责令限期改正，并可以处 2 000 元以下的罚款。该公司被国税分局处罚后，既没有及时向国税分局补报银行账号，又没有按照规定的期限缴纳罚款，应属拒不接受税务机关处理的情况。国税分局因此停止向该公司发售发票是依法办事，并未侵权。

（三）发票的开具

纳税义务人在对外销售商品、提供服务以及发生其他经营活动收取款项时，必须向付款方开具发票。在特殊情况下由付款方向收款方开具发票（收款单位和扣缴义务人支付给个人款项时开具的发票），未发生经营业务一律不准开具发票。

1. 普通发票的开具要求

开具普通发票应遵守以下开具要求：（1）发票开具应该按规定的时限，顺序、逐栏、全联、全部栏次一次性如实开具，并加盖单位财务印章或发票专用章；（2）发票限于领购单位在本省、自治区、直辖市内开具，未经批准不得跨越规定的使用区域携带、邮寄或者运输空白发票；（3）任何单位和个人都不得转借、转让、代开发票，未经税务机关批准，不得拆本使用发票，不得自行扩大发票使用范围；（4）开具发票后，如果发生销货退回需要开红字发票，必须收回原发票并注明"作废"字样，或者取得对方有效证明。

2. 增值税专用发票的开具要求

开具增值税专用发票，除要按照普通发票的要求外，还要遵守以下规定：（1）项目齐全，与实际交易相符；（2）字迹清楚，不得压线、错格；（3）发票联和抵扣联加盖财务专用章或者发票专用章；（4）按照增值税纳税义务的发生时间开具。

（四）账证的保管

单位和个人领购使用发票，应建立发票使用登记制度，设置发票登记簿，定期向主管税务机关报告发票的使用情况。增值税专用发票要专人保管，在启用前要检查有无缺号、串号、缺联以及有无防伪标志等情况，如发现问题应整本退回税务机关，并设立发票分类登记簿以记录增值税专用发票的购、领、存情况，每月进行检查统计并向税务机关汇报。

对已开具的发票存根和发票登记簿要妥善保管，保存期为 5 年，保存期满需要经税务机关查验后销毁。

纳税人、扣缴义务人必须按有关规定保管会计档案，对会计凭证、账簿、会计报表，以及完税凭证和其他有关纳税资料，应当保管 10 年，不得伪造、变造或者擅自销毁。

四、纳税申报

（一）正常的纳税申报

纳税申报是指纳税人、扣缴义务人、代征人为正常履行纳税、扣缴税款义务，就纳税事项向税务机关提出书面申报的一种法定手续。进行纳税申报是纳税人、扣缴义务人、代征人必须履行的义务。

1. 纳税申报主体

凡是按照国家法律、行政法规的规定，负有纳税义务的纳税人或代征人、扣缴义务人（含享受减免税的纳税义务人），无论本期有无应纳、应缴税款，都必须按税法规定的期限如实向主管税务机关办理纳税申报。

纳税人应指派专门办税人员持办税员证办理纳税申报。纳税人必须如实填报纳税申报表，并加盖单位公章，同时按照税务机关的要求提供有关纳税申报资料，纳税人应对其申报的内容，承担完全的法律责任。

2. 纳税申报方式

一般而言，纳税申报主要有直接申报（上门申报）、邮寄申报、电子申报、简易申报和其他申报等方式。

3. 纳税申报期限

纳税申报期限是法律、行政法规规定的或者税务机关依照法律、行政法规的规定确定的纳税人、扣缴义务人向税务机关申报应纳或应解缴税款的期限。

纳税申报期限内遇有法定休假日的，申报期限依法须向后顺延。纳税人、扣缴义务人办理纳税申报期限的最后一日是法定休假日的，以休假日期满的次日为最后一日；在期限内有连续 3 日以上法定休假日的，按休假日天数顺延。

4. 纳税申报应报送的有关资料

纳税人依法办理纳税申报时，应向税务机关报送纳税申报表及规定的报送的各种附表资料、异地完税凭证、财务报表以及税务机关要求报送的其他有关资料。

5. 滞纳金和罚金

我国税法规定，纳税人未按规定纳税期限缴纳税款的，扣缴义务人未按规定期限解缴税款的，税务机关除责令其限期缴纳外，从滞纳税款之日起，按日加收滞纳税款 0.5‰的滞纳金。

税法还规定，纳税人发生违章行为的，按规定可以处一定数量的罚款。企业支付的各种滞纳金、罚款等不得列入成本费用，不得在税前列支，应当计入企业的营业外支出。

实务操作 4：

2003 年 1 月，某市税务机关在推行双定户电话语音纳税申报方式中，为达到上级制定的考核指标，要求个体工商户都参加语音申报。个体户张某以路近为由，要求自己继续采用上门纳税申报方式。而税务机关征管人员以推行电话语音纳税申报是上级税务机关的要求，且《税收征管法》及其实施细则已将其列入纳税申报方式之一为由，继续要求该户实行电话语音纳税申报方式。张某认为税务机关的做法违反了《税收征管法》的有关规定，向市国税局申请行政复议，要求继续实行上门纳税申报方式。

复议结果市税务机关行政复议委员会在对申请人的有关法定资格、条件进行审查后，对此案进行了复议，并做出决定：责成五分局纠正其错误行为，张某可以自己选择纳税申报方式。

解析：首先，《税收征管法》第二十六条明确规定了纳税申报的四种方式，即直接申报、邮寄申报、数据电文申报。《税收征管法实施细则》结合我国实际情况，以方便纳税人为原则，又新增了一种纳税申报方式，即实行定期定额的纳税人可以实行简易申报、简并征期等申报纳税方式。

其次，《税收征管法》及其实施细则赋予纳税人可以根据自己的实际情况，选择不同纳税申报方式的权利。《税收征管法》第二十六条规定："纳税人、扣缴义务人可以直接到税务机关办理纳税申报或者报送代扣代缴、代收代缴税款报告表，也可以按照规定采取邮寄、数据电文或者其他方式办理上述申报、报送事项。"《税收征管法实施细则》第三十条规定，纳税人除直接到税务机关办理纳税申报外，也可以采取邮寄、数据电文或者其他方式办理纳税申报，但需经税务机关批准。

通过分析可以看出，纳税人有自主选择纳税申报方式的权利。也就是说，在税务机关推行多元化纳税申报方式的过程中，不管是直接申报、邮寄申报、数据电文申报（包括电话申报、网上申报等），还是简易申报，选择的主动权在纳税人自己，而不在税务机关。税务机关要尽可能地提供各种纳税申报方式，让纳税人选择既适合自身又有利于税务机关管理的纳税申报方式。

（二）延期申报与零申报

1. 延期申报

延期申报是指纳税人、扣缴义务人不能按照税法规定的期限办理纳税申报或扣缴税款申报。经申请由税务机关批准可适当推延时间进行纳税申报。造成延期申报的原因有主观原因和客观原因。凡纳税人或扣缴义务人完全出于主观原因或有意拖缴税款而不按期办理纳税申报的，税务机关可视违法行为的轻重，给予处罚。纳税人、扣缴义务人延期申报，主要有两方面特殊情况：一是因不可抗力的作用，需要办理延期申报。不可抗力是指无法预见、无法避免、无法克服的自然灾害。二是因财务会计处理上的特殊情况，导致不能办理纳税申报而需要延期申报。出现这种情况一般是由于账务未处理完，不能计算应纳税款。纳税人、扣缴义务人按期办理纳税申报或者报送代扣代缴、代收代缴税款报告表确有困难的，需要延期申报的，应当在规定的纳税申报期限内提出申请。主管税务机关视其具体情况批准延长期限。

2. 零申报

零申报是纳税人在规定的纳税申报期内按照计税依据计算申报的应纳税额为零（企

业所得税的纳税人在申报期内应纳税所得额为负数或零）而向税务机关办理的申报行为。纳税人和扣缴义务人在有效期间内，没有取得应税收入或所得，没有应缴税款发生，或者已办理税务登记但未开始经营或者开业期间没有经营收入的纳税人，除已办理停业审批手续的以外，必须按规定的纳税申报期限进行零申报。纳税人进行零申报，应在申报期内向主管税务机关正常报送纳税申报表及有关资料，并在纳税申报表上注明"零"或"无收入"字样。

实务操作 5：

某厂是一家新办企业，因没按时间到地税机关办理零申报，被税务机关以未按期申报给予了处罚。税务机关的处罚合理吗？

解析：根据《税收征管法》第二十五条规定，纳税人必须依照法律、行政法规规定或者税务机关依照法律、行政法规规定的申报期限、申报内容如实办理纳税申报，报送纳税申报表、财务会计报表以及税务机关根据实际需要要求纳税人报送的其他纳税资料。根据这条规定，在纳税期限内，纳税人无论有无应税收入和所得均应按照规定期限，进行纳税申报。根据《税收征管法》第六十二条规定，纳税人未按照规定的期限办理纳税申报和报送纳税资料的，由税务机关责令限期改正，可以处 2 000 元以下的罚款。所以税务机关对该纳税人未按规定期限进行零申报做出的处罚是正确的。为此，税务机关提醒广大纳税户，即使没有应税收入和所得，切莫忽视零申报。

第二节
税款征收

一、税款征收方式

税款征收方式是指税务机关根据各税种的不同特点和纳税人的具体情况而确定的计算、征收税款的形式。

二维码 12：
税款征收制度

（一）查账征收

指税务机关按照纳税人提供的账表所反映的经营情况，依照适用税率计算缴纳税款的方式。适用于账簿、凭证、会计等核算制度比较健全，能够据以如实核算生产经营情况，正确计算应纳税款的纳税人。

（二）核定征收

税务机关对不能完整、准确提供纳税资料的纳税人，采用特定方法确定其应纳税收入或应纳税额，纳税人据以缴纳税款的一种征收方式。具体包括：

（1）查定征收。指由税务机关根据纳税人的从业人员、生产设备、原材料消耗等因素，在正常生产经营条件下，对其生产的应税产品，查实核定产量、销售额并据以征收税款的一种方式。适用于生产规模较小、账册不健全、产品零星、税源分散的小型厂矿和作坊。

（2）查验征收。指税务机关对纳税人的应税商品，通过查验数量，按市场一般销售单价计算其销售收入并据以征税的方式。适用于对城乡集贸市场中的临时经营者和机场、码头等场所的经销商的课税。

（3）定期定额征收。指对一些营业额、所得额不能准确计算的小型工商户，经过自报评议，由税务机关核定一定时期的营业额和所得税附征率，实行多税种合并征收方式。

（三）代扣代缴、代收代缴征收

前者是指支付纳税人收入的单位和个人从所支付的纳税人收入中扣缴其应纳税款并向税务机关解缴的行为；后者是指与纳税人有经济往来关系的单位和个人借助经济往来关系向纳税人收取其应纳税款并向税务机关解缴的行为。这两种征收方式适用于税源零星分散、不易控管的纳税人。

（四）自核自缴

自核自缴也称"三自纳税"，是指纳税人按照税务机关的要求，在规定的缴款期限内，根据其财务会计情况，依照税法规定，自行计算税款，自行填写纳税缴款书，自行向开户银行缴纳税款，税务机关对纳税单位进行定期或不定期检查的一种税款征收方式。

（五）委托代征

委托代征是指税务机关为了解决税务专管员人力不足的矛盾，根据国家法律、法规的授权，并根据加强税款征收，保障国家税收收入实际需要，依法委托给其他部门和单位代为执行税款征收任务的一种税款征收方式。

二、税款缴纳方式

（一）自核自缴方式

生产经营规模较大，财务制度健全，会计核算准确，一贯依法纳税的企业，经主管税务机关批准，企业依照税法规定，自行计算应纳税额，自行填写纳税申报表，自行填写税收缴款书，到开户银行解缴应纳税款，并按规定向主管税务机关办理纳税申报，报送纳税资料和财务会计报表。

（二）申报核实缴纳方式

生产经营正常，财务制度基本健全，账册、凭证完整，会计核算较准确的企业依照税法规定计算应纳税款，自行填写纳税申报表，按照规定向主管税务机关办理纳税申报，并报送纳税资料和财务会计报表，经主管税务机关审核，并填开税收缴款书，纳税人按规定期限到开户银行缴纳税款。

（三）申报查验缴纳方式

对于财务制度不够健全，账簿凭证不完备的经营场所固定的业户，应当如实向主管税务机关办理纳税申报并提供其生产能力、原材料、能源消耗情况及生产经营情况等，经主管税务机关审查测定或实地查验后，填开税收缴款书或者完税凭证，纳税人按规定期限到开户银行或者税务机关缴纳税款。

（四）定额申报缴纳方式

对于生产规模较小，确无建账能力或者账证不健全，不能提供准确纳税资料的经营场所固定的业户，按照税务机关核定的销售额和征收率在规定期限内向主管税务机关申报缴纳税款。

纳税人采取何种方式缴纳税款，由主管税务机关确定。

三、税款征收措施

（一）加收滞纳金

纳税人、扣缴义务人未按规定期限缴纳、解缴税款的，税务机关除责令限期缴纳外，从应缴税款期限届满之日的次日起到实际缴纳的当天，按日加收滞纳税款 0.5‰ 的滞纳金。

（二）调整计税金额

不按照独立企业之间的业务往来收取或者支付价款、费用，而减少其应税收入或所得额的，税务机关有权对其计税金额进行合理调整。

（三）提供纳税担保

纳税担保是税务机关为使纳税人能及时履行纳税义务而要求做出保证的一种控制管理措施。其主要内容如下：

（1）提交纳税保证金。

（2）担保人担保。

（3）财产担保。

（四）税收保全

税收保全是指税务机关对可能由于纳税人的行为或者某种客观原因，致使以后税款的征收不能保证或难以保证的案件，采取限制纳税人处理或转移商品、货物或其他财产的措施。

（1）冻结存款。书面通知纳税人开户银行或其他金融机构冻结纳税人的金额相当于应纳税款的存款。

（2）扣押财产。扣押、查封纳税人的商品、货物或其他财产，其价值以相当于纳税人应纳税款为原则。

个人及其所扶养家属维持生活必需的住房和用品，不在税收保全措施的范围之内。税务机关对单价5 000元以下的其他生活用品，不采取税收保全措施。

（五）税收强制执行

税收强制执行是指纳税人等税收管理相对人在规定的期限内未履行法定义务，税务机关采取法定的强制手段强迫其履行纳税义务的行为。

（1）扣缴税款。书面通知纳税人、扣缴义务人或纳税担保人开户银行或其他金融机构从其存款中扣缴应缴纳、应解缴、应担保的税款。

（2）拍卖抵缴。扣押、查封、依法拍卖或变卖其价值相当于应纳税款的商品、货物或其他财产，以拍卖或变卖所得抵缴税款。拍卖的财产，由拍卖机构执行或由商业企业按市场价格收购。

实务操作6：

某市纺织品公司2021年11月实现增值税21.56万元，当地国税分局税务人员多次电话催缴，至2021年12月20日仍未缴纳。

12月21日，税务人员依法查询了该公司的银行存款账户，发现其账上刚到30余万元货款。于是，税务人员回分局后填制了扣缴税款通知书，经分局长签字批准后，通知银行从该公司账上扣缴所欠的 21.56 万元税款和 1 078 元滞纳金。

公司经理得知此事后，非常生气，认为国税分局不通知就扣了钱，还扣了滞纳金，有损企业形象。经咨询，他们认为，国税分局在扣缴前未先行告诫企业，违反了《税收征管法》的有关规定。于是，该公司以违法扣缴企业存款为由，将国税分局告上了法庭，请求法庭撤销国税分局的强制执行行为。

法庭判决：

在法庭调查中，国税分局提出，在扣缴税款前，税务人员已多次电话催缴，已履行了告诫程序，符合《税收征管法》的规定，法庭应予以维持。

但纺织品公司提出，企业法定代表人并未收到税务机关的催缴税款通知，而且电话催缴也无凭据，因此属违法行为，应予撤销。

经审理，法庭支持了该公司的请求。判决国税分局强制扣缴纺织品公司税款和滞纳金的行为违反了《税收征管法》第四十条的规定，予以撤销。

解析：分析本案，国税分局主要败在程序错误上。对纳税人采取税收强制执行措施，是有严格的法定程序规定的。

《税收征管法》第四十条规定：从事生产、经营的纳税人、扣缴义务人未按照规定的期限缴纳或者解缴税款，纳税担保人未按照规定的期限缴纳所担保的税款，由税务机关责令限期缴纳，逾期仍未缴纳的，经县以上税务局（分局）局长批准，税务机关可以采取下列强制执行措施：

（1）书面通知其开户银行或者其他金融机构从其存款中扣缴税款；

（2）扣押、查封、依法拍卖或者变卖其价值相当于应纳税款的商品、货物或者其他财产，以拍卖或者变卖所得抵缴税款。

税务机关采取强制执行措施时，对前款所列纳税人、扣缴义务人、纳税担保人未缴纳的滞纳金同时强制执行。

根据该条的规定，税务机关采取税收强制执行措施时，必须坚持告诫在先的原则，即纳税人未按照规定的期限缴纳税款的，应当发出催缴税款通知书，先行告诫，责令限期缴纳，在逾期仍不缴纳时，再采取强制执行措施。

从上述案情可以看出，在采取强制执行措施前，虽然税务人员电话进行了催缴，但这种行为并没有法律效力。因为，《税收征管法实施细则》第五十一条规定：纳税人未按照规定的期限缴纳税款的，由税务机关发出催缴税款通知书，责令限期缴纳。也就是说，要以正式文书的形式通知纳税人。从上述分析可以看出，国税分局在扣缴纺织品公司税款前，未以正式文书的形式告诫纳税人，应属未依法履行"责令限期缴纳"法定程序的行为，违反了《税收征管法》的规定。

为了维护纳税人的合法权益，《税收征管法》等法规对税收强制执行措施的内容、程序和适用范围等方面都做了具体规定。不依法实施税收强制执行措施，就可能侵害纳税人的合法权益，在行政诉讼中就要败诉，就要负赔偿责任。因此，税务机关在采取税收强制执行措施时应注意把握其原则要求。

（六）阻止出境

欠缴税款的纳税人或其他的法定代表人需要出境的，应在出境前向主管税务机关结清应纳税款、滞纳金或提供纳税担保；未结清税款、滞纳金，又不提供纳税担保的，主管税务机关可通知出境管理机关阻止其出境。

四、税款征收的其他法律规定

（一）税收优先权

税收优先权是指当税款与其他债权并存时，税款有优先受偿权。税收优先是国家征税的权利与其他债权税收优先权同时存在时，税款的征收原则上应优先于其他债权，也称为税收的一般优先权，这是保障国家税收的一项重要原则。当纳税人财产不足以同时缴纳税款和偿付其他债权时，应依据法律的规定优先缴纳税款。

（二）税收代位权与撤销权

税收代位权是债权人因债务人怠于行使到期债权，而直接向次债务人，即债务人的债务人提起民事诉讼，要求次债务人直接向原告履行义务的制度。税收撤销权是债权人因债务人放弃到期债权、无偿转让财产或者以明显不合理低价转让财产且受让人知道该情形，债权人提起民事诉讼，要求法院撤销债务人的放弃、转让行为的制度。

（三）纳税人涉税事项的公告与报告

（1）政府、团体对重大涉税事件当众正式公布或者公开宣告、宣布。例如：《国家税务总局关于部分税务事项实行容缺办理和进一步精简涉税费资料报送的公告》（国家税务总局公告2022年第26号）。或者，税务机关应当对纳税人欠缴税款的情况定期予以公告。

（2）纳税人有合并、分立情形的，应当向税务机关报告，并依法缴清税款。纳税人合并时未缴清税款的，应当由合并后的纳税人继续履行未履行的纳税义务；纳税人分立时未缴清税款的，分立后的纳税人对未履行的纳税义务应当承担连带责任。

欠缴税款数额较大的纳税人在处分其不动产或者大额资产之前，应当向税务机关报告。

（四）税款退还与追征

1. 税款退还

税款退还的前提是纳税人已经缴纳了超过应纳税额的税款。

退还的方式可以是税务机关发现后立即退还，也可以是纳税人发现后申请退还。

退税的时限要求：税务机关发现的多征税款，无论多长时间都必须退还给纳税人；纳税人发现的多征税款，可以自结算缴纳税款之日起3年内要求退还。

2. 税款追征

税款追征是指在实际的税款征缴过程中，由于征纳双方的疏忽、计算错误等原因造成的纳税人、扣缴义务人未缴或者少缴税款，税务机关依法对未征少征的税款要求补缴，对未缴或少缴的税款进行追征的制度。

税款追征的范围：税务机关适用税收法律、行政法规不当或者执法行为违法造成的未缴或少缴税款；纳税人、扣缴义务人非主观故意的计算错误以及明显笔误造成的未缴、少缴税款；偷税、骗税和抗税。

税款追征的时限：因税务机关的责任，致使纳税人、扣缴义务人未缴或者少缴税款的，税务机关在3年内应要求纳税人、扣缴义务人补缴税款；因纳税人、扣缴义务人计算错误等失误，未缴或者少缴税款的，税务机关在3年内应追征税款、滞纳金；有特殊情况的，追征期可以延长到5年。

五、税款缴纳程序

（一）正常缴纳税款

税款缴纳程序因征收方式不同而有所不同。

（二）延期缴纳税款

纳税人或扣缴义务人必须按法律、法规规定的期限缴纳税款，但有特殊困难不能按期缴纳税款的，按照《税收征管法》的规定，可以申请延期缴纳税款。

纳税人延期缴纳税款申报的操作程序分为两步：

第一步：向主管税务机关填报延期缴纳税款申请审批表进行书面申请；

第二步：主管税务机关审核无误后，必须经省（自治区、直辖市）国家税务局或地方税务局批准方可延期缴纳税款。

需要注意的是，延期期限最长不能超过3个月，且同一笔税款不得滚动审批。

税务检查

一、税务检查的概念

税务检查是税务机关根据税收法律、行政法规的规定对纳税人、扣缴义务人履行纳税义务、扣缴义务及其他有关税务事项进行审查、核实、监督活动的总称。

二、税务检查的类型

税务检查可分为以下 5 种：

1. 重点检查

重点检查是指对公民举报、上级机关交办或有关部门转来的有偷税行为或偷税嫌疑的、纳税申报与实际生产经营情况有明显不符的纳税人及有普遍逃税行为的行业的检查。

2. 专项检查

专项检查是指税务机关根据税收工作实际，对某一税种或税收征收管理某一环节进行的检查。例如增值税专项检查、漏征漏管户专项检查等。

3. 分类检查

分类检查是指根据纳税人历来纳税情况、纳税人的纳税规模及税务检查间隔时间的长短等综合因素，按事先确定的纳税人分类、计划检查时间及检查频率而进行的检查。

4. 集中性检查

集中性检查是指税务机关在一定时间、一定范围内，统一安排、统一组织的税务检查，这种检查一般规模比较大，如全国范围内的税收、财务大检查。

5. 临时性检查

临时性检查是指由各级税务机关根据不同的经济形势、偷逃税趋势、税收任务完成情况等综合因素，在正常的检查计划之外安排的检查，如行业性解剖、典型调查性检查等。

三、税务检查的方法

1. 全查法

全查法是对被查纳税人一定时期内所有会计凭证、账簿、报表及各种存货进行全面、系统的检查的方法。

2. 抽查法

抽查法是对被查纳税人一定时期内的会计凭证、账簿、报表及各种存货，抽取一部分进行检查的方法。

3. 顺查法

顺查法是指按照被查纳税人会计核算的顺序，依次检查会计凭证、账簿、报表，并将其相互核对的检查方法。

4. 逆查法

逆查法是指逆会计核算的顺序，依次检查会计报表、账簿及凭证，并将其相互核对的检查方法。

5. 比较分析法

比较分析法是将被查纳税人检查期有关财务指标的实际完成数进行纵向或横向比较，分析其异常变化情况，从中发现纳税问题线索的方法。

6. 控制计算法

控制计算法也称逻辑推算法，是指根据被查纳税人财务数据的相互关系，用可靠或科学测定的数据，验证其检查期账面记录或申报的资料是否正确的检查方法。

7. 审阅法

审阅法是指对被查纳税人的会计账簿、凭证等财务资料，通过直观的审查阅览，发现在纳税方面存在的问题的方法。

8. 核对法

核对法是指对被查纳税人的各种相关联的会计凭证、账簿、报表及实物进行相互核对，验证其在纳税方面存在的问题的检查方法。

9. 观察法

观察法是指通过到被查纳税人的生产经营场所、仓库、工地等现场，实地察看其生产经营及存货等情况，以发现纳税问题或验证账簿中可疑的问题的检查方法。

10. 外调法

外调法是指对被查纳税人有怀疑或已掌握一定线索的经济事项，通过向与其有经济联系的单位或个人进行调查，予以查证核实的方法。

11. 盘存法

盘存法是指通过对被查纳税人的货币资金、存货及固定资产等实物进行盘点清查，核实其账实是否相符，进而发现纳税问题的检查方法。

12. 交叉稽核法

交叉稽核法是国家为加强增值税专用发票管理，应用计算机将开出的增值税专用发票抵扣联与存根联进行交叉稽核，以查出虚开及假开发票的行为的方法。

四、税务检查的权责

（一）税务机关在税务检查中的权限

1. 账证检查权

账证检查权是指税务机关有权检查纳税人的账簿、记账凭证、报表和有关资料以及扣缴义务人代扣、代收税款账簿、记账凭证和有关资料。

2. 场地检查权

场地检查权是指税务机关有权到纳税人的生产经营场所和货物存放地检查纳税人应纳税的商品、货物或其他财产，检查扣缴义务人与代扣、代收税款有关的经营情况。

3. 责成提供资料权

责成提供资料权是指税务机关有权责成纳税人、扣缴义务人提供与纳税或者代扣、代收税款有关的文件、证明材料和有关资料。

4. 询问权

询问权是指税务机关有权查询、访问纳税人、扣缴义务人与纳税或者代扣、代收税款有关的问题和情况。

5. 交通邮政检查权

交通邮政检查权是指税务机关有权到车站、码头、机场、邮政企业及其分支机构，检查纳税人托运、邮寄应纳税商品、货物或其他财产的有关单据、凭证和有关资料。

6. 存款账户检查权

存款账户检查权是指经县以上税务局（分局）局长批准，凭全国统一格式的检查存款账户许可证明，税务人员有权查询从事生产经营的纳税人、扣缴义务人在银行或其他金融机构的存款账户。

（二）税务机关在税务检查中的措施

税务机关对纳税人以前纳税期的纳税情况依法进行税务检查时，发现纳税人有逃避纳税义务行为，并有明显的转移、隐匿其应纳税的商品、货物以及其他财产或者应纳税的收入的迹象的，可以按照批准权限采取税收保全措施或者税收强制执行措施。

税务机关采取税收保全措施的期限一般不得超过 6 个月；重大案件需要延期的，应当报国家税务总局批准。

（三）税务机关在税务检查中的取证手段

税务机关检查税务违法案件时，对与案件有关的情况和资料，可以记录、录音、录像、照相和复制。对采用电算化会计系统的纳税人，税务机关有权对其电算化会计系统进行检查，并可复制与纳税有关的电子数据作为证据。

（四）税务机关在税务检查中的义务

税务人员进行税务检查时，应出示税务检查证和税务检查通知书；税务机关对集贸市场及集中经营业户进行检查时，可以使用统一的税务检查通知书。

（五）纳税人、扣缴义务人在税务检查中的义务与权利

纳税人、扣缴义务人必须接受税务机关依法进行的税务检查，如实反映情况，提供

有关资料，不得拒绝、隐瞒。

纳税人、扣缴义务人在接受税务检查人员检查时，有权要求税务人员出示税务检查证和税务检查通知书，不能提供的，有权拒绝检查；纳税人、扣缴义务人有权要求检查人员为其保守秘密。

第四节

法律责任

一、纳税人、扣缴义务人违反税收法律制度的法律责任

1. 违反税务管理基本规定的法律责任

（1）有关没有办理税务登记、设置账簿、按规定使用税控装置等情况的，由税务机关责令限期改正，可以处 2 000 元以下的罚款；情节严重的，处 2 000 元以上 1 万元以下的罚款；

（2）扣缴义务人发生上述情况的，由税务机关责令限期改正，可以处 2 000 元以下的罚款；情节严重的，处 2 000 元以上 5 000 元以下的罚款。

（3）纳税人未按照规定使用税务登记证件，或者转借、涂改、损毁、买卖、伪造税务登记证件的，处 2 000 元以上 1 万元以下的罚款；情节严重的，处 1 万元以上 5 万元以下的罚款。

（4）纳税人未按照规定的期限办理纳税申报和报送纳税资料的，或者扣缴义务人未按照规定的期限向税务机关报送代扣代缴、代收代缴税款的，由税务机关责令限期改正，可以处 2 000 元以下的罚款；情节严重的，处 2 000 元以上 1 万元以下的罚款。

2. 偷税行为的法律责任

偷税，是指纳税人采取伪造、变造、隐匿、擅自销毁账簿、记账凭证，或者在账簿上多列支出或者不列、少列收入，或者经税务机关通知申报而拒不申报或者进行虚假的纳税申报，不缴或者少缴应纳税款的行为。

3. 逃避追缴欠税行为的法律责任

纳税人欠缴应纳税款，采取转移或隐匿财产的手段，致使税务机关无法追缴欠缴的税款，数额不满 1 万元的，由税务机关追缴欠缴的税款、滞纳金，并处欠缴税款 50% 以

上 5 倍以下的罚款。

4. 骗税行为的法律责任

骗取国家出口退税款的，由税务机关追缴其骗取的退税款，并处骗取税款 1 倍以上 5 倍以下的罚款。

5. 抗税行为的法律责任

抗税，除由税务机关追缴其拒缴的税款、滞纳金外，应由司法机关追究刑事责任；情节轻微，未构成犯罪的，由税务机关追缴其拒缴的税款、滞纳金，并处拒缴税款 1 倍以上 5 倍以下的罚款。

6. 非法印制发票行为的法律责任

非法印制发票的，由税务机关销毁非法印制的发票，没收违法所得和作案工具，并处 1 万元以上 5 万元以下的罚款；构成犯罪的，依法追究刑事责任，具体分为以下几种情况：

(1) 虚开增值税专用发票罪。

(2) 伪造或出售伪造增值税专用发票罪。

(3) 非法出售增值税专用发票罪。

(4) 非法购买或购买伪造的增值税专用发票罪。

(5) 非法制造、出售非法制造其他专用发票罪。

7. 纳税人、扣缴义务人不配合税务机关进行税务检查的法律责任

纳税人、扣缴义务人逃避、拒绝或者以其他方式阻碍税务机关检查的，由税务机关责令改正，可以处 1 万元以下的罚款；情节严重的，处 1 万元以上 5 万元以下的罚款。

8. 银行及其他金融机构拒绝配合税务机关依法执行职务的法律责任

纳税人、扣缴义务人的开户银行或者其他金融机构拒绝接受税务机关依法检查纳税人、扣缴义务人存款账户，或者拒绝执行税务机关做出的冻结存款或者扣缴税款的决定，或者在接到税务机关的书面通知后帮助纳税人、扣缴义务人转移存款，造成税款流失的，由税务机关处 10 万元以上 50 万元以下的罚款，对直接负责的主管人员和其他直接责任人员处 1 000 元以上 1 万元以下的罚款。

9. 其他税收违法行为的法律责任

根据《税收征管法》的规定，违反税收法律、行政法规应当给予行政处罚的行为，在 5 年内未被发现的，不再给予行政处罚。

《税收征管法》规定的行政处罚，由县以上税务局（分局）决定；罚款额在 2 000 元以下的，可以由税务所决定。

二、税务机关和税务人员违反税收法律制度的法律责任

1. 擅自改变税收征收管理范围的法律责任

税务机关违反规定擅自改变税收征收管理范围和税款入库预算级次的，责令限期改

正，对直接负责的主管人员和其他直接责任人员依法给予降级或者撤职的行政处分。

2. 不移送的法律责任

纳税人、扣缴义务人有涉嫌犯罪的，税务机关应当依法移交司法机关追究刑事责任。税务人员徇私舞弊，对依法应当移交司法机关追究刑事责任的不移交，情节严重的，依法追究刑事责任。

3. 不依法行政的法律责任

税务人员与纳税人、扣缴义务人勾结，唆使或者协助纳税人、扣缴义务人犯罪的，依照《中华人民共和国刑法》（简称《刑法》）关于共同犯罪的规定处罚；尚不构成犯罪的，依法给予行政处分。

税务机关、税务人员查封、扣押纳税人个人及其所扶养家属维持生活必需的住房和用品的，责令退还，依法给予行政处分；构成犯罪的，依法追究刑事责任。

4. 渎职行为的法律责任

（1）税务人员利用职务上的便利，收受或者索取纳税人、扣缴义务人财物或者谋取其他不正当利益，构成犯罪的，依照《刑法》受贿罪追究刑事责任；尚不构成犯罪的，依法给予行政处分。

（2）税务人员滥用职权，故意刁难纳税人、扣缴义务人的，调离税收工作岗位，并依法给予行政处分。税务人员对控告、检举税收违法违纪行为的纳税人、扣缴义务人以及其他检举人进行打击报复的，依法给予行政处分；构成犯罪的，依法追究刑事责任。

（3）税务人员徇私舞弊或者玩忽职守，不征或者少征应征税款，致使国家税收遭受重大损失的，依照《刑法》渎职罪追究刑事责任，处5年以下有期徒刑或拘役；造成特别重大损失的，处5年以上有期徒刑；尚不构成犯罪的，依法给予行政处分。

（4）税务人员违反法律、行政法规的规定，在办理发票、抵扣税款、出口退税工作中，徇私舞弊，致使国家利益遭受重大损失的，处5年以下有期徒刑或拘役；致使国家利益遭受特别重大损失的，处5年以上有期徒刑。

5. 不按规定征收税款的法律责任

（1）违反法律、行政法规的规定提前征收、延缓征收或者摊派税款的，由其上级机关或者行政监察机关责令改正，对直接负责的主管人员和其他直接责任人员依法给予行政处分。

（2）违反法律、行政法规的规定，擅自做出税收的开征、停征或者减税、免税、退税、补税以及其他同税收法律、行政法规相抵触的决定的，除依照《税收征管法》规定撤销其擅自做出的决定外，补征应征未征税款，退还不应征收而征收的税款，并由上级机关追究直接负责的主管人员和其他直接责任人员的行政责任；构成犯罪的，依法追究刑事责任。

6. 违反税务代理的法律责任

税务代理人违反税收法律、行政法规，造成纳税人未缴或者少缴税款的，除由纳税人缴纳或者补缴应纳税款、滞纳金外，对税务代理人处纳税人未缴或者少缴税款50%以上 3 倍以下的罚款。

育人园地

浙江省杭州市税务部门依法对黄某偷逃税案件进行处理

浙江省杭州市税务部门经税收大数据分析发现网络主播黄某（网名：某娅）涉嫌偷逃税款，在相关税务机关协作配合下，依法对其开展了全面深入的税务检查。

经查，黄某在 2019 年至 2020 年期间，通过隐匿个人收入、虚构业务转换收入性质虚假申报等方式偷逃税款 6.43 亿元，其他少缴税款 0.6 亿元。

在税务调查过程中，黄某能够配合并主动补缴税款 5 亿元，同时主动报告税务机关尚未掌握的涉税违法行为。综合考虑上述情况，国家税务总局杭州市税务局稽查局依据《中华人民共和国个人所得税法》《中华人民共和国税收征收管理法》《中华人民共和国行政处罚法》等相关法律法规规定，按照《浙江省税务行政处罚裁量基准》，对黄某追缴税款、加收滞纳金并处罚款，共计 13.41 亿元。其中，对隐匿收入偷税但主动补缴的 5 亿元和主动报告的少缴税款 0.31 亿元，处 0.6 倍罚款计 3.19 亿元；对隐匿收入偷税但未主动补缴的 0.27 亿元，处 4 倍罚款计 1.09 亿元；对虚构业务转换收入性质偷税少缴的 1.16 亿元，处 1 倍罚款计 1.16 亿元。杭州市税务局稽查局已依法向黄某送达税务行政处理处罚决定书。

杭州市税务局有关负责人表示，税务部门将持续加强对网络直播行业从业人员的税收监管，并对协助偷逃税款的相关经纪公司及经纪人、网络平台企业、中介机构等进行联动检查，依法严肃查处涉税违法行为，切实提高税法遵从度，营造法治公平的税收环境。

（资料来源：https://mp.weixin.qq.com/s/sJoV1fs8HoOaHbVD_I-DcQ）

本章小结

税收征收管理是国家征税机关依据国家税收法律、行政法规的规定，按照统一的标准，通过一定的程序，将纳税人应纳税额组织入库的一种行政活动，也是国家将税收政策实施到每个纳税人，有效地组织税收收入及时、足额入库的一系列活动的总称。税收征收管理作为国家的行政行为，一方面要维护国家利益，另一方面也要保护纳税人的合法权益不受侵犯。

课后练习

一、单项选择题

1. 根据我国《税收征管法》的规定，企业向税务机关申报办理税务登记的时间是（　　）。

A. 自领取营业执照之日起 15 日内　　　　B. 自领取营业执照之日起 30 日内

  C. 自领取营业执照之日起 45 日内   D. 自领取营业执照之日起 60 日内

  2. 根据我国《税收征管法》的规定，对会计制度健全、会计核算准确真实、纳税意识较强，并设有专门办税人员的纳税人，税务机关应当采取的税款征收方式为(　　)。

  A. 查账征收   B. 查定征收   C. 查验征收   D. 定期定额征收

  3. 以下不需要办理税务变更的情形有(　　)。

  A. 更换法定代表人

  B. 单位更名

  C. 扩大或缩小生产经营范围

  D. 住所地点变化且涉及改变主管税务机关

  4. 对在全国范围内统一样式的发票，如增值税专用发票，由(　　)确定。

  A. 国务院   B. 财政部   C. 国家税务总局 D. 省级税务机关

  5. 下列措施中，不属于税收强制执行的是(　　)。

  A. 冻结纳税人金额相当于应纳税额的存款

  B. 加收滞纳金

  C. 通知银行或者其他金融机构扣款

  D. 扣押、查封、依法拍卖或变卖商品、货物或者其财产，以拍卖所得抵缴税款

  6. 以下税务登记时间不正确的是(　　)。

  A. 开业登记，自领取营业执照之日起 30 日内

  B. 变更登记，自工商行政管理机关办理变更登记之日起 30 日内

  C. 注销登记，自向工商行政机关办理注销登记后 30 日内

  D. 境外企业在中国境内承包建筑工程，自项目完工、离开中国之前 15 日内

  7. 下列不符合发票开具要求的是(　　)。

  A. 所有单位和从事生产、经营活动的个人在购买商品、接受劳务以及从事其他经营活动支付款项，应当向收款方取得发票

  B. 开具发票时，可以不按号码顺序填开，但未开的号码要登记

  C. 已经开具的发票存根和发票登记簿，应当保存 5 年，保存期满，报经税务机关查验后销毁

  D. 未经税务机关批准，不得拆本使用发票

  8. 税收的特征不包括(　　)。

  A. 强制性   B. 无偿性   C. 固定性   D. 义务性

  9. 根据税收征收管理法律制度的规定，下列各项中，属于税收保全措施的是(　　)。

  A. 通知出境管理机关阻止纳税人出境

  B. 责令纳税人提供纳税担保

  C. 依法拍卖纳税人价值相当于应纳税款的货物，以拍卖所得抵缴税款

  D. 书面通知纳税人开户银行冻结纳税人的金额相当于应纳税款的存款

10. 根据税收征收管理法律制度的规定，纳税人对税务机关做出的罚款决定不服，可采取措施的下列表述中，正确的是(　　)。

A. 只能向人民法院提起行政诉讼，不能向复议机关申请行政复议

B. 可以向复议机关申请行政复议，也可以直接向人民法院提起行政诉讼

C. 应当先向复议机关申请行政复议，对行政复议决定不服的，可以再向人民法院提起行政诉讼

D. 只能向复议机关申请行政复议，对行政复议决定不服的，不能再向人民法院提起行政诉讼

二、多项选择题

1. 税务管理中的税务登记包括(　　)。

A. 外出经营报验登记　　　　　　　B. 停业、复业登记

C. 注销登记　　　　　　　　　　　D. 临时经营报验登记

2. 根据我国《税收征管法》的规定，税务机关可以采取的税收保全措施包括(　　)。

A. 书面通知纳税人开户银行冻结纳税人的金额相当于应纳税款的存款

B. 书面通知纳税人开户银行从其存款中扣缴税款

C. 扣押、查封纳税人的价值相当于应纳税款的商品、货物或其他财产

D. 依法拍卖、变卖纳税人的价值相当于应纳税款的商品、货物或其他财产

3. 纳税人在办理注销税务登记前，应当向税务机关(　　)。

A. 结清应纳税款、滞纳金、罚款　　B. 提供清缴欠税的纳税担保

C. 缴纳不超过 10 000 元的保证金　　D. 缴销发票和其他税务证件

4. 以下属于专业发票的有(　　)。

A. 商业零售统一发票　　　　　　　B. 电信企业的邮票

C. 商品房销售发票　　　　　　　　D. 国有航空企业的客、货票

5. 不需要办理税务登记的单位有(　　)。

A. 不从事生产经营活动，依法负有纳税义务的

B. 不从事生产经营活动，临时取得应税收入或发生应税行为的

C. 不从事生产经营活动，只缴纳个人所得税的

D. 不从事生产经营活动，只缴纳车船税的

6. 根据我国《税收征管法》规定，纳税人发生以下情形(　　)，需依法进行税务登记。

A. 企业在外地设立分支机构　　　　B. 单位更换法定代表人

C. 在恢复生产经营之前　　　　　　D. 解散、破产、撤销以及其他情形

7. 税务代理的特点包括(　　)。

A. 中介性　　B. 法定性　　C. 自愿性　　D. 公正性

8. 税务代理的业务范围包括(　　)。

A. 办理税务登记　　B. 申请减免退税　　C. 制作涉税文书　　D. 建账建制

9. 税务行政处罚的种类主要有（　　）。

A. 责令限期改正　　B. 罚款　　　　　　　C. 没收财产　　　　　D. 停止出口退税权

10. 根据税收征收管理法制度的规定，下列情形中，税务机关有权核定纳税人应纳税额的有（　　）。

A. 按规定应当设置但未设置账簿的

B. 申报的计税依据明显偏低又无正当理由的

C. 虽设置账簿，但账目混乱的

D. 拒不提供纳税资料的

三、判断题

（　　）1. 纳税人发生纳税义务，未按照税法规定的期限办理纳税申报，经税务机关责令限期申报，逾期仍未申报的，税务机关有权核定其应纳税额。

（　　）2. 纳税人享受减税、免税待遇的，在减税、免税期间，可以不办理纳税申报。

（　　）3. 采取托收承付和委托收款方式销售货物的，纳税义务时间为发出货物并办妥托收手续的当天。

（　　）4. 税收征收方式的其他方式中包括邮寄申报纳税。

（　　）5. 纳税人在停业期间发生纳税义务的无须纳税申报，待复业后再行申报。

（　　）6. 对于擅自销毁账簿或者拒不提供纳税资料的纳税人，税务机关有权核定其应纳税额。

（　　）7. 对于依照法律、行政法规的规定可以不设账簿的纳税人，税务机关有权做出免税的决定。

（　　）8. 纳税人发生解散、破产、撤销以及其他情形，依法终止纳税义务的，应当在向工商管理机关办理注销登记后向原税务登记机关申报办理注销税务登记。

（　　）9. 定期定额征收方式适用于生产不固定、账册不健全的单位使用。

（　　）10. 根据我国《税收征管法》规定，税务机关和财政部门是发票的主管机关，负责发票的管理和监督。

四、实务训练

1. 2021 年 10 月，某市税务机关在对 A 公司 2020 年度的纳税情况依法进行税务检查时，发现 A 公司有逃避纳税义务的行为，并有明显的转移、隐匿应纳税收入的迹象。税务机关责令 A 公司于 2021 年 10 月 11 日—10 月 20 日限期补税，但 A 公司在 10 月 20 日期限届满后，仍拒绝补税。经市地方税务局局长批准，税务机关决定对甲公司采取税收强制执行措施。

要求：根据我国《税收征管法》的规定，分析回答以下问题：

（1）税务机关在对 A 公司进行税务检查时，应当出示哪些证件、文件？

（2）税务机关决定对 A 公司采取税收强制执行措施是否符合法律规定？判断并说明理由。

（3）税务机关可以采取哪些强制措施？

2. 2021年11月某税务机关对某公司10月份业务的纳税稽查发现了以下几个问题：

（1）该公司从一些个体工商户处购买货物，未经税务机关同意，取得了一部分增值税专用发票，并作为进项税入账，已抵扣进项税款140 000元；

（2）账外销售货物280 000元（不含税价格），未计入销售额，计算销项税额为47 600元；

（3）经核实，该公司10月份已纳增值税430 000元，税务机关对该公司做出追缴税款187 600元（＝140 000元＋47 600元）的处罚，并罚款93.8万元。

要求：请根据我国《税收征管法》的规定，对上述公司的行为和税务机关的行为做出判断，并提出处理意见。

3. 某县地税局2021年11月接到群众举报，反映陈某在村里承包经营了一个沙场，没有缴纳过任何税款。经查，陈某采取不向税务机关申报纳税的手段，少缴税款5.8万元。据此，税务机关对陈某追缴不申报缴纳的税款，拟处不申报缴纳税款0.5倍的罚款，并告知其享有陈述申辩和要求听证的权利。

陈某在规定的时限内，没有提出陈述申辩和听证的要求。2021年11月27日，税务机关向其下达了《税务行政处罚决定书》，决定罚款2.9万元，限陈某于12月12日前缴纳罚款。

陈某认为税务机关罚款太多，拒绝缴纳税款及罚款。税务机关于2022年1月25日，向人民法院申请对陈某少缴的5.8万元税款以及2.9万元罚款强制执行。

要求：请判断税务机关的这一做法是否正确并说明理由。

参考文献

1. 《税收学》编写组. 税收学［M］. 北京：高等教育出版社，中国税务出版社，2021.

2. 东奥会计在线. 2020年注册会计师考试应试指导及全真模拟测试：税法［M］. 北京：北京科学技术出版社，2020.

3. 税务总局. 个税零申报并不影响纳税记录连续性［N/OL］. 人民网，2019-02-17. http://finance.people.com.cn/n1/2019/0216/c1004-30736788.html

4. 李凤荣，宣胜瑾. 税法实务：第二版［M］. 北京：中国人民大学出版社，2018.

5. 中国注册会计师协会. 税法［M］. 北京：经济科学出版社，2018.

6. 中华人民共和国个人所得税法［N/OL］. 新华网，2019-01-04. http://www.xinhuanet.com/politics/2018-09/01/c_1123362911.htm?baike

7. 陈洪法. 税收基础：第五版［M］. 北京：高等教育出版社，2017.

8. 王玉娟. 税法与纳税实务［M］. 北京：中国人民大学出版社，2021.

9. 黄洁洵. 2021会计专业技术资格考试最后六套题［M］. 北京：北京科技出版社，2021.

10. 相关网站：

(1) 中国财税法网（http://www.cftl.cn/index.asp）；

(2) 国家税务总局（http://www.chinatax.gov.cn）。

图书在版编目（CIP）数据

税法实务/蔡宜香，李华龙主编．--2版．--北京：
中国人民大学出版社，2023.2
新编21世纪高等职业教育精品教材．财务会计类
ISBN 978-7-300-31178-4

Ⅰ.①税… Ⅱ.①蔡… ②李… Ⅲ.①税法-中国-
高等职业教育-教材 Ⅳ.①D922.22

中国版本图书馆 CIP 数据核字（2022）第 203392 号

新编21世纪高等职业教育精品教材·财务会计类
税法实务（第2版）
主　编　蔡宜香　李华龙
副主编　刘　丽
Shuifa Shiwu

出版发行	中国人民大学出版社			
社　　址	北京中关村大街31号	**邮政编码**	100080	
电　　话	010 - 62511242（总编室）	010 - 62511770（质管部）		
	010 - 82501766（邮购部）	010 - 62514148（门市部）		
	010 - 62515195（发行公司）	010 - 62515275（盗版举报）		
网　　址	http://www.crup.com.cn			
经　　销	新华书店			
印　　刷	固安县铭成印刷有限公司	**版　　次**	2019 年 8 月第 1 版	
规　　格	185 mm×260 mm　16 开本		2023 年 2 月第 2 版	
印　　张	20 插页 1	**印　　次**	2023 年 4 月第 2 次印刷	
字　　数	438 000	**定　　价**	44.00 元	